윤리와 경험

레비나스와 정치

Ethique et expérience. Lévinas politique

윤리와 경험: 레비나스와 정치

지은이   제라르 벵수상
옮긴이   김영걸

1판 1쇄 발행   2026년 4월 28일

펴낸곳   두번째테제
펴낸이   장원
등록   2017년 3월 2일 제2017-000034호
주소   (13290) 경기도 성남시 수정구 수정북로 92,
              태평동락커뮤니티 301호
전화   031-754-8804
팩스   0303-3441-7392
전자우편   secondthesis@gmail.com
홈페이지   secondthesis.com
블로그   blog.naver.com/secondthesis

ISBN   979-11-90186-54-4 93160

윤리와 경험

레비나스와 정치

Ethique et expérience: Lévinas politique

제라르 벵수상 지음
김영걸 옮김

그린비

한국어판 서문

우리가 읽을 이 책은 2008년 프랑스에서 출간된 책의 한국어 번역본입니다. 그리고 이 번역본의 출간은 스트라스부르에서 몇 년간 레비나스 철학을 공부한 김영걸 군 덕택입니다. 본래 텍스트는 당시 아이샤 메시나Aicha Messina와 안드레아 포테스타Andrea Potesta가 설립한 스트라스부르와 파리의 출판사 라 포시드La Phocide에서 출간한 것이었습니다. 이 출판사의 출간 목록은 상당히 훌륭했습니다만, 2013년에 출판사가 사라졌습니다.

현재 이 책은 하나의 번역본 이상을 이룹니다. 2008년 출간되었던 것보다 매우 증보된 판본을 제시함으로써, 한국어판은 거의 새로운 책이라고도 할 수 있겠습니다. 레비나스 작품 속 주요 질문일 뿐만 아니라, 반대로 못지않게 중요한 오늘날 정치와 정의 그리고 민주주의에 대한 성찰의 출발지로써 검토되는 이러한 작업으로부터, 이 증보는 정치의 양상·지위·확대·영역의 문제에 대한 상세한 설명, 해명, 수정을 함께 구성합니다.

사실 수많은 페이지가 오늘날 유럽에서 주의 깊고 불안

한 정치적 문세에 대한 사유 혹은 재사유를 흐릿하게나마 제공하는 데 할애되었습니다. 하지만 저는 민주주의가 직면한 특수성으로부터, 비록 멀리서지만 한국에서도 마찬가지로, 동일한 질문이 교차하고 있음을 느끼고 있습니다.

차례

일러두기

1. 이 책은 Gérard Bensussan, *Ethique et expérience: Lévinas politique*, La Phocide, 2008을 한국어로 완역하고 부록을 추가한 것이다.
2. 저서의 경우 《 》로 표기하였고 논문, 논설, 강의, 편지, 시 및 기타 미출간 원고의 제목은 〈 〉로 표기하였다.
3. 본문의 강조 표시는 전부 원문을 따른 것이다.
4. 이해를 돕기 위해 옮긴이 주석을 추가하고 일부 원어 및 한자를 병기했다.

정치와 민주주의

레비나스가 우리에게 알려 주는 것

이 책은 한정되고 명확한 목적을 가지고 있다. 레비나스로부터 그리고 레비나스에게 정치와 정치적인 것이 무엇인지에 대한 질문이 그것이다. 특히 이 질문은 정의justice로 명시되는 한에서 제기된다. 여기에는 의심할 여지없이 역설이 있다. 왜냐하면 레비나스의 사유는 전적으로 윤리적 문제에 집중되어 있기 때문이다. 그러나 잘 읽어 보면, 정치적 요청이 그의 사유 안에서 계속해서 진동하고 있음을 알 수 있다. 그렇다고 해서 레비나스가 엄밀한 의미에서 윤리의 우월성으로부터 연역해낼 수 있을, 정치철학을 제안하는 것은 아니다. 오히려 레비나스는 정치철학 체제에 기대지 않는 정치와 정치적인 것의 사유를 몇몇 명확한 요건으로부터 한정하고 결정하려고 애쓴다. 제삼자들과 정의의 문제. 선의의 휴머니즘에 대한 거부. 자유를 책임의 응답에 종속되게 할 위치에 지정assignation. 타자를-위함의 물질주의에 의한 배고픔의 세속화. 현재 안에서 미래를 시간화하는 양상이 그 요건이다.

우리가 아는 것처럼, 레비나스는 주체성 구조의 윤리적 연구로부터 정의의 문제를 제기한다. 이 책의 독해와 관련해서 확실히 사상 구족할 만한 것 중 하나인 어려움이 여기 있다. 윤리적 쌍duel, 얼굴 대 얼굴에서 정치 질서로의 '이행', 극단적 특이성에서 보편성으로의 '이행'을 어떻게 이해할 것인가? 전이로 밝혀지게 될 이 관계는 종종 레비나스에게서는 단수로 표시되고 거의 맹목적인 '필요하다il faut'로 전달된다. "정의가 필요하다. 즉, 비교, 공존, 동시성, 집단, 질서, 주제화, 얼굴의 가시성이 필요하다. 그로 인한 지향성과 지성, 그리고 지향성과 지성 속 체계의 이해가능성이 필요하다. 또한 그로 인해 재판정 앞에서와 같은 동등한 입장으로서 공현존coprésence이 필요하다. 공시성으로서 본질/존재성essence: 한 장소에서 함께함."[1] 다수, 공동체, 정치, 정의[2]는 따라서 "한 장소에서 함께함"으로써 요구된다. 그리고 이것은 "주체성의 장소-없음le non-lieu de la subjectivité"[3]으로 규정된 것으로부터 책임인 이 장소-밖으로부터 비롯한다. 따라서 모든 문제가 거기 있다. 레비나스의 '필요하다'가 이질적 항들을 연관시킬 수 있는 한에서, 윤리적 장소-없음과 공통의 정치적 공간 사이의 관계를 어떻게 엄밀히 사유해야 하는가? 따라서 문제는 갑자기 생겨

---

1   Emmanuel Levinas, *Autrement qu'être ou au-delà de l'essence*(1974), Le Livre de Poche, p. 245(이하 *AE*). /《존재와 달리 또는 존재성을 넘어》, 문성원 옮김, 그린비, 2021, pp. 340-341(이하 《존재와 달리》).

2   이와 같은 용어들이 등가적이라고 가정하자. 이 용어들은 엄밀하게는 등가적이지 않지만, 지금 당장에는 등가적이라고 하겠다.

3   *AE*, p. 24. /《존재와 달리》, p. 32.

나고 정의에 관한 질문으로부터만 명시적으로 제기된다. 마치 《존재와 달리》, 이 텍스트에서 말해진 것le Dit과 이 말해진 것에 대한 자리의 직접적 진술이 수행적으로 텍스트 자체에 의해 진술된 규칙을 따르는 것처럼 말이다. 마치 문제에 대해 말해진 것이 작품을 독해하는 경험 안에서, 문제 발생을 제기할 수 있는 말함le Dire에 직접적으로 관계되는 것처럼 말이다. 매우 엄밀하게 말하자면 문제는 레비나스가 '제삼자의 등장'이라고 명명하는 것에 의해 수반되는 경우뿐일 수 있다. 덧붙이면, 이것은 상황을 타개하지 않는다. 더욱이 제삼자는 결코 떠난 적 없었던 무대에 등장한다.[4] 가까움proximité은 나를 타인에게 명한다ordonner. 그러나 가까움은 결코 나를 혼자인 그 또는 그녀에게 명하지 않는다. 왜냐하면 나를 혼자인 타인에게 명하면 "문제가 없을 것"이기 때문이다. 그의 말함son Dire이 있기까지, '모순'은 의미작용의 "유일한 한 방향"을 방해하는 가까움에 끼어든다.[5] 일자에서 타자로 그리고 타자에서 일자로와 같이 상호적으로 통하는 가까움은 가까움이 아니다. 타인에게, 가까움이 아닌 이 가까움에서 모순을 드러내야se trahir **하고**, 정의의 진술 안에서 가까움이 말해져야se dire **한다**. 정의라고 하는 곳에서 동-시에 그리고 모두-함께 한 말을 취소해야

4　"대면의 내면성 안 제삼자의 등장은 끊임없는 연루이다.", *AE*, p. 249. /《존재와 달리》, p. 346.

5　*AE*, pp. 244-245. /《존재와 달리》, pp. 339-341.

한다se dédire. '관계', '직무'에 관해, 레비나스는 우리에게 제삼 자의 등장, '(문제) 탄생의 장소'뿐만 아니라 그가 "책임의 한 계"[6]라고 부르는 것, 척도와 효과를 가리킨다.

만약 이 지시들이 중요하다면, 지시들의 타원형적 특징, 즉 두 개의 구분된 진원을 중심으로 정렬된 특징은 우선 상황 을 복잡하게 하는 것 같다. 우리는 여하튼 윤리의 절대적으로 결정적인 이 특징, **무한한** 책임 안에 **제한**의 도입이 자명하다 고 말할 수 없다. 무한성infinition으로서 윤리적 책임에 대해 사 유하는 레비나스는 정의와 제삼자의 지속적인 등장과 함께 우리를 역설적으로 책임의 '한계'의 길로 인도한다. 그리고 우 리를 '문제'에 부딪치게 한다. 바로 이 문제에 대해서 해결책 은 아니지만 적어도 몇몇 설명 요소들을 제시해 볼 것이다.

사실, 레비나스의 장치dispositif는 특히 장소와 장소-없음의 관계가 아닌 '관계'-비非관계에 의해 제기되는 상당한 어려움 으로 향해 있다. 관계가 없다면, (관계-비관계의) 양립성 안에 서 직접성, 윤리적 대면의 올바름, 대신함substitution에까지 호소 를 듣는 주체의 징발과 레비나스 저작에서 있는 그대로 찾을 수 없는 표현인 **제삼자의 유령성**을 어떻게 사유하겠는가! 복 수형으로 제삼자**들**만을 말하는 것이 실제로 더 바람직한 것 같다. 왜냐하면 타자를 위한 책임의 직접성을 '방해하는' 것,

---

6 *AE*, p. 245. / 《존재와 달리》, p. 340.

이것은 다른 타자들, "타자와 다른 모든 타자들"[7]의 검토이기 때문이다. 즉, 복수성, 다수성, 일반 대중들을 검토하는 것이다. 《존재와 달리》마지막 부분의 연관된 몇 줄을 잘 읽어 보면, 문제가 되는 것은 윤리적 이중주duo를 중심으로 맴도는 다수이다. 타자들의 다수성, 나는 유령처럼 다수성을 가리킨다. 왜냐하면 실제로 가까움을 둘러싸고 있는 매우 염려스러운 낯섦은 전적인 얼굴의 부재 자체 안에서 제삼자들이 비교를 요청하고 비교 가능성의 도입을 요구하는 것에 관계하는 위협일 수 있기 때문이다. 더구나, 제삼자들은 윤리적 무대에 등장하기보다 **나** 그리고 나와 마주한 **얼굴**이 모든 무시원적 anarchique 관계가 반드시 '배반해'야만 할 질서에 편입되도록 매우 급박하게 촉구한다. 제삼자들은 윤리가 항상 그리고 필연적으로 **비교할 수 없는 것의 윤리**인 곳, 즉 결정할 수 없는 것의 윤리,[8] **번역할 수 없는**intraductible **윤리**인 곳에서 우리가 비교에 따르도록 요구한다. 제삼자들에 의한 이 사로잡힘은 '정의를 외치고', 이 외침은 확대되고 감당하지 못하게 된다.[9] 예기치 못한, 그리고 달갑지 않은 유령처럼, 제삼자들은 윤리의 문을 두드린다. 그리고 내게 문밖으로 나올 것을 촉구한다.

---

7 *AE*, p. 246. / 《존재와 달리》, p. 341.

8 G. Bensussan, "Une éthique de l'indécidable" in D. Cohen-Levinas et M. Crépon(éd.), *Levinas-Derrida : lire ensemble*, Paris, Hermann, 2015.

9 *AE*, p. 246. and p. 247. / 《존재와 달리》, pp. 340-341. 그리고 p. 343.

제삼자들의 다수성은 저어도 윤리적 의미작용, 얼굴에 대한 나의 관계/비관계의 비대칭성을 혼란스럽게 한다. 타자와의 대면을 에워싸는 제삼자들의 염려스러운 흐릿함은 둘 사이에서 유지되는 둘의 질서를 어지럽히고 방해하는 주장을 의미한다. 그들의 주장은 포기되지 않는다. 주장은 사로잡힘 속 사로잡힘을 의미한다. 왜냐하면, 이것은 윤리적 쌍이 제삼자들의 유령성에 의해 불안하게 되고 사로잡히게 되기 때문이다. 우리는 척도와 비교에 의해서, 즉 "내가 타자들처럼 타자로, 즉 '나를 위해' 접근되는"[10] 정의–대면의 친밀함과 나를 소환시키고 내게 통고되는 명령으로부터 어떻게 보면 내가 공적公的이 되는 정의의 무대에 등장하는 것에 의해서 왜 우려가 발생하는지를 이해할 수 있다.

예를 들어 레비나스는 윤리적 사회성의 보편화 가능한 준칙의 추구나 더 좋은 체제의 가치론의 방법에 대해 가까움과 정의, 입장과 퇴장의 이 두 대장臺帳 사이 꾸준한 관계의 사유를 제시하는 데는 거의 관심이 없다. 우리는 이것에 대해 레비나스를 비판할 수 있었고, "전환retournement"[11]의 모습 속에서 매우 불충분하게 결정된 개념성, 게다가 매우 부분적으로 불완전한 개념성을 알아차릴 수 있었다.

---

10 *AE*, p. 247. / 《존재와 달리》, pp. 342-343.

11 *AE*, p. 247. / 《존재와 달리》, p. 343. "비교 불가능한 주체로부터 사회의 구성원으로의 전환."

우리가 이해할 수 있고 더구나 인정할 수 있는 것은 특정 관점에서만 그런가? 들뢰즈가 라이프니츠와 니체를 해설하면서 보여주는 것처럼, 관점을 요구하는 "사물들의 구부러짐"을 설명할 때, 더욱이 니체를 참조하면서 마찬가지로 로젠쯔바이크가 설명하는 것처럼 모든 것은 여기서 관점의 문제[12]임을 주목하자. **정치철학의 관점에서**, 하지만 철학적 전통에서 보편적으로 지배적인 정치 영역의 자율성, 정치적 주체들의 합리성, 정치적 주체들의 결정, 정치적 주체들의 관계를 조직하는 관계의 지상권을 중심으로 하는 축의 방향으로 구성된 정치철학인 특정한 사유의 이 체제적 관점에서 우리는 반론을 들을 수 있다. 정치철학의 이 관점, 한나 아렌트가 비정치적인 것에서 끌어낸 이 관점은 정치적인 것의 자율성, 가정된 기원으로부터(예를 들어, 계약) 또는 가능한 결말로부터(예를 들어 어떤 의미, 어떤 목적론, 역사의 의미) 정치에 대한 사유를 가져오는 자율성이다. 이것은 또한 가장 좋은 체제의 규범적인 서술을 일으킬 수 있거나 제시할 수 있는 정치적인 것

---

12 들뢰즈를 참조하면, "이것은 관점을 요구하는 사물들의 구부러짐이다…. 관점의 이론은 관점주의(perspectivisme)라고 불러야만 하는 것을 철학에 도입한다. 니체가 바로 관점주의의 이름으로 있을 때, 라이프니츠처럼 니체에게도 관점주의는 각각 자신의 진리를 의미하지 않을 것이다. 그러나 진실 표명의 조건으로서 관점을 의미할 것이다. 또 다른 위대한 관점주의자, 소설가 헨리 제임스(Henri James)에게 관점과 관점의 기술은 결코 진리가 각각에 상관적이라고 의미하지 않았다. 그러나 혼돈이 조직되고 비밀이 발견되는 관점이 있다고 의미했다"(1986년 12월 16일, 라이프니츠에 관한 수업 중에서). 로젠쯔바이크와 정확히 일치하는 설명이다.

의 지율성에 대한 가정이고 혹은 비-동일적인 것의 공유화로부터 가치의 추론을 시도할 가치론이다. 따라서 우리는 정치철학의 관점에서 "전환"을 중심으로 레비나스가 제시하는 몇몇 서술적인 요소들과 전환 자체의 모습이 정치철학과 같은 것을 설립하거나 허용하는 데 충분치 않음을 볼 수 있다. 사실, 레비나스의 정치철학은 없다.

문제는 바로, 없음에도 불구하고 정치철학, 정치와 정치적인 것의 사유가 있는지를 아는 것이다. 나의 모든 의도는 이 약점이 어떤 관점에서 강점이 됨을 혹은 과도하게 말하면 상당한 발견적 창구임을 보여주려고 하는 것이다. 왜냐하면, 다른 관점에서도 단지 레비나스의 관점에서만이 아니라, 정치는 진정한 자율성을 갖지 않기 때문이다. 이것은 "윤리적 사실이 빚지고 있지 않은 가치들"[13]에 관한 의미의 도덕에 지나지 않는 정치는 스스로 제도의 보편성 정도를 자기로부터 판단할 수 없음을 수반한다.

레비나스가 우리에게 제시하는 것은 정치철학 또는 정치적 존재론보다 더 취약하고, 더 불분명하고 동시에 더 급진적인 어떤 것이다. 레비나스의 사유 안에는 끊임없이 조작적인 **취약함의 급진성**radicalité du fragile이 있다. 정치적 사유의 열림으로서 결정되는 어떤 것. 실제로 가까움/정의의 관계를 중

---

13 "윤리적 사실은 가치들에 빚지고 있지 않다. 가치들이 윤리적 사실에 모든 것을 빚지고 있다.", Emmanuel Levinas, *De Dieu qui vient à l'idée*, Vrin, 1982, p. 225(이하 *DQVI*).

심으로 맺어진 어려운 질문들, 아마도 불명료하게 구성될 질문들은 특히 적용 범위가 넓은 원리의 배경에서 수반된다. 이것이 우선적으로 강조하고 싶은 원리이다(이것이 바른 표현인지는 모르겠지만). 이 원리는 (우리가 정치철학의 관점에서 지지할 수 없다고 보는) **철학적인 것에서 정치적인 것에까지** 급진적 **번역불가능성**intraductibilité, **자동사성**intransitivité의 원리이다. 레비나스의 말대로라면 **윤리적 지점으로부터 정치를 추론하는 절대적 불가능성**이 우리에게 표명된다.

 A. 여하튼 레비나스의 분석대로, 전통과 관련한 사유의 이러한 주장의 독창성을 평가하는 것이 필요하다. 전통 안에서 "논리적 합리주의와 정치의 연합"[14], 순환적이거나 경험적이지 않은 그러나 지속적이고 실질적인 연합이 확인될 것이다. 왜냐하면 이것은 철학의 존재정치적ontopolitique 특징에 의해 결정되기 때문이다. 레비나스는 〈평화와 근접성〉[15]에서 "합리적 사유는 또한 정치"라고 쓴다. 왜냐하면, 합리적 사유는 우리가 마르크스를 생각하면서 보편적이고 추상적인 일반 등가물의 필연성이라고 부를 수 있을, 동일한 필연성을 따르기 때문이다. 이 필연성은 개념 형성의 필연성이고 특수한 결정성

---

14 *AE*, p. 265. /《존재와 달리》, p. 369.

15 Emmanuel Levinas, "Paix et proximité", in *Altérité et transcendance*(1995), Le Livre de Poche, p. 139. / 김도형·문성원 옮김, 《타자성과 초월》, 그린비, 2020. p. 157.

déterminite을 이성 또는 역사의 운동에 의해 이끌린 완성에 종속시키는 논리의 필연성이다.

우리는 철학사에서 "정치와 논리의 결합, 모든 논리적 합리주의의… 정치적 특징"[16]의 환기일 회의주의에 대해《존재와 달리》에서 전개한 내용을 참조할 수 있을 것이다. 이 전개에서 레비나스는 **정치**란 이성과 앎, 로고스와 의미의 알파요 오메가이며, 서양에서 정치는 모든 과도함démesure의 공정한 척도라고 설명한다. 이 점에 대해, 철학 안에 항상 철학의 정치[17]가 있을 것이다. 즉, 개념의 작업을 조직하고 다원적으로 결정하는 의미 생성의 경제가 있을 것이다. 이러한 구절들에서 분석은 이치에 맞는 담론에 의한 정치적(그리고 레비나스가 덧붙이기를 의학적) 억압의 질문을 고찰하는 데까지 이른다. 이것은 그 자체로 반영되고, 존재론적으로 국가와 제도에 연결되는 바 그대로이다. 국가와 제도는 어떻게 보면 "논리를 따르지 않는 자가 감옥 혹은 추방으로 위협받는"[18] 의미의 형이상학적 체제를 보호할 것이다. 우리는 여하튼 내가 막 진술했던 번역불가능성의 원리가 이성과 국가의 존재정치적 '연합'을 거부하고('연합'에 의해 거부되고) 있음을 본다.

---

16 *AE*, p. 265. /《존재와 달리》, pp. 368-369.

17 이론상으로 '계급투쟁'의 알튀세르적인 의미가 아닌, 더 본래적으로는 레비나스가 정치와 철학의 전형적인 '서구적' 연합과 친화성의 가능 조건을 잘 판별한다는 의미에서이다.

18 *AE*, pp. 263-264. /《존재와 달리》, p. 367.

B. 번역가능성 또는 타동사성transitivité의 반대 원리는 정치철학의 발명을 불가피하게 한다. 왜냐하면, 이렇게 말해도 좋다면 가치론적으로 혹은 규범적으로 이행을 사유하고, 전이를 변증법적으로 발전시키고, 어떤 경우에도 서로를 연관 짓고 번역하는 (그리고 배반하는) 것과 관련하기 때문이다.[19] 예를 들어 정치를 도덕화하기 또는 도덕을 정치화하기, 이것은 특히 인간주의적 해석 안에서 사실상 이 이행이 야기하는 수사학적이고 도덕적인 조정modulation이다.

아마도 군주들과의 관계에서 **철학자들의 가식**, 정치와의 관계에서 철학의 가식이라 부를 수 있을 것을 평가하는 것이 바람직하겠다. 여기서 파스칼의 유명한 구절을 상기할 수 있다. 플라톤에서 아리스토텔레스, 하이데거까지, 그 밖의 모든 철학자들이 "왕과 군주의 광기를 가능한 가장 작은 악으로 완화하기" 위해 그들 광기의 "원리 안에 **들어가서**" "정신병원을 규제하기 위한 것처럼" 정치에 대해 말하고 쓰는 "척"[20]했는가? 하지만 이 가식을 평가하는 것은 레비나스가 말하는 다

---

19 정의에 대한 연구는《국가》(플라톤) 2권에서, 개인들이 유일한 진리를 직접 알아내고 더 나아가 질서 정연한 사회의 합리적 요청으로부터 알아내게 되는 틀 안에서, 이루어진다. 한나 아렌트는 "《국가》에서 모든 다른 영역에서 나오는 **이데아의 교리**를 **정치적으로 가치를 부여하길 원했던**" 플라톤에 의해 수행된 이러한 몰아부침(forçage)을 매우 잘 분석했다(아렌트와 야스퍼스의 서신, 1956년 7월).

20 Blaise Pascal, *Pensées*, Bibliothèque de la Pléiade, Gallimard, p. 1163. / 이환 옮김,《팡세》, 민음사, 2008, p. 107.

른 평기를 고려함을 함축한다, 지배자들의 논리적 "광기"에 "따르지 않는" 자들의 광기, 또 파스칼과 레비나스에 따르면, 가식과 호소 속 철학자들의 정치가 우리 앞에서 "번역"된 것의 "배반"[21]에 주의하면서 **"원리로의 진입"**이 의미하는 것에 대해 자문하는 자들의 광기를 고려함을 함축한다. 문제가 되는 것은 레비나스의 엄밀한 의미로 혹은 바람직하고 단순한 타동사성의 불가능성을 나타내는 파스칼의 언어로 말하자면 "등장l'entrée"이다. 우리의 모든 사유 습관과는 반대로 윤리를 파생, 연역의 관계 안에, 정의와의 변증법적 관계 안에 들어가게 하는 것은 불가능하다. 이것은 우리가 이미 레비나스에게서 받아들일 수 있는 바다. 다음 페이지에서 우리가 볼 수 있듯, 중요한 것은 오히려 정치적 질서에서 비-상非-常한 윤리의 번역불가능성을 끝까지(하지만 어떻게?) 사유하는 것이다.

정치, 이것은 레비나스의 주장에 따르면 윤리의 필요하고 유익한 중단의 심급, '지속적인' 제삼자들의 '등장'에 따른 공통 척도의 심급이다. 윤리를 '행위'를 형성할 가치들로 번역하기를 원하거나 시도하는 것은 관계의 논리-정치적 집합 속에서 윤리를 재흡수할 것이고, 신성불가침한 '연합' 속에서 윤리를 재통합할 것이다. 그리고 나서 모든 정치, 심지어 가장 보편적이고 민주적인 정치, "자기-자신에게 맡겨진"[22] 정치

---

21 *AE*, p. 247. / 《존재와 달리》, p. 342.

22 Emmanuel Levinas, *Totalité et Infini : Essai sur l'extériorité*(1961), Le Livre de Poche, p. 335.

가 《전체성과 무한》의 문구에 따른 전제정을 지니고 있음을 잊을 것이다. 달리 말해, 윤리와 정치 사이 타동사적 유형의 관계에 대한 모든 사유가 실패할 우려가 있거나 적어도 재앙의 위험에 노출된다(예를 들어, 정치적 참여를 위해 실존론적 분석을 터무니없게 만든ensauvager 하이데거의 방식을 보라).

윤리의 정치적 번역불가능성은 내게 사유를 매우 자극하는 요소를 구성하는 것 같다. 혹은 우리가 레비나스에게서 찾을 수 있거나 그의 작품에서 끌어낼 수 있는 정치적인 것의 사유를 위한 요소를 구성하는 것 같다. 이 자동사성의 원리는 정치에 대한 사유와 결별하는 것이 아니다. 오히려 정치 그리고 정치적인 것의 사유는 제삼자들의 '등장'에 관한 관념에 의해, 즉 정치 **안에서** 요구된다. 레비나스에게는 정치철학이 없는 것처럼, 비정치성apolitisme도 없다. 정치적인 것에 대한 레비나스 사유의 '반정치적'(만일 바츨라프 하벨이 예전에 매우 실질적인 몇몇 결과를 개진할 수 있었던 표현, 하지만 우리가 이미 로젠쯔바이크의 작품에서 읽을 수 있는 이 표현에 기대고자 한다면) 급진성은 정치의 냉정함, 그렇지만 체념을 수반하지 않는 정치권력에 대한 환멸의 확인 또는 사유와 윤리의 탈정치화로부터 발생한다. 레비나스의 표현은 충분히 이것을 보여준다. "정치를 자기-자신에게 맡기지 않기"는 모든 존재정치적 자립

(이하 *TI*) / 김도형·문성원·손영창 옮김, 《전체성과 무한: 외재성에 대한 에세이》, 그린비, 2019, p. 451(이하 《전체성과 무한》).

의 불가능성을 의미한다. 이것은 부정적인 행위 또는 아마도 은연중 행위를 함축한다. 그러나 어쨌든 정치 "그-자체"의 모든 포기는 거부한다.

그런데 번역 혹은 변증법적 이행transition을 거치지 않고, 실행이나 내용을 도덕적으로 만들지 않고 어떻게 정치를 그-자신에게 맡기지 않는가?

레비나스와 더불어, 우리는 비관계로써, 즉 불안정한 관계의, 관계를 '넘어서는passer' 관계의 (레비나스와 파스칼에게서 인간이 인간을, 정의가 정의를 무한히 '넘어서는' 것처럼) 불평등한, 끼워 맞춘, 불연속의 연쇄로써 이 관계(윤리, 정치)를 사유하도록 강제된다. 레비나스가 말하는 의미에서 윤리는 그 자신보다 이전, 어떻게 보면 전-근원적pré-originel 그리고 무-시원적an-archique 응답, 자기에 선행함 속에서 얽매인 주체성의 전-근원적 구조를 가리킨다. 이 비대칭적 구조는 (모든 수동성보다 더 수동적인) 절대적 수동성과 응답해야만 하는 갑작스러운 긴급함urgence 사이 일종의 얽힘에 의해 좌지우지된다. 만일 수동성이 실천에 명령을 내린다면, 심지어 윤리-실제적 실천에 대해서도 명령을 내린다면, 이 수동성을 어떻게 이해할 수 있는가?

나는 우선 윤리적 응답이 의지의 영역도 복종의 영역도 아니라고, 즉 수동성이 반의어가 될 의미로 활동activité에 속하지 않는다고 강조할 것이다. 우리는 법, 제도, 상관, 직에 복종하지 절대 사람에 복종하지 않는다. 복종은 누구에게나 평등

윤리와 경험

해야 한다. 복종은 실질적인 행동 규칙에 앞선 동의로 결정된다. 윤리적 책임은 반대로 규칙의 한계와 규정의 틀이 응답하는 주체에 의해 바라는 것조차 없이 넘쳐나야만 하는 상황의 유형을 묘사한다. 응답하는 주체는 즉각 행위의 규칙을 고안해야만 한다. 더 정확히는, 모든 규칙을 넘어서면서 그 '지배prise' 아래서 행동해야만 한다. 이것이 내가 윤리적 순간이라고 부르는 것이다. 윤리적 순간, 응답의 순간은 통시적 시간, 직접성, 모든 인식과 모든 정신의 현전에 앞서 지나가고 지나가는 시간에 의한 사로잡힘saisissement을 의미한다. 사전 준비 없이, 인간은 타인의 초월에 의해, 책임의 응답을 명령하는, 자신을 얼어붙게 하고 강제하고 탈취하는 또는 반대로 억제하는 사건에 주체의 노출을 명령하는 예기치 못한 타인의 난입에 의해 혼란에 빠지게 된다. 이것은 예를 들어 루소가 듣지 않으려 하고 "다소 논증하기"[23]를 좋아하는 철학자의 창문 아래에서 한 인간을 참수하는 상황을 묘사할 때 연상시키는 전형적인 예, 윤리적 순간이다.

즉각적인 윤리-실제적 실천은 통시적으로 정의와 대칭화의 질서에 의해 중단되기 전에 국가와 법의 제도와 형식주의

---

23 *Discours sur l'origine et les fondements de l'inégalité parmi les hommes, in Œuvres complètes*, Paris, Seuil, II, p. 224. 루소는 여기서 호소가 얼마나 이성을 앞서는지 강력히 예감한다. "사회 전체의 위험만이 철학자의 평온한 잠을 방해하고 그의 침대에서 그를 떠나게 한다. 우리는 그의 창문 아래에서 지장 없이 동류를 살해할 수 있다. 철학자는 우리가 살해하는 자와 동일시하는 내면의 반항하는 본성을 막기 위해 자신의 귀를 손으로 막고 다소 논증하기만 하면 된다."

를(예를 들어 우리는 폭력에 기면하면 경찰을 부른다) 중단시킨다. 이 관계, 혹은 이 중단의 뒤얽힘, 이 무한화infinitisation의 운동, 이 것은 레비나스에게 있어 "영감inspiration"(이 용어는 연역, 번역, 변 증법화의 그것과는 심한 차이를 나타낸다)이라고 불린다. 영감은 가까움과 정의의 환원 불가능한 격차, 이 둘의 실효성의 환원 불가능한 격차에서 발생한다. 영감은 흡수할 수 없는 초월, 절 대적이지만 유동적인, 불안정한 분리를 의미한다. 이러한 관 점에서 우리는 영감을 정치의 투자 방식으로 결정지을 수 있 다. 이것은 정치가 아닌 것, 윤리, **정치 이전**의 질문으로서 생 겨나게 하고 **정치 이후** 정의를 넘어서는 정의[24] 안에서 의미 작용을 되살리는 것에 의해서이다. 자동사성, 번역불가능성 으로부터 정치 이후와 윤리 이전 사이에 레비나스가 말한 것처럼 "한 장소 안에 함께 존재하기", 지역 커뮤니티 그리고 "어디에도 고정될 수 없을 것", 인간적인 것 사이에 일어나는 것을 중심으로 문제가 활성화된다. 물론 이것은 본질적으로 정치적인 질문이다. 왜냐하면, 이것은 타자성altérité과 척도를 함께 사유하고, 어떤 것을 공통의 척도 없는 전체로써, 공통 부분이 없는disjoint 전체로써 사유하기를 시도하는 것과 관련되 기 때문이다. 함께이면서 함께가 아닌, 공동체, 그럴지도 모 르지만, 공동체 안으로 '들어가기entrée'는 공동체의 부재라는 말의 심급과 다른 어떤 것이 아닐 것이다. 아무것도 공동체를,

---

24 *AE*, p. 246. / 《존재와 달리》, p. 342.

가진 게 없는 자들의 공동체조차 이룰 수 없다.

영감의 무한 운동과 행위의 즉각성은 서로 조건 지운다. 내가 공정하다고 생각할수록, 이 공정하다는 믿음에 만족할수록 나는 덜 공정하고 책임의 활성화는 고통의 호소와 시련을 겪어야만 하는 양도 불가능한 의무에 계속해서 나를 노출시킨다. 이 무한한 응답의 윤리 안에 교훈 또는 적어도 합리적으로 미리 결정된 가능한 것들에 불복종하는 입장의 빈약한 밑그림이 있다.

우리가 다음에 읽을 레비나스의 비대칭성은 윤리와 정치 사이 불가능한 관계에 대한 무언가를 윤리의 차원에서 말하려고 한다. 이는 보편성에서 확장의 방식으로 생각되거나 기술되지 않는다는 의미에서, 동시에 이 불가능이 연습, 자기 검증을 요구한다는 의미에서 불가능하다. 요컨대, 레비나스의 윤리는 사유하기의 탈정치화를 함축하기는커녕 오히려 즉시 행동함의 메시아화messianisation[25]를 요구한다. 아마도 환상에서 깨어난 메시아화, 그러나 결코 굽히거나 체념하지 않는 또는 현행 명령에 지정되지 않은 메시아화일 것이다. 명령은 필요하다. 그리고 점근적으로asymptotiquement 정당하도록 노력해야만 한다. 하지만 브레히트가 말한 것처럼 "국가의 대의가 무엇이든, 국가는 그-자체로 국가의 대의이다." 따라서 이 필연성은 타자성, 타인의 타자성 그리고 이 타자성으로부터 다

25 메시아, 부름받는 순간에 나입니다.

른 시산, 나근 세게, 다른 삶의 타자성에 대한 요청을 절대 소진하지 않을 것이다.

  정치, 이것은 우선(혹은: 전체화 이전) **합의의 책임**이다. 이 형용사, '합의의transactionnel'는 모든 정치적 질문을 앞서는 윤리적 책임과 관련되지 않고, 현실과 함께 잔인하고 돌이킬 수 없는 요구들과 함께 과거의 불안한 타협compromis에 대한 어떤 실천과 관련됨을 가리킨다. 레비나스의 윤리와 정의, 얼굴과 제삼자들에 관한 위상학topologie은 이것들에 대해 뭔가 말하기 위한 매우 풍부한 기반matrice이다. 왜냐하면, 이 위상학은 동시에 양립할 수 없는 두 문제와 맞물리기 때문이다. 적어도 정치적 결정에는 항상 두 개가 있다. 오늘날 우리는 이것을—이는 내가 쓴 책《두 개의 도덕》[26]의 주요 주제이다—알 수 있다. 두 개가 있다고 말하는 것, 이것은 정치란 **비극적**일 수밖에 없고 이따금 도덕적으로 결단 내려서는 안 될 것 혹은 전혀 다르게 결단 내려야 할 것을 결단해야만 한다고 말하는 것이다. 레비나스만 이 두 개를 우리에게 알려 주는 것은 아니다. 우리는 막스 베버가《학자와 정치적인 것 Le savant et le politique》[27]에서 레비나스의 의도와 전적으로 무관한 고찰을 통해 말했던 것을 생각해 볼 수 있다. 금방 위에서 합의의 책임이라고

---

26 Gérard Bensussan, *Les Deux morales*, Vrin, 2019.

27 [옮긴이] 이 책의 한국어판 제목은《직업으로서의 정치·직업으로서의 학문》이다.

말한 것은 신념의 윤리와 충돌한다. 레비나스가 아닌 베버의 의미에서 두 개의 '윤리'는 서로 충돌한다. 그리고 정치는 이 충돌과 충돌의 취급과 관계가 있다. 베버는 니체가 말했던 것처럼 '망치'가 될 수 있었던 '미묘한 차이nuance'를 끊임없이 만들려고 시도한다. 정치적 관심은, 우리가 레비나스로부터 이것을 이해하려고 한다면, 이중으로 결정된다. 이것은 항상 '나중에' 오고 항상 '해야 할' 것이다. 만일 정치가 먼저 오게 되었다면, 무엇보다 스스로 전부를 만든다면, 우리는 전체주의 '폭정'의 전형적인 경우와 맞닥뜨리게 될 것이다. 코로나19와 같은 팬데믹의 특별하고 교훈적인 상황에서 나오는 어떤 이야기를 들으면 나는 가치, 도덕, 신념, 존재론 그리고 역사 문헌에 대한 최상의 돌파구로서 정치를 향한 타동사적 관계의 모든 사유가 대재앙을 담고 있다고 생각한다. 그러나 이러한 관점(니체, 로젠쯔바이크)은 내게는 결코 비정치성에 필적하지 않는다. 그것은 냉정함, 돌이킬 수 없는 상실의 느낌을 가져올 수 있다. 하지만 이러한 **정치에 대한 비극적 감정**은 말하자면 그 자체로 정치를 자신에게 둘 수 없다. 왜냐하면 이것은 예전 '노래하는 미래'나 예전 거대서사의 역사적이고 인식 형이상학적인 낙관주의보다 덜 '영광스럽고' 덜 '빛나는' 행위, 행동을 내포하기 때문이다. 그러나 비극적 감정으로서 이것은 피할 수 없다. 레비나스의 "정치는 다음에!"라는 말은 "정치!"라는 명령을 잘 담고 있다. 도대체 무엇 다음인가? 레비나스가 윤리라고 부르는 것 다음이다. 루소가

에로 든 천하자의 창 아래에서 참수당한 한 사람을 떠올려 보자. 이 사례는 흥미롭다. 왜냐하면 이것은 정치 '이전'에 그려진 상황을 묘사하기 때문이다. 타자에게 행해진 위협적인 폭력에 맞닥뜨렸을 때 나를 사로잡은 시간성은 모든 자각, 모든 정신의 현전보다 더 오래된 일종의 원原; archi-시간성이다. 아무런 준비 없이, 앎 없이, 할 수 있음 없이, 원함 없이 인간이 뜻밖의 난입에 의해 전복되는 순간은, 행동하게 하기 위해 혹은 반대로 영원히 멈추게 하기 위해 관통하는 사건에 직면하여 책임의 응답을 강압적으로 그리고 명령조로 요구한다. 즉각적으로 윤리-실천적 행위를 요구하는 윤리적 순간, 이 경우는 정치를 전혀 무효화하지 않는다. 경찰, 소방관, SOS 같은 것, 도움을 주고 구조하는 제도가 있는 것은 바람직하고 정당하고 불가피하고 필요하다. 루소에 따르면 '철학자'는 분명 귀를 막고 다소 논증적인 자에게 호소할 것이다. '논증하기', 이것은 어떻게 보면 말함 없이 말해진 것이고, 중재 없는 윤리-실천적 행위와 같은 것은 레비나스의 용어로는 말해진 것 없는 말함이다. '철학자'는 자신의 눈으로, 무덤 속에서 카인을 보는 눈[28]처럼, 투쟁 이후 질의하는 양심의 눈으로 정당함을 증명하기 위해 스스로 논증한다. 이것은 철학자가 응답하지 않았던, 그것 때문에 거기에 있는, 정확하게는 시민적 책임에

28　[옮긴이] 이 표현은 아벨을 죽인 그의 형 카인의 성서 이야기를 다룬 빅토르 위고의 〈양심(La conscience)〉이라는 시에서 가져온 표현이다.

의한 윤리적 책임 약화의 구조 속 정치의 통합으로서 국가, 제도, 정치적인 것을 함께 형성하는 기구와 기관에 그의 응답을 전가했던 것이다. 이 예는 정치에 대해 잘 말해 주고 있다. 정치는 정치가 아닌 것에 의해 항상 고소당함을 알게 될 것이다. 이것은 정치를 실각시키지 않는다. 정치는 그것의 이성적 논증 이전, 법률, 장치, 정당한 개입 이전 아주 오래전부터 자기-자신을 방해하는 것을 못 하도록 막는 것을 자신의 역할로 삼는다.

데리다에 따른 메시아니즘 혹은 해체 불가능한 정의正義, 게다가 베버의 신념 윤리가 정치를 막지 못하듯이 레비나스의 윤리도 정치를 막지 못한다. 사건의 예측불가능성은 모든 것을 지배하는 데 내재한 예정을 폐지하지 않는다. 근본적 비-절차성non-processualité(이 점에 관해서는 니체를 보라)과 관련된 역사의 예측불가능성은 상아탑과 비정치성의 찬사에 도취하고 몰두하는 '신비주의적' 정적주의quiétisme로 통하지 않는다. 우리는 오히려 **정치가 아닌 것에 의한**, 정치 이전에 질문으로서 생겨나게 하고 정치 이후에 여전히 의미작용을 재개하는 것에 의한 **정치의 투자 양상**을 다루고 있다. 그러므로 각자가 정치에 관계되는 방식, 지배자와 피지배자의 방식은 책임의 범위 밖에서의 누누이 강요된 신념에 의한 공격과는 전혀 다를 것이고, 카뮈가 집단적 '악의'라고 불렀던 것, 즉 일반화된 원한과는 전혀 다를 것이다.

이 합의의 책임은 환대의 질문으로 잘 예시되고 있다.

한대 의무의 시성함에 대해 일방적인 찬사를 보내려는 입장은 예를 들어 어긋나 보이는 모든 것, 법적 규칙 또는 서비스 규정을 평가절하하면서 순결주의angélisme의 위험에 노출될 것이다. 이에 대한 피해는 이주 운동과 수용 정책에 대한 많은 현대 정치적 분석에서 명백히 드러난다. 무조건성inconditionnalité 때문에 수반되는 위험과 모든 수용으로 인해 빠지게 될 위험을 고려하여 환대를 체계적으로 거부하게 될 입장은 민주주의의 틀 안에서는 유지될 수 없을 것이다. 길은 좁다. 엄밀히 말해서 길은 오직, 둘 다 어떤 의미에서 민주적인 것 말고 다른 요구 사항에 속하는 탈extra-정치적인, 무익한 순결주의와 잔혹한 냉소주의cynisme 사이의 정치에 속한다. 무익한 순결주의에는 손이 없고 잔혹한 냉소주의에는 손이 너무 많다.[29]

모든 민주적인 정치는 현실에서 우리를 둘러싼 것에 직면하여 필요한 조건과 무조건적인 것의 이중 체제에 종속된다. 그러므로 항상 가변적인, 예측 불가한, 결정적으로 확정할 수 없는 이 **이중 구속**의 실천적·구체적 기입 방식을 찾아야 한다. '필요하다'는 규범적이지 않고, 객관적 필연성 혹은 엄중한 지령의 명령도 아니다. 이것은 끈질기게 괴롭히는 질문을 드러낸다. 칸트처럼 말해서 정언적인 것과 가언적인 것,

---

29 [옮긴이] 무익한 순결주의는 할 수 있는 것이 없고 잔혹한 냉소주의는 뭐든지 할 수 있다는 말.

'가치들'이 모든 것을 빚지고 가치들에 아무것도 빚지지 않는 윤리 그리고 굴절, 사회적 행동 지침 및 행동 규칙인 가치 도덕이 그런대로 연결되는 실질적이고 정치적인 모습은 무엇인가? **이 두 가지 포스트-레비나스적 위상학**은 확실히 정치에 대해 무언가를 사유하기 위한 열쇠이다. 또한, 정치에 의해 휘말리는 모든 것, 폭력·테러리즘·국가·유럽·주권·세계 문제에 대해 무언가를 사유하기 위한 열쇠이기도 하다.

이러한 상황은 세계화된 세계의 단일한 상태에 의해 지배받는다. 이 구도에서 우리는 모든 국민-국가 프로그램과 모든 해방 프로젝트에 대한 일종의 공백에, 사실상 모든 정치의 공백에 직면해 있다. 우리는 이중의 불가능성 앞에 처해 있다. 평등, 자유, 환대, 우정, 형제애의 규범을 단념할 불가능 그리고 어쨌든 우리가 상속받은 모든 것, 열거한 것들의 무조건성을 포기할 불가능. 그렇지만 끔찍한 질문들, 게다가 때때로 우리를 이끄는 논리적 난점과 궁지를 정면으로 바라보지 않을 불가능에 말이다. 전달transmission은 멈추었다. 우리가 상속받은 것은 어떤 유언에도 선행되지 않을 뿐만 아니라 르네 샤르의 말에 따르면 이는 여전히 아주 작은 악이고 특히 우리는 우리 차례에 전달해 줄 상황을 벗어나 있다. 유언 없는 우리의 유산은 더 이상 상속인조차 없다. 상속은 중단된다. 해방에 대한 거대서사를 말하는 화자들에 의해 우리에게 전해졌던 것과 그들이 말한 약속은 더 이상 전달될 수 없다. 우리는 원칙을 재확인할 수 있고, 원칙을 구체화하기를 시도할 수 있다.

하지만 이양passation의 결여, 심지어 유언을 벗어난, 수혜자의 결여, 유산은 내용의 진위를 결정할 수 없는 채로 있다. 따라서 철학에 관한 셸링의 말을 빌린다면, 우리는 번역할 수 없는 것을 번역해야만 한다. 이것이 오늘날 정치에 관한 임무이다.

탈extra[1]-도덕적 의미의 윤리

레비나스의 얼굴

레비나스의 사유는 강렬하고 독창적이고 특이한 만큼 중대한 어려움에 봉착한다. 어디서부터 시작할지, 어떤 관점에서 다룰지, 가닥을 어디서 잡을지 실제로 어떻게 알 수 있는가? 모든 결정은 자의적으로 보일 위험이 있고, 모든 결정된 선택은 배타적이거나 강제된 것으로 보일 위험이 있다. 그렇지만 이것은 해야만 하는 선택, 해야만 하는 드러냄의 결정과 관계된다. 레비나스의 사유가 아닌 것으로부터 그리고 매우 자주 사실과 달리 우리가 무엇이라고 간주하는 어떤 결론을 가지고 생각하는 것은 조금도 타당하지 않다. 우리는 아마도 여기서 엄청나게 그릇된 해석에 이르는 것 같은 그토록 놀라운 역설을 명확히 할 것이다. 그릇된 해석을 알리는 것은 오해로 가득한 작품에, 그리고 단순화된 그렇지만 때로는 지배적이었던 독해로 그득한 작품에 접근하는 최악의 방법은 아니다.

이러한 사유가 대거 기입되는 곳registre, 남김없이 이 사유

---

1 [옮긴이] 레비나스가 종종 쓰는 표현 extra-ordinaire(비-상한)처럼 'extra'는 상식적인 것(예: 도덕, 정치, 윤리)에서 벗어남을, 그것에서 예외적임을 의미한다.

의 현실성이 동기들을 불러일으키며 출현했던 공간, 알다시피, 그것은 '윤리'이다. 그러나 이 점에 대해, 윤리라는 용어와 이 용어의 지배적인 사용에 대해 곧장 '속지 않는' 편이 좋겠고 극단적 신중함을 보이는 것이 좋겠다. 가장 넓은 의미에서 레비나스의 수용, 즉 엄밀한 의미에서 비철학자, 비전문가인 독자에 의한 수용, 어렵다는 평판을 가졌거나 여전히 가질 법한 아주 새로운 개념성을 소환할지라도 윤리의 주제와 다소 병존하는 책임의 주제는 그 자체로 매우 적법하게 포개진다. 당시에, 그리고 당시와는 동떨어진 그의 사유 양태들 안에서, 레비나스의 수용은 반응이 좋았다. 작품에 대한 이해와 인정은 상대적으로 늦게 일어났다. 만일 우리가 철학적 사유의 변화하는 전망 속 역사를 재현해야만 한다면, 30년 남짓 동안 장 발Jean Wahl의 철학학교Collège philosophique 혹은 토요일 아침마다 탈무드 강의를 했던 동방이스라엘사범학교École Normale Israélite Orientale에서 레비나스의 말에 귀를 기울이러 갔던 몇몇 '아마추어'들을 제외하고는, 레비나스를 읽거나 듣지 못했다는 것을 우리는 느낄 것이다. 마르크스주의와 실존주의 그리고 구조주의로 특징지어진 정치적 상황(냉전, 식민 전쟁, '세계의 변화'에 호소하는 주제)에 의해 다원적으로 결정된 전후 프랑스에서 벌어진 주요 논쟁들은 철저히 레비나스에 무관심했다. 레비나스가 그 논쟁들에 전혀 무관심하지 않았던 데 비해서 말이다. 레비나스의 몇몇 텍스트와 논문은 명백히 이 사실을 증언한다.

레비나스의 작품에 대한 탐구에서 보편적 수용까지, 무슨 일이 벌어졌는지 거리두기를 통해 쉽게 이해할 수 있다. 1960~1970년대는 역사와 역사의 변천 방식, 즉 레비나스가 '전체성'이라 규정한 것에 매우 주의했다. 그 시대는 개인이 자기를 넘어서고 포함하는 기획, 보편적이고 세계적인 혁명의 기획에 종속되어서만 '의미'를 정립할 수 있었던 직접적이고 집합적인 긴급성에 관심을 두었다. 내가 타자의 책임 자체에 대해 책임질 수 있을 정도로, 그가 무슨 행동을 하든 단수의 타자를 위하는 **나의** 책임에 대한, 그리고 응답하는 주체성의 확고한 유일성에 대한 레비나스의 성찰은 상황을 벗어나고 현실화의 효력 없이 시의적절하지 않게 나타날 수밖에 없었다. 레비나스가 마침내 읽힐 수 있었던 상황은 '인문학', 특히 1970년대의 지배적인 마르크스주의와 구조주의의 전반적인 침체, 세계 역사, 세계적 규모의 정치적 사건, 특히 공산주의의 몰락과 연관된 침체로 인해 생겨났다. 난관을 타개한 새로운 이데올로기적 정세는 주체의 죽음에 대한 살해로써 묘사될 수 있을 것이다. '구조주의적-마르크스주의적' 주제와 때로는 그와 같은 교조적인 텍스트에 따르면, 우리는 행위의 주체가 아니라 다만 움직여지는 것이고, 주체들은 단순한 기능의 담지자, 담론과 장치dispositif 및 구성agencement의 조립 혹은 어떤 과정의 표현일 뿐인 주체들은 단지 무의식적이고 결정된 받침대일 뿐이다. 책임, 내 책임의 거의-절정에 달한 형태를 내게, 내가 중심일 수 있는 모든 결정 너머로 촉진하면서, 레비나스는 이제껏 기배저인 사유와는 반대로 그리고 지적인 데다가 정치적·사회적·이데올로기적인 역사의 어떤 순간의 사유와는 반대로, 일종의 주체의 자기 재전유, 활동적 개체성, 자율적 주도권의 능력을 정당화하는 것처럼 보였다.

그러나 그럼직해 보였음에도 불구하고, 여러 측면에서 실제적이고 깊은 반-의contre-sens가 있었다. 레비나스의 책임은 능동적인 '나는 원한다je veux'에서 전혀 기인하지 않는다. 반대로 레비나스의 책임은 주체의 본래적인 선先결정을 구성한다. 잘 살펴보면 이 책임은 무의식 또는 생성 관계보다 더 결정적이고 게다가 훨씬 멀리서 온다. 이러한 반-의에서 파악된, 레비나스의 사유는 헤겔식 보편적 역사의 한 시대에 일치하는 도덕의 준準-도덕적 이데올로기로 단순화되고, 도식화되고, 고정될 위험을 무릅썼다. 게다가 거기서 우리는 이 보편적인 역사의 필연성과 정당성을 오늘날 그 자체로 진화된 이 역사의 규정된 순간에 이해할 수 있다. 이 과도기는 이타적이고 인도주의적인 도덕의 시대, 의무론적 규범과 혼합되어 분산된 윤리적 언어의 인플레이션 시대, 기업·시장의 재발견 시대, 더구나 인권의 시대였다. 플라톤이 정체政體를 말하듯, 민주주의에 대한 '윤리들을 파는 시장foire aux éthiques'의 시대였다. 무엇보다 윤리 가운데서 거의 말해지지 않았던 보도 윤리, 의료 윤리, 기업 윤리에 대해 말할 수 있었던 시대, 이러한 윤리들이 기입되는 이론적 파노라마가 바벨탑의 이미지를 분해된 단편들, 종종 혼란스러운 단편들에서 드러냈고, 여전히 드러내는 시대였다. 담론 윤리, 커뮤니케이션 윤리, 신-아리스토텔레스주의, 공리주의, 사회계약론, 공동체주의, 차이주의différentialisme, 메타-윤리적 성찰, 응용 윤리, 이 모든 실천적·부문별·경쟁적인 도덕의 입장은 이론적이고 실천적인 관점에서, 행동 기반과 행동 문제의 관점에서 확실히 실질적인 중요성을 가진다. 이 모든 윤리는 레비나스가 주체성에 대한 모든 사유를 중심으로 삼는 **윤리**와 무관하다.

　사실,《존재와 달리》저자의 열망은 인식론에서부터 해석학을 거쳐 인간학에 이르는 철학 분야의 전개 폭에서, 평균적이고 일반적인 인간 행동에 관해 분석적인 **에토스**ethos의 연구로서 새로운 윤리 이론을 제공하려는 것이 아니었다. 몇몇 수용된 의견 또는 명시된 해석에 반대하여, 우리는 레비나스가 도덕을 제안하지 않는다고 힘주어 말하는 것으로부터 시작해야 한다. 레비나스는 우리에게 절대 '속아 넘어'가지 않도록 주의하라고 엄명한다. 이것은《전체성과 무한》의 첫 번째 말이다. 따라서 그것을 잘 읽음으로써, 주어진 역사적 공동체의 도덕적 특성을 향상시킬 수 있는 규범적 법칙 또는 규칙을 포함하는 규범 윤리를 이 사유에서 찾으려는 성급하고 위험한 마음을 경계해야만 한다. 이 사전 설명은 필요하고 매우 중요하다. 레비나스의 윤리는 인간 무리의 모든 행동 규칙과 다소 일관성 있는 체계화를 절대 가리키지 않는다. 레비나스의 윤리는 통합하는 원리에 의해 또는 그 원리 아래에 도덕적 규범들의 합리적 정당화의 가능성을 더 많이 두지 않는다. **탈-도**

덕적 의미 안에서 견 저으로 그의 윤리를 이해하고 해석할 것이 요구된다.

이 사유는 무엇을 겨냥하고, 무엇 때문에 애쓰는가? 레비나스가 찾는 것, 그가 시도하는 것, 이것은 '인간의 인간적인 것l'humain de l'homme'의 '의미', '통합할 수 없는' 것을 의미하는 표현, 즉 인간에 대해 그리고 인간 안에서 절대 남김없이 전체화되지도 '의미'의 전체성 안에서 이해되지도 않는 것을 말한다. 레비나스의 사유는, 데리다의 표현에 따르면[2] 윤리의 윤리다. 즉, 법칙 없는, 개념 없는, 도덕 없는 윤리 그리고 법칙·개념·도덕 내에서의 한정을 선행하는 윤리이다. 주체성의 토대를 생각하는 것은 덜 중요하다. 인간 대 인간의 관계에 대한 불확실한 축을 따르면서 최초-기원archi-origine을 향해 거슬러 오르는 것이 중요하다. 레비나스의 윤리는 만남, 뜻밖의 일, 침입 사건의 양상에서 인간 사이의 관계를 사유하도록, 더욱 급진적으로는 무한의 관계로써 사유하도록 제안한다. 따라서 절대적인 벌거벗겨짐 속 침입의 장소인 얼굴은 흔적, 즉 비-장소일 것이다. 얼굴은 모든 규정을 차단한다. 얼굴을 규정하는 것은 규정의 유한화 속에서 의미하는 무한을 망각하는 것이 된다. 달리 말해 타자가 타자로서 있는 바의 것이라면, 타자가 규정된다면, 규정의 내용에 상관없이, 본질이 무엇이건, 본

---

2 Jacques Derrida, *L'écriture et la différence*, Paris, Seuil, 1967, p. 164. / 남수인 옮김,《글쓰기와 차이》, 동문선, 2007, p. 179.

질 안에 타자가 갇혀 있다면, 그는 더 이상 타자가 아니다. 타자는 존재하는 것, 그의 존재 자체이다. 따라서 이것은 존재하는 속성들, 단수인 주체의 타자성에 존재하고 타자를 만드는 속성들이 절대 아니며 '특성qualités 없는', 동일시할 수 **있음**이 없는 벌거벗음으로서의 얼굴이다.

타인은 따라서 그의 얼굴일 뿐이다

우리는 타인을 얼굴의 '본질'로 '술어적으로 서술하기' 위해 être동사[be동사]를 사용하는 것, 이것이 얼굴을 그의 규정으로 이끌기 때문에 매우 중대한 어려움을 수반한다는 점을 곧장 알아차릴 것이다. 레비나스의 모든 철학함은 "존재가 곧장 존재의 타자에 대한 진술을 가두는 막다른 운명"[3]에 예민한 주의attention 속에서, 그리고 우리의 진술이 운명적으로 막膜에 의해 둘러쳐지는s'enkyster 필연적인 말해진 것을 반박하는dédire 끊임없는 근심 속에서 성립되고, 엮어지고, 이어진다. 이 주의가 레비나스의 철학적 스타일을 만들고 그의 글쓰기에 흉내낼 수 없는 호흡, 숨결과 숨가쁨, 격노와 냉정을 부여한다. 몇몇 동시대인들처럼 여전히 매우 형이상학적인 '철학의 종말'을 도모하기보다, 레비나스는 오히려 철학에 지나친 부담을

---

3 *AE*, p. 16. / 《존재와 달리》, p. 21.

지순다. '표현의 과잉excès'에 의한 '강조' 또는 '격앙'이라고 부르는 것에 따라, 고유한 것으로서 선동하는 격화에 따라 철학을 반박하면서 심화시키기까지, 레비나스는 철학에 역사적 수고를 보탠다. 레비나스에게, 철학을 반박하는 이 수행隨行은 "하나의 사유에서 그 사유의 최상급으로 나아가는"[4] 데 있다.

철학에 대해서 레비나스는 내용 그 자체를 넘어, 즉 내용을 알려 주는 존재론적 서술 안 근본적인 '진리'의 추구와 표현을 견지한다. 그러나 레비나스는 탐구와 표현의 '진리'를 약속·미래·사랑[5]이라는 '영원le toujours'으로 이동시킨다. 우리는 레비나스가 본질에서 본질의 시간**으로**, 철학의 진리에서 약속의 시간성으로, 개념이 성립되는 곳으로부터의 멈춰 섬anaké stenai에서 통시성의 부단不斷함**으로** 이동시키고 있다고 서사적으로 말할 수 있을 것이다. 따라서 레비나스는 단순히 철학의 수용된 양상과 철학이 **말하는** 것 안에서 결코 철학을 해결하고 싶어 하지 않는다. 오히려 그는 철학을 중단하면서, 즉 철학을 일치시키지 않으면서 전대미문의 특성화를 생각해낸다. 레비나스는 모든 의미가 되돌아가고 뒤집히는 '변증법적' 침묵만을 파악하며, 파악된 존재와 사유의 일치synchronie에 대해

---

4 Emmanuel Levinas, *De Dieu qui vient à l'idée*, Paris, Vrin, 1992, pp. 141-142. 이에 대해서는 내가 쓴 논문 "Levinas et l'exercice de la philosophie" in *Revue internationale de philosophie*, 2006/1, n° 235를 참조하라.

5 "진리는 약속한다. 언제나 약속·미래·사랑받음을, 진리는 약속, 사랑, 지혜 안에 있다.", *AE*, p. 53. / 《존재와 달리》, p. 69.

서 철학은 실제로 그 위엄을 보장한다. 그러나 이렇게 하기 위해서는, 이 침묵의 심층부에서 레비나스가 말하는 격차, 선공시적présynchronique 이탈, 중대함으로써 철학을 **존재하게** 만드는 것이 솟아오르고 그것을 동요시키는 것이 필요하다. 모든 말해진 것 이전의 말함, 존재 이전에 존재하게-함이 요구되고 s'imposer 그것이 수행하는 "탈구조"[6]를 **존재하도록** 하는 것이 필요하다. 그러나 이것은 구성, 탈구성 그리고 재구성의 운동 안에서만 부과될 수 있다. 말함은 말해진 것의 "잇달은 긍정과 철회"[7]이다. 철학이 필요하다. 철학을 해체하기 위해 철학이 필요하다. 이것은 정의가 다른 한편으로 요구하는 '필요하다' 그 자체이다.

만일 철학이 정말 '마지막 말'을 가질 수 있다면, 철학에서, 말해지고 쓰여진 로고스에서, 절대 끝내지 못하는 이 최후의 말은 말함을 언젠가는 다 쓸 수 있을 것인가? 말함 속의 궁극적 의미를 총괄하고 말의 최후를 말하는 데까지 이를 수 있을 것인가? 만일 윤리 이전의 윤리(시작, 자유 그리고 정신의 현전에 선행하는 책임의 심연)가 있다면, 또한 결과 이후의 결과, 궁극적인 것 이후의 궁극적인 것이 있다. 그리고 이것은 여전히 끝없는 그리고 중단 없는, 부당한 만족으로의 선회virement 없는 책임의 심연일 것이다. 이러한 윤리의 무한은 철학적 문

---

6   *AE*, p. 76. / 《존재와 달리》, p. 101.

7   *AE*, p. 75. / 《존재와 달리》, p. 101.

제 제기에 수어시꼬 도견, 인 무, 구아invention의 의무로써 이 문제 제기 방식에 주어진다. 제스처는 전통 자체와 일치하는 동시에 적어도 전통 안의 전통과 일치한다(아리스토텔레스, 파스칼). 그리고 매우 급진적으로는 이러한 전통에 이질적이다. 진리에서 진리로, 레비나스의 일치하지 않게 하는 이동은 **철학에서 철학**으로 이른다. 레비나스는 철학 안에서 그리고 철학 **너머에서**, 불균형·초월·탈-존재-사건dés-inter-essement의 모험을 실행한다. 레비나스는 모든 주체성의 윤리적 구조에 대한 탐구로까지 모험하기 위해서 철학을 **존재로부터 떼어낸다**désintéresse.

타인, 즉 타인의 얼굴이라 말하는 것은 따라서 모든 규정의 최상화, 규정할 수 없는 것, 무한의 고조高調를 중첩하는 것이다. 매우 명백히 의미하는 것은 얼굴이 조형적 형태, 감성적 외양, 현상이 아니라는 것이다. 얼굴은 내가 보는 모든 것, 내가 만질 수 있는 것 안에 있지 않다. 얼굴, 이것은 "얼굴-만들기"[8]에서 의미의(직접적 감성과 지향적 의미의) 형상들 너머에 머무는 것이다. 타자의 얼굴, 반드시 타자의 얼굴을, 우리는 볼 것이다. 이것(타자의 얼굴)은 세계의 모든 나타남과 뚜렷이 구분된다. 이것은 그 자신의 형태를 변형시키고, 그 자신의 가시성을 보이지 않게 하고, "우리를(원문에서는 '당신을') 저편으

---

8 François-David Sebbah, *Survies: quelques tentatives*, Paris, Ecarts, 2021, pp. 35–46.

로 데리고 간다."[9] 타인은 따라서 세계의 현상들 사이에서 얼굴로써 알려지고, 더 정확히는 모든 현상성을 해체하는 것으로써 알려진다. 사르트르는 전쟁 전에 《얼굴들》이라는 책에서 "세계 안의 구멍"이라고 말했다. 어떻게 보면, 얼굴은 세계**에** 있지 않다. 형태와 변형 사이의 관계, 현상과 현상의 결여 défection 사이의 관계, 현저히 보이는 것에서 가시성과 포착불가능성 사이의 관계, 얼굴이 지니는 서로 결부될 수 없는 항들 사이의 이 '관계'는 무한의 흔적이다. 그러나 정말이지 유한 **안에** 있고 절대 유한 안에서 현전하지 않는 무한의 흔적이다. 이것은 명백히 얼굴이 해체하는 충만한 현전과 재현의 기록이다. 우리는 모든 것이 이를테면 유-한-속에 나타나면서, 절대 나타나지 않는 것의 흔적, 무-한한 무한을 얼굴이 가로지른다고 말할 수 있을 것이다. 문학은 아마도 철학보다 얼굴을 더 잘 말한다. 잠든 알베르틴을 주시하면서 프루스트의 화자는 이 '무-한'을 상상하고 깊이 생각한다. "이 불그스레한 얼굴 아래에서 나는 알베르틴을 알지 못했었던 밤의 무한정한 공간을 심연으로 남겨두었음을 느꼈다. 나는 알베르틴을 무릎에 앉히고, 양손으로 그의 머리를 감쌀 수 있었다. 나는 오랫동안 그를 손으로 어루만질 수 있었다. 그러나 마치 내가 태곳적 대양océan의 소금기 혹은 별빛을 담은 돌멩이를 만졌던

9 Emmanuel Levinas, *Ethique et infini : Dialogues avec Philippe Nemo*(1982), Le Livre de Poche, p. 81. /《윤리와 무한: 필립 네모와의 대화》, 김동규 옮김, 도서출판 100, 2020, p. 96.

깃처럼, 니는 내가 안으로부터 무한에 이르는 존재의 닫힌 겉막을 만지고 있음을 느꼈다."[10]

우리는 타인의 얼굴로서 얼굴이 엄밀히 말해 타자성의 유일한 표현이라고 말할 수 있을 것이다. (타자성 말고) 다른 것은 없다. 본래 의미에서, 대상의 타자성 또는 객관적으로 파악되고 이해되는 주체의 타자성 혹은 자기-자신이 타자일 타자의 타자성은 없다. 왜냐하면 이 타자성은 항상 타자성을 측정하거나 겨냥하는 의식과 동일한 것으로 환원되기 때문이다. 따라서 얼굴에 대해, 우리는 결코 **경험할 수** 없다.《정신현상학》'의식의 경험에 대한 학문' 장을 보면 자기-자신에게 낯선 주체, 타자에게 그리고 타자에 의해 소외된 주체는 타자에 의한 인정 안에서 자유로운 주체성이 긍정된다. 만일 주체가 이러한 긍정 안에서 없어진다면, 주체성으로서, 자유로서 객관적 존재의 순수한 영속성 안에서 주체가 없어진다면, 그렇더라도 주체는 자기의 재구성의 조건인 이 상실 안에서 회복된다. 얼굴이 나를 빠뜨리는 예속 안에 이런 것은 없다. 헤겔식 **경험**Erfahrung의 종류일 것은 없다. 얼굴은 오기도 전에 온다. 얼굴은 세계와 타자들에 대한 내 경험의 모든 '증대' 이전에, 세계와 타자들에 의해 얼굴을 나의 소유로 삼으면서 내가 할 수 있을 모든 경험 이전에 온다. 이것은 시련épreuve과 관계한다.

10   Marcel Proust, *À la recherche du temps perdu* III, Paris, Gallimard, 1988, p. 386.

끝이 없음*infinition*은 시련이다. 이것은 절대적 타자로서 타인, 모든 타자 그리고 아무 타자(데리다), 처음으로 오는 자(레비나스), 다른 사람의 시련이다. 무한이 이해될 수 있기까지 우리는 유한 **속** 무-한으로서 무한을 말했다. 동일자 **안** 타자, 이것은 레비나스에 따르면 '주체성의 구조'이고, 주체성의 가장 내적인 표명*marque*이며, 주체성을 흐트러뜨리고 곡해하고 탈주체화하러 올 흔적의 유한성 자체에의 기입*inscription*이다. 주체성의 이 서술적 범주에서, 동일자-안-타자의 이 구조에서 우리는 주체에 관해, 주체가 무엇인가에 관해, 주체와 마주한 타자와의 관계 안에서 무슨 일이 일어나는지에 관해 몇몇 구조적 특징을 찾아낼 수 있다. 적어도 하나는 주목해 볼 수 있을 것이다. 그것은 주체가 모든 타자를 모이게 하고 그들을 무한히 중층적으로 결정하기 때문에 결정적*décisif*이다. 타자와의 이 관계는 비대칭적이다. 우리가 지금 잘 보고 있는 이 표현은 솔직히 말해 너무 불명확하다. 비대칭성 안에서만 나/타인의 윤리적 관계가 있을 수 있다. 이유는 매우 단순하다. 윤리적 대면의 관계 안에서, 나는 타자가 아니기 때문에, 이것은 절대 불가능하기 때문이다. 나와 너는 교환 가능하고 번갈아 가며 경험할 수 있는 자리에 있지 않다. 각자는 연달아 그리고 동등하게 타자의 역할을 맡을 수 없다. 관계의 대칭화의 이러한 이념형적*idéaltypique* 상황은 정치적 시민권에서 나타난다. 하지만 매우 엄밀한 레비나스의 용어에서, 이 상황은 윤리와 전혀 다른 특징을 이룬다. 따라서 명령과 명령의 실효성이

념석히 구별되기를 요구한다. 사실 타인 앞에서, 내가 응답해야만 하는 것처럼 있는 이 자리에서는 아무도 나를 대신할 수 없다. 아무도 나의 고유한 죽음을 대신할 수 없는 것처럼. 이것은 주제화하는 가역화réversibilisation라는 방법으로는 내가 얼굴을 가질 수 없을 거라는 의미이다. 얼굴을 가진다면 나는 비-윤리적 관계, 그러나 자리들이 항상 대체 가능하고 대칭을 이루는 관계인 **네벤멘셴**Nebenmenschen(이웃들: 헤르만 코헨 Hermann Cohen) 사이의, 나란히 놓인 인간들 사이의 정치적 또는 정의의 관계 안에 연루되어 처할 것이기 때문이다.

엄밀한 의미에서 윤리적 관계는 구조적으로 비대칭성 안에서 파악된다. 반대의 경우, 우리는 기록을 바꿀 것이고 한 분야에서 다른 분야로 옮겨 갈 것이다. 혹은 대칭을 이루고 평등하게 하면서, 레비나스가 말하는 것처럼 우리는 정의의 영역에서 용어의 가장 한정된 의미의 정치로 도약하거나 전환한다. 혹은 비대칭적으로 비대칭성을 전도시키면서 우리는 관계의 반-윤리적 뒤집힘renversement에, 즉 개인 또는 공동체의 내가 '타자, 이것은 나이다l'Autre, c'est Moi'라고 말할 완전히 구체적인 상황에 직면하여 처한다. 따라서 윤리적 비대칭성은 비대칭성이 공정한 정치가 아니라는 것과 비대칭성이 공정한 정치를 요구하는 것의 지표이고, 윤리적 비대칭성이 허용하는 극단적 위험, 부당한 차이주의의 지표이다. 윤리적 비대칭성은 매우 분명히 말해진다. 왜냐하면 이것이 그리는 환원할 수 없는 비대칭적dyssymétrique 입장은 주체가 소환되는 실제적인 요청을 전제하기 때문이다. 타자는 그의 다름 안에서 다르다. 나는 무관심하지-않음에 관계된다. 타자는 호소하고, 나는 응답한다. 나는 여하튼 호소를 듣지 않을 수 없다. 타자는 얼굴이고, 얼굴을 갖는다. 나는 타자의 얼굴의 이 극심한 연약함fragilité에 종속된다. 타자는 모든 감각적인 물질성을 넘어서는 이 얼굴의 초월에서 묘사된다. 타자는 '나보다 신에 더 가깝다.' 나는 옷을 입히고, 음식을 제공하고, 재워 주는 직접적인 물질적 도움의 내재성을 통해 이 초월에 응답한다. 그렇지 않고서 만일 내가 주체의 초월로 타자의 초월에 응답한다면, 나는 "배고픔과 목마름의 솔직성"을 심각하게 인지하지 못하면서 "설교의 위선"[11]에 빠지게 된다.

레비나스 말대로라면 전례 없는 어떤 것이 이와 같이 알려진다. 만일 타인이, 게다가 전적인 타자가 다른 사람이라면, 이 표현, **다른 사람**l'autre homme은 매우 명확히 미증유의 비대칭적인 것을 말한다. 타자와 나, 우리는 결코 동일한 유genre의 표본들이 아니고 어떤 면에서 두 명의 동등한 개인도 전혀 아니다. 따라서 관계 안에서 무심하게 위치할 수 없다. 타인은, 내가 어떤 이인 것처럼, 그 또는 그녀 혹은 그들이 어떤 이들인 것처럼 어떤 이가 아니다. 우리가 본 바대로 레비나스의

---

11 Emmanuel Levinas, *De l'existence à l'existant*, Paris, Vrin, 1990, p. 69. (이하 *EE*) / 《존재에서 존재자로》, 서동욱 옮김, 민음사, 2003, p. 73.

시유는 철학저으로 휴머니즘이 아니다. 이것은 한편으로 도덕이 윤리적 이중주에 보내는 반론이 진술되고 전개되는 휴머니즘과 윤리의 접힌 자국[12]에 걸쳐 있다. 타인의 유일한 얼굴에 대한 나의 복종이 불가피하게 폭력을 행사하게 되는 사람들, 모든 타자, 모든 제삼자들에게 어떻게 응할 것인가? 윤리에 반反하는 도덕적 요구는 부당하지 않고 용인할 수 없지 않다. 그러나 기억할 수 없는 것l'immémorial의 사후에만 옹호될 수 있다. 타인은 실제로 비교할 수 없고 상호 교환할 수 없다. 타인은 내가 나인 자아, 그리고 이 자리가 양도할 수 없는 한에서 오직 나인 자아의 환원 불가능하고 유일한 단독성singularité으로부터만 주어진다. 관계가 아닌 이 관계, 이것이 바로 레비나스가 윤리라 부르는 것이다.

모든 상호성, 모든 가역성, 모든 평등성isonomie을 해체하면서, 비대칭성은 특히 윤리적 관점에서 '타자와의 관계'가 매개되지 않음을 의미한다. 타자와의 관계는 이해할 수 있고 상대적으로 만드는, 즉 항들의 관계 안에 사로잡힌 매개물들을 경유하지 않는다. 타자는 내가 관여하지 못하는 절대absolu, 죄사함absolution 속에 있기 때문에 그렇게 할 수 없다. 레비나스는 나와 타자의 관계/비-관계에 대해 말한다. 사실 가장 강경하고 극단적인 의미에서 각자가 타자와 상대적으로 존재할 관

---

12 [옮긴이] 휴머니즘과 윤리 안에, 한 장의 종이를 반으로 접을 때처럼 두 개의 면을 나누는 접힌 자국이 있다. 둘 사이 접힌 자국이 있고, 동사는 plier(접다, 구부리다)이다. 여기에서는 접힌 자국, 접힌 선의 이미지가 명백한 것 같다.

계는 없다. 내가 아마도 타자의 타자일, 그리고 타자가 다른 나일 관계는 없다. 이것은 오히려 노출, 벌거벗겨짐dénudation의 문제 그리고 내가 응답하거나 회피하는 얼굴의 호소에서 벗어나는 절대적인 불가능성의 문제이다. 이것은 주체의 구조적 탈-존재-사건, 주체 존재의 결여, 즉 주체의 이해 관심intérêt의 결여 문제이다. 왜냐하면 헤겔이 주목했던 것처럼 이해 관심은 ~의 안闪 또는 ~가운데의 존재, 사이-존재inter-être를 의미하기 때문이다. 주체, 이것은 존재하는 조건을 벗어나는 존재이다. 인간으로 존재하기, 인간 주체로 존재하기, 이것은 존재들 사이의 존재, 존재 안의 존재, 부가적인 존재로 존재하는 것이 아니다. 일반적인 존재론 혹은 존재 영역 안의 한 층위로 존재하는 것이 아니다. 면직된·해임된·퇴위된 자아로서 주체로 존재하기. 이것은 따라서 존재 안에서 일어나지 않고, 자기 집에 장소를 전혀 갖지 않는다. 이것은 존재 전체가 유랑하는 것이다.

타자성의 철학을 채 구성하기도 전에 레비나스의 윤리는 응답하는 구조에 주체성의 사유를 싣는다. 바로 여기가 레비나스 윤리학의 뛰는 심장이다. **나**는 나를 사로잡는 이 얼굴에 의해 의문에 부쳐진다. 자아는 타자에 의해 꿰뚫린다. 그리고 이 꿰뚫림trasnverbération[13]이 자아의 구조를 만든다. 그

---

13 [옮긴이] 이 단어는 라틴어 transverberare에서 온 것으로 가톨릭에서 드물게 일어나는 신비로운 현상을 일컫는다. 즉, 타오르는 선이 가슴을 영적으로 꿰뚫는 것을 가리킨다.

러므로 우리는 사실상 레비나스에게 윤리의 폭력이 있다는 것을 이해할 수 있다. 관계/비관계로서 윤리적 관계 안에 나타나는 것은 항상 맹렬하게 센세이션을 일으키고, 모든 나타남의 구조들, 즉 세계의 질서 정연함을 전복시키고, 가장 강한 의미에서 내 주체의 주체성을 확실히 흐트러뜨린다. 왜냐하면 모든 출현을 불안정하게 하는 이 나타남은 내게 응답하기를 강제하거나 응답하지 않기를 강제하기 때문이다. 모든 경우 나는 내게서 시작하지 않은 의무에 강제된다. 이 응답 혹은 무-응답 이후에 시작하는 것이 바로 나다. 타자에 의해 주체성 자체가 꿰뚫려 얼어붙은 주체성은 응답해야만-함으로서 구성된다. 모든 자아의 앞선 구조화는 '주체성' 또는 '응답'의 용어 사용 자체를 까다롭게 하고 때론 용어의 조작을 어색하게 한다. 우리가 말했듯이 '주체'는 '응답할' 수 있거나 '응답하지' 않을 수 있다. 하지만 이것은 선택의 문제가 아니다. 왜냐하면 주체는 호소를 듣거나 듣지 않을 자유가 없기 때문이다. 정말이지, 레비나스가 말한 것처럼 **응답은 물음에 선행한다**. 자율적 결정에 기인하지 않는 실천은 질문의 전개를 연루시킨다. 응답해야만 함은 태곳적 매우 먼 곳에서, 내가 응답했던 혹은 응답하지 않았던 이유에 대해 내가 제기할 수 있는 물음들 훨씬 이전에 온다. 종종 내가 이해득실을 따지려 할 때, 응답은 이미 너무 늦는다. 응답의 시간은 지나갔고, 생각과 검토의 시간은 응답을 폐지했다.

따라서 윤리는 주체 안에 주체의 근거와 기원을 불안정하게 하는, 매우 완곡하게 말하자면 주체의 수용assomption과 주도권을 혼란케 하는 근본적인 동요를 일으킨다. 이것은 반대로 책임의 고유한 결과 안에서 자비, 이타주의 더구나 도덕적인 비난이 항상 자기-자신, 실질적인 만족과 자기와의 일치 속 주체를 강화한다고 말하는 것이다. 우리가 레비나스 독해에 대한 오해를 미연에 방지하려면 여기서 다른 주의사항이 필요하다. 우리가 떠나온 도덕에 대한 오해보다 무게감은 덜하지만, 작품과의 소통에서 심하게 저해된다. 방금 말한 것처럼 주체를 불안정하게 하고, 전복시키고, 면직免職시킨다고 하는 것은 '존재언어적logologique' 제약, 즉 존재를 말하는 언어에 연결된 제약을 따른다. 달리 표현해 보면 레비나스 윤리의 구조와 내용에 대한 동기를 설명하는 진술은 존재론의 용어로만 말해지고 말할 수 있다. 진술은 말해진 것의 운명 안에, 즉 개념의 말해진 것 안에 무한히 더 유동적이고 불안정한 그리고 비-시간적a-chronique, 비-논리적 시간성을 '요하는' 윤리적/의 말함을 고정시킨다. 따라서 진술의 필연적인 엄격함에 수반되는 정당한 대가처럼 진술 그 자체에 기입된 시간-학chrono-logie을 불신하는 것이 적절할 것이다.

사실, 주체는 언제나 이미 뒤집혔고, 뒤집힌 것으로 구조화되었다. 그렇지 않으면 어떤 주체도 '동일자-안-타자'로서 절대 생겨나지 않을 것이다. 다르게 했더라면 시간-순으로 (첫째로 주체, 둘째로 주체의 불안정) 실질적인·경험적인 뒤집힘이

가능하다거니 생각할 수 없을 것이다. 여기서 종종 레비나스에게 가해졌던 반론을 생각해 볼 수 있다(예를 들어 리쾨르가 그랬다). 타인을 책임지기 위해 혹은 타인에게 응답하기 위해, 우선 내가 내 앞가림을 하고, 하이데거 **현존재**의 본래적인 방식으로 나 자신을 책임지고, 그러고 나서 타자들을 돌아보는 것이 적절하지 않겠는가? 레비나스는 상호화réciprocation와 연대기적 상호-조건화l'entre-conditionnement의 이러한 전형에 대해 매우 강렬한 의혹을 자아내면서 대답한다. 레비나스가 보기에 앞서 서술한 반론에 전제된 것과 이 반론이 전달하는 전형보다 사실 확실하지 않은 것은 아무것도 없다. 만일 내가 나의 존재, 나의 실체 그리고 나의 존재론적 존속에 책임지기 때문에 시작하거나 시작한다고 믿는다면, 전가의 책임 혹은 형법상의 책임과는 매우 다른 윤리적 책임의 의미에서, 언제나-이미 응답해야만-함으로써 구성되는 주체성의 의미에서 내가 정말 응답할 수 있을까? 반론은 결국 윤리적 무응답의 이유에 응답하기 위해 '조금은 자신을 변명하는 것'으로 향하지 않는가?

한편으로는 이것이 도덕철학이나 도덕주의의 여러 다양성과 거리를 두려는 레비나스를 이해할 수 있는 이유이다. 도덕철학 및 도덕주의의 다양성은 의무를 다소 피상적인 껍질로써 혹은 분할할 수 없는 핵심부, 즉 주체를 중심으로 집적될 다소 응축된 껍질로 생각하는 데 있다. 레비나스는 우리에게 도덕적 관계 자체를 사유하는 전혀 다른 형상화와 가능성을 제시한다. 주체는 **존재하지** 않는다. 주체는 따라서 도덕적 또는 도덕에 앞선 중심을 갖지 않는다. 주체의 주체성은 반대로 자기의 핵분열, 상실, 무한한 열림이다. 주체는 그의 행동 방식을 타자로 향하게 **하지 않는다.** 주체는 주도권을 잡고 있지 않고, 선의를 갖고 있지 않다. 주체는 자발적으로 선하지 않다. 주체는 자신의 일탈을 통해 타자로 향하게 **된다.** 비록 주체가 거부할지라도, 루소의 '철학자'처럼, 이 거부는 여전히 응답해야만-함인 자기-이전avant-soi을 드러낸다. 비록 주체가 살인하게 될지라도, 극단적인 일상성과 혼돈스러운 존재론적 용이성 속에서 저질러진 이 살인은 여전히 얼굴 앞에서 화가 난 무력함의 신호이다.

레비나스를 따르고 잘 이해하기 위한 중간 항은 없다. 블랑쇼가 간략하게 쓴 것처럼, 얼굴을 서로 마주하고 '우리는 말하거나 죽인다.' 주체가 말하고, 제기하고, 생각하고, 행하는 것은 주체가 권위 있는 저자라고 헛되이 생각할 수 있는, 그리고 주체가 자기의 기원을 숙고한다고 생각하는 모든 신호·몸짓·의미 이전의 말함un Dire에서 기원한다. 이것이 레비나스가 전-근원적 또는 무-시원적인 것으로서 주제화했던 이 기록이다. "타인을 위한 책임은 나의 참여, 나의 결정에서 시작되었을 수 없다. 내가 처한 무한한 책임은 나의 자유 이편에서, '모든-기억-이전', '모든-실현-이후', 비-현재에서 온다. 특히 비-근원적인 것, 무-시원적인 것, 존재성의 이편 혹은 저편에서 온다. 타인을 위한 책임은 주체성의 비-장소가 놓인

상소나."[14]

자유의 초월론적 모델이 근본적으로 의심되는 곳이 바로
이 무-시원적 지점에서이다. 실제로 레비나스가 끈질기게 묻
는 것처럼 자유를 선택하기, 이것이 자유로운 선택인지 그리
고 우리가 정말 이것을 자유로운 선택이라 확신할 수 있는가?
만약 주체의 유일성이 호소하는 다른 사람을 위한 극단적인
책임 안에 있다면, 그리고 대체할 수 없는 이 유일성 안에서
내가 결코 책임을 회피하고 면할 수 없다면, 나의 자유는 역
설적으로 '나의' 타율성 맨 끝에 있다. 윤리적 책임은 일종의
전례 없는, 반복 없는 상황과 관계한다. 만일 윤리적 책임이
정말 명령의 영역이라면, 따라서 복종을 요구한다면, 이것
은 사회적 규칙, 직업적 필요성 또는 의무론적 규범이 복종을
결정짓고 조직하는 것 같은 위계상의 복종과는 전혀 상관없는
식으로 그리고 그런 양상에 따라서이다. 윤리적 복종, 우리가
이 용어를 유지하고자 한다면, 이것은 명령 이후에 일어난다.
즉, 지성의 작용 이전에 행위를 즉각 일으키는 진술, 말들 이후
에 일어난다. 왜냐하면 이것은 가능성의 조건이기 때문이다.
이후에는 너무 늦다. 윤리적 책임은 응답하는 주체에게 바람
없이, 몰래, 자각함 없이 주체가 사전에 내면화했을 모든 규칙
을 윤리의 '영향력prise' 안에서 행동하기를 촉구하여, 위반하도

14 *AE*, p. 24. / 《존재와 달리》, p. 32.

록 강제한다.

모든 대신함과 위임의 불가능성에 의해, 나를 응답의 윤리적 순간에 사로잡는 소환에 의해, 그 때문에 오직 나 자신은 유일하다. "자유롭다는 것, 그것은 아무도 나를 대신해서 할 수 없는 것만을 하는 것이다."[15] 이 유일성의 자유는 윤리적 담화를 설립한다. 게다가 매우 명백히 일인칭의 자기를 위해서만 가능하고 유지될 수 있다고 이해된다. 자유의 증대와 보편화는 경감 또는 익명화에 의한 전복만을 의미할 것이다. 만일 칸트의 이성이 우리에게 실제로 자율에 의한 실천으로 나타난다면, 이것은 이성이 도덕법칙을 통해서 그리고 **타인과 무관하게** 부과되는 한에서 도덕적 주체가 이성 그-자체의 명령에 따르는 것이다. 그에 반해 레비나스에게서는 의지의 자율성이라기보다는 오히려 외재성과의 관계에 대한 문제이다. 무조건적인incondittionnel 도덕적 의무는 합리적인 의지로부터 내게 오지 않는다. 그러나 나를 얼굴과 맞서게 하는 저항으로부터 온다. 윤리의 가능성은 보편의 능력으로서 이성의 법칙에 의지가 복종하는 것에 의해 발생하지 않는다. 얼굴의 말인 최초의, 타율적인 사실로부터 발생한다. 법칙은 따라서 사실성에 기인한다. 나는 타인을 만난다.

그렇지 않다면, 윤리는 정말로 전복될 것이다. 그리고 야만적인 방식으로 주체성에 대한 재앙, 보편주의의 재앙(모

---

15 Emmanuel Levinas, *L'au-delà du verset*, Paris, Les Éditions de Minuit, 1982, p. 172.

든 타자로서 나!), 치기주의의 재앙(타자, 이것은 나!)으로 바뀔 것이다. 도래하거나 도래하지 않을 응답의 순간에 모든 것이 돌이킬 수 없이 행해질 이 타율적 자유는 또한 타인을 맞아들임이 왜 대체로 트라우마를 구성할 수 있고 구성하는지 더 잘 이해할 수 있게 한다. 양도할 수 없는 자유의 트라우마, 이 자유에 대해 자유롭지 않다는 데서 내가 전혀 자유롭지 않은 너무나 근본적이고 미묘한 이 자유의 트라우마는 주체 원리archè의 성립 기능, 자율성의 의미에서 결정적으로 자유의 우선성premièreté을 박탈한다. 확실히 **비극적 자유**이다. 왜냐하면 비극적 자유는 전적으로 포착할 수 없는 한순간, 극단의 끝에서 행사되기 때문이다. 어떤 사람은 익사하고, 어떤 사람은 두들겨맞고, 어떤 사람은 '나의 창문 아래에서 희생된다.'[16] 그리고 나는 사후l'après-coup를 염두에 두었다 하더라도 영원히 응답할 기회를 놓쳤다. 그러나 표현formule은 동어반복적pléonastique일 뿐이다. 왜냐하면 논증적인 검토에 의해서 탈-윤리적 명령에 무-응답을 재기입할 것을 무릅쓰는 사후, 정치적 제도와 내 책임의 법적 시행의 사후에 대해서만 생각이 있기 때문이다. 자유는 따라서 도덕적 혹은 초월적 자율성 안에서 주체를 견고하게 할 주체의 구조가 아니다. 자유는 항상 나의 응답해야만-함보다 더 '젊은jeune' 채로 나를 혼란스럽게 그리고 불안하게만 한다. 그 이유는, 자유는 모든 연루engagement 이전에 나

---

16 [옮긴이] 본서 23쪽 각주 23번 참조.

를 덮친다frapper. "나는 아무것도 하지 않았다. 그런데 항상 문제가 되었다." 우리는 타인에 의한 나의 이 '박해'가 터무니없다고 생각할 수 있다. 여기에 레비나스 사유의 엄청난 힘이 있다. 살고 죽게 두는 '가장 자연스러운' 것이 가장 문제를 야기한다는 것, 이것이 우리의 문제 제기와 고뇌의 가장 생생한 근원이라는 것을 레비나스는 우리에게 보여준다. 각자성mienneté 자체에서 '매번' 각자성의 표증으로의 존재, 나인 존재자가 문제가 되는 이 존재는 결코 그 자신의 고유한 존재 이유가 아니다.

레비나스는 어떤 '레비나스주의'의 창시자가 아니다. 이런 경우는 레비나스가 유일하지 않다. '셸링주의자'들이 있지만 '셸링 학파'가 없는 것처럼, '레비나스주의자'들이 있지만 레비나스 학파는 없다. 이것은 사방으로 후세에 전해진 헤겔주의가 있다는 의미에서도 그렇다. '레비나스주의자'들은 레비나스 사유에 다양한 방식으로 자신들을 연결하는 것을 넘어 갖가지 영향 아래 있다. 한편으로 데리다와 같은 다른 현대 철학자들과 공유된 이 역설은 무엇을 의미하는가?

이는 매우 간단한 것을 보여준다.

레비나스는 그의 철학을 계승하는 자들을 두었지만 계열 discipline을 정립하지는 않았다는 것. 이것은 '윤리'가 전혀 아닌, 학파가 아닌, 더이상 일반 이론도 아니다. 그는 또한 도덕을 재정립하거나 재정향再定向하지 않았다. 그의 사유는 그가 새로운 분야를 창안했을 또는 특정한 경향을 발전시켰을 '도덕철학'에 결코 속하지 않는다.

그렇다면 무엇인가?

예레미야 23장 29절을 생각하면서 그의 사유를 바위에, 레비나스주의자들을 무수한 불꽃을 튀게 만드는 망치에 비유할 수 있을 것이다. 망치는 바위의 문하생이 아니다. 하지만 다양한 의미 속에서, '불꽃'처럼 되살아난 확산에 따라 사유가 솟아나기 위해서는 망치의 새로운 타격이 필요하다. 제시된 이미지가 암시하고 이 이미지의 가치를 가치 있게 하는 관계의 유형은 우선 부정적인 경계를 강제한다. 절대적으로 결정적인 경계 설정의 문제이다. 레비나스의 열망은 에토스에 관한 새로운 연구, 인간 행동의 분석 혹은 타자성을 향해 재정향된 상호주관성의 연구를 제공하는 것에 있지 않다. 만일 우리가 개인 혹은 집단의 덕을 향상시킬 수 있는 일련의 규범적인 규칙 또는 법칙, 규정 또는 명령을 의미하고자 한다면, 그는 도덕을 제시하지 않는다. 그는 우리에게 니체식으로, 절대 도덕에 '쉽게 속지' 않도록 유의하라고 권한다.

모든 위대한 사상가들처럼 레비나스도 창안한, 적합한, 수정한, 확장한, 과도한, 반복한, 부적당한, 재발견한 하나의 사유를 중심으로 계속해서 맴돌았다. 이 꾸준한 노력, 독자적이고 강박적인 이 사유는 무한한 시도를 두르고 있다. '인간의 인간성'에 대한 '의미' 말하기, 즉 이것은 인간에 관해 그리고 인간 내부에서 의미화하는 전체성으로는 절대 이해되지 않거나 잘 정돈된 종합으로 되풀이되지 않는 것이다. 탈-도덕적 기획, 말했듯이 의도는 조금도 인간학적이지 않다. 아마도 "모든 존재론보다 더 존재론적인"[1], 과장해서 말해, 존

---

1   *DQVI*, p. 143.

새론적이다. 레비나스와 레비나스 이후 몇몇 '레비나스주의자'들이 윤리라고 부르는 것은 데리다의 표현에 따르면 "윤리의 윤리"[2], 즉 법, 개념, 도덕의 영역에서의 한정을, 아득한 옛날부터 그리고 무시원적으로 앞서는 윤리인 이 긴장된 사유를 명명한다.

주체성의 토대를 사유하고 인간학적으로 이것저것 다시 세우는(레비나스는 다시 세우거나 다시 만들지 않는다!) 것보다 인간 대 인간 관계의 미확정의 축을 따르면서 윤리의 최초-기원archi-origine을 향한 **흐름을 거슬러 올라가는** 것이 더 중요하다. 레비나스의 윤리는 만남, 뜻밖의 일, 사건, 침입의 양상으로 이 관계를 사유하고, 더 근본적으로는 거기에 따른 **무한과의 관계**로써 이 관계를 사유한다. 침입의 장소인 얼굴은 절대적인 노출 속 흔적, 즉 자리-없음non-lieu이다. 알다시피 얼굴은 레비나스 사유의 주요 메타 개념이다. 그러나 그 중심은 어디에든 있고, 주변은 어디에도 없다. 얼굴은 모든 규정을 허용하지만, 얼굴로부터 얼굴을 넘어 규정할 수 없다. 규정하기는 그것이 의미하는 무한을 망각하고 존재론보다 **덜** 존재론적일 얼굴의 기괴한 존재론을 쇄신하는 것과 같다. 실제로 타자가 타자로서 있는 바대로인 것이라면, 즉 타자가 규정된다면, 규정의 내용에 상관없이 본질 안에 타자가 갇혀 있다

2   Jacques Derrida, *L'écriture et la différence*, Seuil, 1967, p. 164. / 남수인 옮김,《글쓰기와 차이》, 동문선, 2007, p. 179.

면, 그는 더이상 타자가 아니다. 타자는 존재하는 것, 그의 존재 자체이다. 따라서 이것은 존재하는 속성들, 단수인 주체의 타자성에 존재하고, 타자를 만드는 속성들이 절대 아니다. 오히려 '특성qualités 없는', 동일시할 수 **있지** 않은 벌거벗음으로서의 얼굴이다.

전례 없는 어떤 것이 발생한다. 만일 타인, 전적인 타자, 처음에 오는 자, 이것이 정말 다른 사람이라면, 이 표현 **다른 사람**l'autre homme은 매우 명확히 미증유의 비대칭적인 것을 말한다. 타자와 나, 얼굴과 얼굴이 나를 높음으로부터 사로잡는 강하降下, 우리는 대체할 수 있는 공통의 유genre의 사람도, 동등한 그리고 관계 안에서 무차별하게 처할 두 개인도 전혀 아니다. 타인은 어떤 이가 아니다. 말하자면 다른 사람은 내가 어떤 이인 것처럼, 그녀들 또는 그들이 어떤 이들인 것처럼 어떤 이가 아니다. 우리가 레비나스의 사유는 휴머니즘이 아니라고 본 바대로, 그의 사유는 심지어 철학적으로 반-휴머니즘이다.

도덕이 윤리적 이중주에 보내는 대단히 온화한 휴머니즘적 반론, 당연히 완벽하게 받아들여질 수 있는 반론이 진술되는 것은 바로 이 접힌 자국에 걸쳐 있다. 나와 마주한 자 외에 다른 모든 사람에게, 타인의 얼굴에 대한 나의 유일한 복종이 폭력을 가하는 모든 '제삼자들'에게 어떻게 응하는가? 만일 윤리에 반反하는 도덕적 요구가 조금도 불법적이지 않다면, 이것은 기억할 수 없는 윤리의 사후에만 옹호될 수 있음을 수록하사. 디인은 실게로 비교학 수 없고 상호 교환할 수 없다. 타인은 내가 나인 자아 그리고 이 자리가 양도할 수 없는 한에서 오직 나인 자아의 환원 불가능하고 유일한 단독성으로부터만 주어진다. 관계가 아닌 이 관계가 바로 레비나스가 윤리라 부른 것이다.

모든 상호성, 모든 가역성, 모든 평등성을 해체하면서 비대칭성은 윤리적 관점에서 '타자와의 관계'가 매개되지 않음을 의미한다. 타자와의 관계는 관계를 이해할 수 있고 상대적으로 만드는, 즉 항들의 관계 안에 사로잡히게 만드는 매개물들을 경유하지 않는다. 타자는 내가 관여하지 못하는 절대 absolu, 죄 사함absolution 속에 있기 때문에 그렇게 할 수 없다. 레비나스는 나와 타자의 관계/비-관계에 대해 말한다. 가장 강경한 의미에서, 각자가 타자와 상대적으로 존재할 관계는 없다. 내가 아마도 타자의 타자일, 그리고 타자가 다른 나, 언급된 **다른 자아**일 관계는 없다. 이것은 오히려 노출, 벌거벗겨짐의 문제 그리고 내가 응답하거나 회피하는 얼굴의 호소에서 벗어나는 절대적인 불가능성의 문제이다. 이것은 주체의 구조적 탈-존재-사건, 주체 존재의 결여défection, 즉 주체의 이해 관심intérêt 결여의 문제이다. 왜냐하면, 헤겔이 주목했던 것처럼 이해 관심은 로마인들의 **사람들 사이에 존재하다**inter homines esse 이후 오랫동안 ~의 안ħ 또는 ~가운데의 존재, 사이-존재를 의미하기 때문이다. 주체, 이것은 존재하는 조건을 벗어나는 존재이다. 인간으로 존재하기, 이것은 존재들 사이의 존재, 존재 안의 존재, 부가적인 존재로 존재하는 것이 아니다. 일반적인 존재론 혹은 존재 영역 안의 한 층위로 존재하는 것도 아니다. 면직된·해임된·퇴위된 자아로서 주체로 존재하기, 이것은 존재 안에서 일어나지 않고, 자기 집에 장소를 갖지 않는다. 이것은 존재 전체가 유랑하는 것이다.

엄밀히 말해서 레비나스의 사유는 적어도《존재와 달리》에서의 가정하에서는 타자성의 철학은 아니다. 그의 사유는 오히려 응답하는 구조에서, 얼굴에 의해 내부가 변질된altéré, 히브리어로 이 변질aharayout을 지칭하기 위해 사용된 '책임 있는responsable' '동일자 안 타자'에서 주체성에 대한 사유를 가져간다. 나는 나를 사로잡는 이 얼굴에 의해 물음에 놓이고 문제가 된다. **자아**는 타자에 의해 꿰뚫린다. 그리고 이 꿰뚫림transverbération이 자아의 구조를 만든다.

우리는 레비나스에게 윤리의 폭력이 있다는 것을 이해할 수 있다. 또한 그가 왜 폭력의 사상가인지 이해할 수 있다. 관계/비관계로서 윤리적 관계 안에 나타나는 것은 맹렬하게 센세이션을 일으키고, 모든 나타남의 구조들, 즉 세계의 질서 정연함을 전복시키고, 가장 강한 의미에서 내 주체의 주체성을 확실히 흐트러뜨린다. 왜냐하면 모든 출현을 불안정하게 하는 이 나타남은 내게 응답하기를 강제하거나 응답하지 않기를 강제하기 때문이다. 모든 경우에 나는 내게서 시작하지 않은 의무에 강제된다. 이 응답 혹은 무-응답 이후에 시작하는 것이 바로 나다. 타자에 의해 주체성 자체가 꿰뚫려 얼이별은 주체성은 응답해야만-함으로서 구성된다. 모든 자아의 앞선 구조화는 '주체성' 또는 '응답'의 용어 사용 자체를 까다롭게 하고 때로는 용어의 조작을 번잡하게 한다. '주체'는, 우리가 말했듯이 '응답할' 수 있거나 '응답하지' 않을 수 있다. 하지만 이것은 선택의 문제가 아니다. 왜냐하면 주체는 호소를 듣거나 듣지 않을 자유가 없기 때문이다. 레비나스가 말한 것처럼 **응답은 물음에 선행한다.** 자율적 결정에 기인하지 않는 실천은 질문의 전개를 연루시키고 명령은 이 행위에 대한 모든 지성 작용 이전에 행위를 생기게 한다. 응답해야만 함은 태곳적 매우 먼 곳에서, 내가 응답했던 혹은 응답하지 않았던 이유에 대해 내가 제기할 수 있는 물음들 훨씬 이전에 온다. 종종 내가 이해득실을 따지려 할 때, 응답은 이미 너무 늦는다. 응답의 시간은 지나갔고 생각과 검토의 시간은 응답을 폐지했다.

윤리적 '관계'는 구조적으로 비대칭성 안에서 파악된다. 이는 윤리가 비대칭적이라는 **의미이다.** 그렇지 않으면 우리는 기록을 바꿀 것이다. 혹은 대칭을 이루고 평등하게 하면서 레비나스가 말하는 것처럼, 우리는 정의의 영역에서 용어의 가장 한정된 의미의 정치로 도약한다. 혹은 비대칭적으로 비대칭성을 전도시키면서 우리는 관계의 반-윤리적 뒤집힘에, 즉 개인 또는 공동체의 내가 '타자, 이것은 나이다l'Autre, c'est Moi'라고 말할 완전히 구체적인 상황에 직면한다. 따라서 윤리적 비대칭성은 비대칭성이 공정한 정치가 아니라는 것과 비대칭성이 공정한 정치를 요구하는 것의 지표이고 윤리적 비대칭성이 허용하는 극단적 위험, 부당한 차이주의의 지표임을 알려 준다. 윤리적 비대칭성이 구조화하는 환원할 수 없는 비대칭적dyssymétrique 입장은 주체가 소환되는 실제적인 요청을 전제한다.

라신Jean Baptiste Racine의 시간에 대한 연구에서 롤랑 바르트는 "대칭은 실패, 죽음, 불모의… 조형 자체다"라고 제시한다. 그리고 그는 각주로 덧붙인다. "미학적 또는 형이상학적 질서와 생물학적 질서 사이의 비교를 강제하고자 함 없이, **존재하는 것은** 항상 비대칭에 의해 존재한다고 상기시켜야만 하는가? '대칭의 몇몇 요소들은 몇몇 현상들과 공존할 수 있다. 그러나 필연적이지는 않다. 필연적인 것은 대칭의 몇몇 요소들이 존재하는 않는다는 것이다. 현상을 만들어 내는 것은 비대칭이다'(피에르 퀴리)."[3] 윤리적 비대칭성은 겹말pléonasme이다. 이것은 다양한 방식으로 굴절한다. 타자의 다름과 나의 무관심하지-않음, 타자의 호소와 나의 공모를 강제하는 이 호소에 대한 나의 응답 또는 무응답, **타자**의 얼굴과 얼굴을 갖지 않은 나, 타자의 얼굴의 이 극심한 연약함에 종속된 나, 모든 감

---

3 Roland Barthes, *Sur Racine*, Paris, Le Seuil, 1963, p. 53. 퀴리에 관해, 우리는 파스퇴르의 말을 덧붙일 수 있을 것이다. "삶이 우리에게 나타나는 바대로의 삶은 세계에 대한 비대칭의 기능 또는 삶이 이끄는 결과의 기능이다." 비대칭성 없이, 물리학자들이 대칭의 깨짐이라고 부르는 것 없이, 질서를 방해하는 사건 없이는 물질도 삶도 육체도 없다. 입자, 분자, 세포, 기관은 대칭적이지 않다. 삶은 어쩌면 대칭화를 요구하는 모든 대칭의 근본적 부재일 것이다.

삭식인 물질성을 넘어서는 이 얼굴의 초월 속 흔적, '나보다 신에 더 가까운', 그리고 옷을 입히고 음식을 제공하고 재워 주고 대접하는 직접적인 물질적 도움의 내재성을 통해서만 이 초월에 응답할 수 있는 나. 그렇지 않고서 만일 내가 주체의 초월로 타자의 초월에 응답한다면, 나는 "배고픔과 목마름의 솔직성"을 심각하게 인지하지 못하면서 "설교의 위선"[4]에 빠지게 된다.

휴머니즘 이데올로기와 마찬가지로 그리고 이 이데올로기와 함께, 자유의 초월적 모델은 근본적으로 윤리적 사유를 의심한다. 자유를 선택하기, 레비나스가 끈질기게 묻는 이것은 자유로운 선택인가? 만약 주체의 유일성이 호소하는 다른 사람을 위한 극단적인 책임 안에 있다면, 그리고 대체할 수 없는 이 유일성 안에서 내가 결코 회피할 수 없다면, 나의 자유는(이것은 여전히 문제가 되는가?) 역설적으로 '나의' 타율성 맨 끝에 있다. 만일 타인의 얼굴에 폭력이 행해지는 순간에 내가 그 '지배' 아래 행동해야 한다면, 모든 규칙을 넘어서면서 내 죽음의 순간처럼, 가능한 대신함과 위임 없이, 나를-넘어 오는 것에 의해 명령받은 나는 절대적인, 공유할 수 없는 유일성에 연관된 이 소환에 의해서 존재한다. 그러므로 나의 유일한 자기soi는 모든 정치의 과잉과 결핍에 의해, 정치철학에 의해 주제화할 수 없을 정도로 심오한 자유에 의해 이

---

4 *EE*, p. 69. /《존재에서 존재자로》, p. 73.

해된다.

윤리적인 말로서 이 유일성unicité의 자유는 일인칭의 자아에 의해서 말고는 달리 말해질 수 없다. 예를 들어, 준칙의 보편화에 의한 확장은 결국 가로막힌다. 칸트의 도덕적 주체는 명령에 따르는데, 이것은 도덕법칙을 통하는 것 그리고 **타인과는 무관하게** 보편적인 것에 대한 능력으로서 이성의 명령이기 때문이다. 반면 윤리는 근본적인 타율성에서 발생하고, 만남과 말parole의 최초 사실과 타율적인 사실로부터 저항하고 강조하고 지속하는, **외재성과의 결정할 수 없는 관계**에서 발생한다. '나'는 타인을 만나고, 얼굴은 말한다.

얼굴과 마주하여 블랑쇼가 간결하게 쓴 것처럼, 그때부터 '우리는 말하거나 죽인다.' 주체가 말하고 제기하고 생각하고 행하는 것은 주체가 권위 있는 저자라고 헛되이 생각할 수 있는 그리고 주체가 자기의 기원을 숙고한다고 생각하는 모든 신호·몸짓·의미 이전의 말함un Dire에서 기원한다. 이것이 레비나스가 전-근원적 또는 무-시원적인 것으로서 주제화했던 이 기록이다. '나의' 응답은 내 안에서, 내가 결정하거나 결정한다고 확신하고 있는 것 안에서, 사실상 자유로운 주체의 장소-없음을 야기하는 책임 이후에만 오는 자유 안에서 시작하지 않는다.

사실 주체는 언제나 이미 전복되었고 전복된 것으로 구조화된다. 이를테면, 그렇지 않으면 어떤 주체도 결코 '동일자-안-타자'로서 생겨나지 않을 것이다. 타자들에게 더 잘 도움을 줄 수 있고 그들을 더 많이 사랑할 수 있기 전에, 도움을 줄 수 있기 위해서는 내가 우선 나에 대해서 관심을 가져야만 하고 게다가 자기 자신을 사랑해야만 한다는 통념에 반해, '자아로서 타인', '타인으로서 자아'와 같은 타인과 나의 관계의 필연적이고 필수적인 대칭화의 표현에 반해, 레비나스는 이 대칭적 도식에 대해 지독한 의심을 품는다. 우리가 대칭적 도식을 파악했다면, 우리는 이제 의심을 떨치지 못한다. 만일 내가 나의 실체적 존재에 대해 응하는 것으로 시작해야 한다고 생각한다면, 호소가 나보다 훨씬 오래전에 온 이상, 내가 이 호소에 나중에라도 응답하리라고 보장할 수 있는 것은 무엇인가? 만일 내가 나-자신의 원칙에 있고, 모두 선의로 언제나 조금 자신을 변명하는 것에 자유롭다면, 내가 윤리적으로 응답해야 할 이유는 무엇인가? 우리는 레비나스가 모든 이타주의와 낙관적이고 신뢰하는 모든 인간학으로부터 얼마나 멀리 떨어져 있는지를 본다. 이것이 여러 차례 강조했던, 우리가 러시아어 또는 도스토옙스키의 언어로 말할 수 있을 윤리의 **비극적** 측면이다. 레비나스의 사유는《포로 일지 _Carnets de captivité_》로부터 개괄적으로 그려지고,《전체성과 무한》에서 다듬어진 대대적이고 핵심적인 기록에 기반한다. **존재, 이것은 전쟁이다.** 그리고 각자, 각 존재는 유행병처럼 각각의 다른 존재에게 알레르기 반응을 보인다. 그러나 레비나스가 여기서 그쳤다면, 그는 그저 오랜 인간학적 비관주의를 근대화한 현대 사상가이거나 또는 만인의 만인에 대한 투쟁의 일반화된 존재론에 가장 부합하는 현대 사상가일 것이다. 그가 윤리라고 부르는 것은 정확히 시작도 채 하기 전에 그리고 존재의 전쟁학을 결코 폐지함이 없이 보편적인 상호 적대의 존재론적 체제를 가차없이 중단시키는 '사회적' 대면이다. 이 양면성은 ('이것은 시작도 하기 전에 중단시키'고 '이것은 중단된 것을 취소함이 없이 중단시킨다.') 독특한 시간성의 창안invention을 명령한다. 우리는 그의 작품에서 독특한 시간성에 대한 많은 예들, 시간의 경과 또는 위에서 언급했던 윤리적 순간을 찾을 수 있을 것이다. 비대칭적 도식은 이 관계의 각자가 가역성과 대칭성의 평탄하고 동질적인 표면 위에 질서정연하게 배치될 때 발생하는 '논리적' 어려움을 효과적으로 우회하면서 이 다양한 양면성을 사유하도록 강제한다. 그리고 레비나스가 생각해낸 **비대칭성의 위상학**은 매우 적용 범위가 넓고 유용하다.

덧붙이자면, 비대칭성의 위상학은 또한 윤리, 정치, 당연히 사랑에 인접하고 포개진 영역을 사유하기 위한 새로운 자극을 준다.

비대칭성의 위상학은 근본적으로 탈정치적extrapolitique이다. 둘의 관계에서 유효한 것은 다수의 관계에서 조정된 집합을 규제할 수 없을 것이다. 그 반대로는 위험한 혼란, 엄청난 재난을 감수하게 될 것이다.

정감affect과 감성이 중시되는 둘의 관계에서, 레비나스가 비대칭성으로 강하게 주제화했던 불균형, 격차가 관여된다. 나와 마주한 타자는 확실히 그의 극단적 단독성 안에서 상호 교환될 수 없을 것이다. 그는 *기*의 유일성 안에서 대체될 수 없다. 이 얼굴을 마주한 나 말고는 어느 누구도 대신할 수 없을 것이다. 얼굴 대 얼굴에서 발생하는 관계는 보편화될 수 없다. 이 관계는 상호화를 야기할 수도 없다. 이 관계는 독점적이고 배제적이다.

많은 철학자들처럼 레비나스가 때로 경계하고 그 자체로 사유하지 않는 사랑은, 그럼에도 불구하고 그의 위상학적 창안 덕에 그와 함께, 그를 넘어 사유될 수 있다. 사랑은 분리주의, 공통의 세계와 마주한 분리이다. **"사랑은 항상 두 사람 사이의 문제이다. 사랑은 나와 너만을 안다. 사랑은 길rue을 모른다"**라고 로젠쯔바이크는 썼다. 사랑의 '법칙', 이것은 비제Georges Bizet의 **카르멘**이 노래[5]한 것처럼 '법칙을 전혀 알지 못했다'는 것이다. 우리는 이것을 '공정'하다고, 즉 동등하고 대칭적이며 그리고 누구에게나 평등해야 할 것으로 요구할 수 없을 것이다. 우리는 이것을 시민의 정치적 요구로 만들지 못할 것이다. '모두를 위한 사랑'은 엄밀하게는 아무런 의미를 갖지 않을 것이다. 왜냐하면 사랑은 권리에 속하지 않고 만남, 전적으로 예측할 수 없는 우연, 모든 정의·평등·계약에 앞선 사건의 불확실함을 따르기 때문이다. 우리는 분명 사랑을 모든 이에게 무조건 강요할 의무 혹은 강제적인 규칙으로 만들 수 없다.

---

5 [옮긴이] '사랑은 길들지 않는 새(L'amour est un oiseau rebelle; Habanera).'

다른 측면에서, 만일 정의가 사실상 모든 이중의duel 관계, 특히 사랑하는 또는 다정한 관계에 낯설다 하더라도, 정의는 사랑에서 별로 벗어나게 되지는 않는다. 레비나스가 힘주어 말하는 것처럼 어림없이 '정의가 필요하다.' '~필요하다'는 규범적prescriptif 질서가 아니고, 논리적 또는 존재론적 필연성을 더 많이 가리키지도 않는다. 정의가 '필요하다.' 왜냐하면 정의는 억누를 수 없는 간청으로써 언제나 이미 거기에 있기 때문이다. 2인조를 둘러싸고 관계하면서 모든 타자, '제삼자들'은 정의를 외친다. 왜냐하면 그들은 내가 사로잡히고 그들이 아무런 몫도 가지지 못한 관계에서 배제되기 때문이다. 나는 그들을 사랑하지 않는다. 나는 모든 타자를 '사랑'할 수 없다. 이것은 나를 구속하는 단일한 사랑의 전면적인 배신일 것이다. 그러나 그들은 정의를 외친다. 그들은 자신들을 위한 정의가 '필요하다'고 외친다. 그들은 따라서 내 것인 사랑 자체를 문제 삼는다. 나는 결코 정의의 추구에서 벗어나지 못한다. 나는 타자의 타자들, 많든 적든 **유령같이**spectralement 둘러싼 자들과의 관계를 결코 끝내지 못했다.

그러나 일단 사랑하는 2인에게서 나를 떼어내 나를 '거리'에, **정치에** 던져 넣는 정의에 의해 사로잡히게 한다면, 나는 패러다임을 바꾸고, 나의 기준을 버리고, 공통의 규칙으로써 어떤 것을 찾아내야만 한다. 왜냐하면 정의, 더 넓게는 정치가 일반화하기 때문에, 권리와 의무를 동등하게 만들기 때문에, 상호성을 요구하고 평등을 개시하고 비교하고 상쇄하기 때문이다. 정의는 더 행히 사랑에 관심이 없다. 예를 들어 판사의 입에서 '나는 당신을 사랑하지 않으므로 당신을 부당하게 대우합니다'라는 말이 나온다면, 놀랄 만큼의 폭력적인 발언일 것이다. 우리가 사랑하는 자들에게만 해당되는 공정-하기는, 공정하지 않을 것이다. 공정하기는 우리가 사랑하지 않는 사람들, 심지어 적들adversaires에게 또한 적용되어야만 한다. 정의는 이것을 가지고 평가되는 것이다. 사랑은 **사랑을 할 뿐**, 이것이 전부다. 이것은 아무런 **정당화**도 필요치 않은 사건이다.

정치는 사람들의 엄정한 '교환 가능성' 원리를 중심으로 조직된다. 사르트르의 《말Les Mots》에서 마지막 표현은 이 문제를 정확히 말한다. "한 사람의 전체는 세상의 모든 사람으로써 만들어지고, 그 모든 사람들만큼의 가치를 지니고 있으며, 어느 누구라도 그만큼의 가치를 지니고 있는 것이다."[6] 사실, 누구든지 다른 아무개처럼 단독성, 구별 혹은 규칙으로 환원할 수 없는 것을 절대 차별 없이 정치에 포함될 수 있어야 한다. 이것은 반대로 예외라고 주장하는 모든 것을 상기上記의 규칙으로 환원하는 것과 관련한다.

강조했던 많은 특징들 안에 또 다른 측면이 있음을 결론적으로 제시하고 싶다. 앞에서 이 사유의 '러시아적 측면'에

---

6 [옮긴이] 장폴 사르트르 지음, 이경석 옮김, 《말》, 홍신문화사, 2004, p. 259.

대해 또 물론 유대적 측면 역시 말했기 때문이다.

유대 사상, 특히 탈무드 사상과 레비나스 사상의 관계는 하나의 주제로는 너무나 방대하고 그 시사성 또한 너무나 논란이 많다.[7] 그러므로 간략하게 생략하는 방식으로 이에 대한 몇몇 조화점을 암시만 해 줄 수 있을 것 같다. 벨로Saul Bellow, 맬러머드Bernard Malamud와 같은 미국 유대인이 쓴 소설과 자기-자신에 대한 성찰에서 필립 로스는 다음과 같이 쓴다. **"유대인 되기… 이것은 수용하기이고 병적으로 타인의 도덕적 청원에 예민하기이다. 그리고 일종의 무뚝뚝한 연민과 때로는 위험하게 편집광에 가까워지는 감성에 의해 이웃의 고통과 불운… 부담… 짜증의 근원을 떠맡는 것이다."[8]** 이 말은 레비나스의 말은 아니다. 그렇지만 이를 읽고 《존재와 달리》에서 깊이 있게 말하고 있는 '박해'와 주체성의 '윤리적' 구조를 떠올리지 않을 수 없다. 로스는 기술記述적으로 정감을 유대교와 유대인-되기에 결부시킨다. 소설가의 의도를 완전 반-의로 곡해할지도 모를 위험을 무릅쓰고, 그의 말을 오해해서는 안 된다. 이것은 타자, 본질, 심지어 민족에 이러한 '수용성'을 연관시키는 문제가 아니다. 반대로 이 수용성은 이것들을 해체한다. 수용성은 집단적 소속 또는 종교적 신념에 대해 어

---

7   Gérard Bensussan, 〈Levinas, Derrida : un tournant juif de la philosophie?〉 in *Prospettive filosofiche dell'ebraismo*, a cura di B. Giacomini e L. Sanò, Paradosso, Padova, n° 1, avril 2019 참조.

8   Philip Roth, *Pourquoi écrire?*, Gallimard, 2019, p. 199. / 정영목 옮김, 《왜 쓰는가》, 문학동네, 2023, p. 152.

려한 차별도 없이 가가가 받아들일 수 있거나 받아들일 수 없는 독특한 경향disposition이다. 로스가 말하는 미국 유대인의 소설들이 묘사하는 타자들과의 존재 방식, 편집증 류의 감성은 문학의 **윤리적** 반-영웅들 식으로 그것에 스며드는 인물들, 그것을 내보이는 책들만의 특성이다. 도덕규범 또는 종교적 명령에 의해 내게 강제되는 것으로서 이타주의적 의무와 연민은 절대 비난받을 것이 아니다. 그러나 이타주의적 의무와 연민은 레비나스 윤리와는 전혀 무관하며, 우리는 이것을 결코 충분히 강조하지 못할 것이다. 레비나스의 윤리는 자기 뜻에 반한 타자를-위함un pour-l'autre malgré-soi이고, 근본적으로 모든 당위Sollen에 이질적인 양도 불가능한 '부담fardeau'이다. 레비나스의 윤리는 구조적으로 무한한 벌어짐déhiscence과 변질altération 속 주체성과 관련된다. 우리는 이 '짜증의 근원'에서 벗어나지 못한다. 그리고 레비나스의 윤리는, 누차 '모든 존재론보다 더 존재론적'이라는 점에서 그렇다.

돕는다는 것은 무엇인가?
정의와 책임에 대해

나는 여러 번 절절히 인류를 돕는 꿈을 꾸었고,

해야만 했다면, 나는 아마도 사람들을 위해 정말 갈보리에 올랐을 것이다.

하지만 나는 이틀 연속 같은 방에서 누구와도 함께 살 수 없다.

나는 경험을 통해 이것을 잘 알고 있다.

_ 도스토옙스키, 《카라마조프가의 형제들》

철학자는 무슨 자격으로 도움, 원조, 구호, 연대에 대해 발언권이 있다고 주장할 수 있는가? 철학자가 참조한 상황은 극도로 긴급한 사태에서 만난 타자가 곧장 철학적 점유 밖에서 나타나는 영역의 존속을, 성찰보다 개입을 더더욱 호소하는 존속을 가리키지 않는가? 비탄의 직접적인 명백함은 질문을 받기보다 오히려 그대로 다뤄지는 것이 필요치 않을까? 이 질문들은 사실상 철학 그 자체에 부쳐지고, 철학의 고유한 요구와 사회적 유용성 안에서 철회되는 듯하다. 철학은 실제로 어떤 쓸모가 있는가? 돕는다는 것이 무엇인지를 묻는 것이 언젠가 이 질문에 대답하는 것을 도울 수 있는가? 전통적으로 철학자는 높음과 교류, 즉 가르치는 동시에 대화하는, 동등하지 않으면서 동등한, 그가 말을 건네는 자들과의 양가적 관계 안에 자신의 사유를 결부시킨다. 철학자의 질문과 습

관직인 상상이 순수한 실존적 물질성의 시험을 통해 검증되는 영역으로 향하는 것은 유익하게 철학자를 당황스럽게 만들고, 짊어진 박탈désaisissement과 개념들의 문제화된 재조합으로 바뀌게 될 철학의 정치를 고찰하게 한다. 따라서 가설을 제시하고 경우에 따라서는 가설을 수정하고 뒤엎거나 버리기 위한 말과 사유를 진척시켜야 한다. 사회학 연구자들이 발견에 도움이 되는 자원이라며 찾아낸 레비나스의 윤리에서 그 지표를 차용한다면, 그것이 내가 레비나스의 윤리가 가져오는 변위déplacement의 결과에 주의하려는 관점으로 개괄하고자 하는 바다. 이러한 측면에서, 불분명한 몇몇 특징들의 간소한 증거일 뿐인 이 성찰을 연구와 더 광대한 사유의 운동 속에 남길 수 있어야만 할 것이다.

폭력과 대면

우리가 새롭다고 여기는 불안정화, 배제, 가난, 불평등의 냉혹한 비참과 진실은 가변적으로 사회적 폭력과 상관이 있다. 이것들은 사회적 폭력의 정도와 현상이다. 따라서 우리는 폭력의 문제에 관한 질문 혹은 훨씬 더 제한된 방식으로 폭력의 문제에 관한 질문의 선도적 위상에 관한 질문에서 출발할 것이다. 여기서 우리가 그 자신이 구성하고자 하는 듯한 진정한 시작을 찾아야만 할까? 반대로, 이것은 되찾을 필요가 있을, 아마도 폭력의 구성적 특성이 아닐까? 정치철학의 전통은 그것의 가정된 원초성originarité의 도식을 강요하는 데 기여했다. 폭력은 절대적으로 첫 번째일 것이다. 즉, 폭력은 타인과 나 사이의 관계에 대한 자연스러운 조건이며, 사회적 관계와 정치적 공동체의 구성은 사후에 폭력을 억제할 것이다. 그렇지 않으면 최초 계약의 유효성에 의해 폭력을 제거할 것이다. 하지만 적어도 폭력과 폭력의 행사만큼이나 본래적인 비-폭력에 대한 합의로써 어떤 것이 있어야만 하지 않을까? 폭력 그 자체만큼 원초적인 폭력의 중단은? 폭력을 겪는 누군가의 호소에 응답하고 도움을 주는 것은 어떤 유형이건 간에 의미와 현실성을 달리 가질 수 없다. 도움을 주는 제스처가 실천의 일관성과 이해가능성의 명증성을 갖기 위해서 폭력만큼이나 오래된, 어쩌면 더 오래된 폭력 거부의 원초성이 주어져야만 한다. 많은 관계, 복잡한 조직망, 유기적 결합, 위계의 의미가 시작되는 것으로부터, 이것은 경험적·비-경험적인 사람 대 사람의 대면이다. 물론 모든 것이 대면으로 귀결되지는 않는다. 완벽히 환원 불가능한 관계적 또는 사회적 구조가 있다. 그러나 이 구조는 매우 빈번하게, 게다가 비밀리에, 보이지 않게 발생하는 것 같다. 그러므로 관계를 모두 밝혀내지 않고 관계를 여는 것, 이것은 잠재적으로 기입될 폭력의 질문을 구체화할 단수의 타자와의 관계일 것이다. 실제로 나와 마주한 이 타자를 내게 나타나는 타자로 만들어 내는 것은 무엇인가? 나의 폭력과 나의 근심은 분리할 수 없는데, 타자의 타자성에 의한 나의 흐트러짐만큼이나 항상 가능한 타자에 대한 나의 지배는 나를 쉽게 평안히 내버려두지 않는다.

폭력이 내게 악으로써 드러내는 것의 측량할 수 없는 급진성과 나를 보고 부르는 타자의 단독성의 뒤얽힘은 이것들의 결정불가능성 안에서 내게 귀속되는 책임의 중추적인 질문들을 포함한다. 이 질문들은 평범하게 '형이상학적'이지 않다. 반대로 실존이 가질 수 있는 것 안에서 이 질문들이 우리를 더 일상적으로 재정향한다는 것을 인지해야 한다. 이것은 철학하기를 시도하는 자의 내기pari이다. 모든 앎 이전에, 질문들은 우리의 모든 행위가 끄집어내어지는 토대, 즉 '내가 무엇을 알 수 있는가?'보다 곧장 우선하는 '나는 무엇을 해야만 하는가?'의 토대이다. 폭력의 불가해성은 이상하게도 우리에게 폭력에 대한 방책을 세워야만 하는 즉각적인 필요성을 강제한다. 도움을 주기, 이것은 어떻게 보면 악의 질문에 답하려고 시도하는 것이다. 물론, 이는 결코 철학을 하면서는 아니다. 이것은 우리가 문제에 답한다는 의미에서, 질문의 정답을 갖고 있다는 의미에서 응답하는 것과는 전혀 관련이 없다. 하지만 **질문을 하기도 전에** 또는 도움을 주는 자에게 질문으로 구성되기도 전에 응답하는 것과 관련이 있다. 그의 응답은 따라서 호소, 자기보다 더 강한 어떤 것, 거의 외침에 응답한다는 의미에서의 응답일 것이다. 응답은 우리가 언제나-이미 사로잡힐 자기-이전에 의해, 레비나스의 표현에 따르면 폭력이 사후에 강제로 이탈déprise의 시도가 될 "형제애fraternité 안에 붙잡힘"[1]에 의해 명령된다. 우리는 옛 공화주의의 3체제가 오래 전부터 거의 2체제로 보통 이해되었음을 알게 될 것이다. 프랑스 혁명가들에 의해 강요된 박애fraternité는 자유와 평등의 언쟁 속에서 오래지 않아 잊히게 되었다. 박애는 민주주의의 지평에서 공허한 만큼 아름다운 말로 머물러 있다. 공공 기구는 박애를 죽은 자처럼 추모하고, 정치가와 운동가들이 박애의 찬란함을 되찾으려고 노력할 때조차 그들은 의심스러운 대체물, 불안정에 대칭적으로 대조되는 연대만을 말할 수 있다. 공화국의 신학적 덕성, 형제애는 그렇기 때문에 옛 교회법의 자선처럼 법적-정치적인 것에서 벗어난다. 형제애는 그래서 정치철학에서는 생각되지 않은 것으로, 정치철학에 의해 전제된 보편적 상호-적대의 비-원초성에 관한 징후로 여겨진다. 형제애는 정치 안에 미리 구조화할 비정치적인 것의 자리를 차지한다. 정치철학의 질문 영역에 영향을 받지 않고서 실제로 어떻게 '형제 같은', 조직된 사회적 관계의 질서가 될 무언가를 고찰할 수 있겠는가? "형제애 안에 붙잡힘"은 확실히 혼란을 드러낸다. 정치는 정치철학으로 한정되는 권역 내에 다 포함되지 않을 것이다. 돕는다는 것이 정치철학이 답해야 하는 질문이 제기될 수 있기조차 전에 말하는 단독성에 응답하는 것이라면, 이것은 윤리적 응답이 철학에 선행하고, 철학의 물

---

1   *AE*, p. 132. / 《존재와 달리》, p. 179.

음이 윤리적 응답 이후에 일어날 수 있도록 허용할 뿐만 아니라 여전히 **윤리적 응답이 정치적인 것의 심급을 선결정한다** prédéterminer는 것을 허용한다.

권리와 주체성

책임으로서 가장 깊은 층위 속 주체성을 의미하는 응답/질문의 역전은 돕는 행위의 윤리-정치적 내용을 더 잘 이해할 수 있게 한다. 책임을 법의 내용과 구별하면서, 이 주체의 책임 역학을 여전히 명확히 할 필요가 있다. 법을 선행하는 법, 호소에 대한 응답으로서 책임은 법적인 의미에서도 책임을 예고한다. 법적인 관점에서, 나는 나-자신과 나의 행위에 책임이 있다. 나는 제삼자들과 마주해 이에 대해 책임져야만 하고 법정 앞에서 또는 나의 동료들 앞에서 법 또는 규칙을 어겼던 모든 혐의의 장본인임을 자처해야만 한다. 지배적인 전통 속 정치철학처럼, 법은 사회화된 주체들의 상호 적대를 전제한다. 여기에 법적 가능성의 조건인 방법의 명령과 내적 필연성이 있다. 법은 실제로 사람들이 해를 끼치거나 해를 입는 것을 막아야만 한다. 법의 근본적인 사명은 국가가 시민들에게 모든 상황에서 도와주기를 강제할 수 없는 것과 같이 상부상조를 장려하는 데 있지 않다. 게다가 우리는 법적 의무가 윤리적 책임을 제한하기까지 이를 수 있음을 이해한다. 프랑스 형법에서(63조 2항, 1994년 초안 223-6조[2]에서 수정), 위험에 처한 사람을 돕는 것은 구조자에게도 제삼자에게도 '위험이 없는', 명시적 조건하에서만 의무적이다. 판례가 적어도 '자발적 조력자'가 피해를 입지 않도록 '자발적 조력자'에게 유리한 방향으로 명문화되었던 것은 사실이다. 재판관들에게는 법적 책임과 윤리적 책임을 조목조목 진술해야 하는 것이 중요하므로, 이것은 재판관들의 당혹감을 드러낸다. 게다가 우리는 일자에게 보장된 권리가 매우 자주 타자에 맞서 부여된다는 점, 여기서 누구도 이웃의 이유를 들어야만 하거나 이웃을 대신해야만 할 필요가 없다는 것을 안다. 확실히 법에 대한 공리주의의 무의식이 있다. 여기에 '내게' 좋은 것에 대한 개별적 결정이 이타주의의 합리적이고 평등한 운영에 따라 모두에게 최대 이익을 가져올 것으로 연루되는 내기가 있다.

윤리적 책임에 있어서는 사정이 완전히 다르다. 만일 내가 응답해야만 한다면, 이것은 타자에게 응답하는 것이며 심지어 타자에 대해 책임지는 것이다. 하지만 여기에 규범적인

---

2 [옮긴이] 제223-6조 【범죄를 저지하지 않거나 구조를 이행하지 않았을 경우】① 자기 또는 제3자의 위험을 초래함 없이 자신의 즉각적인 행동으로 타인의 신체의 완전성에 대한 중죄 또는 경죄의 실행을 막을 수 있음에도 불구하고 고의로 이를 막지 아니한 자는 5년의 구금형 및 75000유로의 벌금에 처한다. ② 자기 또는 제3자의 위험을 초래함 없이 개인적 행동에 의하여 또는 구조의 요청에 의하여 위험에 처한 타인을 구조할 수 있었음에도 불구하고 고의로 이를 하지 아니한 자는 전항과 동일한 형에 처한다《프랑스 형법》, 법무부, 2008. 11., p. 133).

깃은 없다. 이 '~에게 응답하기'는 주체의 주체성 자체이다. 본질을 규정할 성질 또는 특성의 의미에서가 아니다. 왜냐하면 응답의 고뇌는 단순히 나, 나의 욕망, 나의 향유, 나의 동일성과 관련되지 못하게 하기 때문이다. 윤리적 책임은 인간의 인간성을 구성하지 않는다. 이것은 주요한 도덕철학에서 위험에도 불구하고 인간을 이성적 또는 자율적으로 만들고 싶어 하는 의미에서 그렇다. 우리는 현재 공통의 구성에서 이성-없는 자들, 타율적인 자들 그리고 자기 뜻에 반해 떨어져 나온 모든 자를 배제하는 부담을 알고 있다. 반면에 윤리적 책임은 '사로잡힌' 주체를 비동일시한다désidentifier. 주체를 그 자체로 주체 자신의 시작보다 더 오래된 기원에, 주체가 인간 본질·본성 안에서 지배하거나 포괄할 수 없는 아득한 옛날에 결부시킨다. 그 대신 정치철학과 법적 사유에 필연적인 허구를 결부시킨다. 바로 그런 이유로 윤리의 영역은 선先구성적이고 법을 앞서간다prévenir. 법률가와 입법자의 작업이 이를 입증한다. 이들의 작업은 법의 엄정한 틀과 법을 규칙으로 번역하는 틀 밖에서 생겨난 자료를 다시 사로잡을 줄 아는 데 있다. 주체성의 윤리적 구조는 주체성의 선조건précondition이다. 우리가 대체로 도덕을 세우는 것이 법칙과 가치라고 믿는 데 반해, 주체성의 윤리적 구조만이 규범과 체계화를 가능하게 한다(이로부터 가치 소멸에 대한 믿음과 위기에 대한 사실 혹은 외부적 객관화의 종료에 대한 사실 사이, '가치 상실'에 관한 지속적인 현대적 혼란이 발생한다). 아리스토텔레스의 공정성의 원리에 따르면 '법에 따라 공정한 것'은 '공정한 것'과 같지 않을 뿐 아니라 공정한 것은 특히 주체성의 응답하는 구조의 바탕 위에서만 다르게 나타날 수 있다.

도움의 사건

본래적으로 의미하는 도움의 열림 개방성 안에서, 이것은, 왜 돕는 것이 타자성 안에 붙잡힘과 폭력에 의해 풀려남이 함께-연루되는 대면이라는 모델에 뿌리를 두는지를 이해할 수 있는 조건이다. 나와 마주하거나 내게 정면으로 향한 이 얼굴은 실제로 저항의 능력이 상처 입지 않음에 맞닿은, 상처받기 쉬움을 상대로 하는 종종 참을 수 없는 역설에 나를 빠뜨린다. 극단적 연약함fragilité은 나를 강제하고 나를 제지한다. 궁핍은 내게 명령하고, 내가 그토록 쉽게 없앨 수 있을 얼굴과의 마주 보기는 내게 얼굴을 섬기기를 강제한다.[3] 어떤 면에서,

---

3 "얼굴은 그 자체로 개인적인 그러나 얼굴 모습을 통해 감춰지거나 표현된 그리고 비가시적인 주체로써 제공될 어떤 실재의 외관 또는 신호가 아니다. 가까움은… 명백히 주체들의 어떤 결합, … 구조가 아니다. 얼굴은 이웃이 강제하지 않을 감춰진 신의 징후(signe)로서 기능하지 않는다. 그 자체의 흔적, 버림받은 흔적 속 흔적, 결코 애매함이 발생하지 않고, 주체와의 상관 관계 속에 있지 않고 주체를 끊임없이 괴롭히는, 의식 속에서 나를 동등하게 하지 않는, 모습을 드러내기 전에 내게 명령하는 흔적…. 이것은 바로 현재의 것, 현존으로 환원할 수 없는, 현재와 다른 의미의 양상, 무한의 과도함(démesure) 자체를 구성하는 양상이다. … 흔적으로서 얼굴은—그 자체의 흔적, 흔적 안에서 추방된 흔적—불확정한 현상을 의미하지 않는다. 얼굴의 애매성은 노에

니는 구속되었다 나는 호소에 응답하는 언어 안으로 들어가거나 가장 급진적인 폭력을 행사할 수밖에 없다. 말하기 또는 살해하기, 이것은 타인이 나를 사로잡는 상황들을 구체화하는 모든 종류의 변화들이 전개되는 두 극단일 것이다. 이 관계는 이로부터 폭력이 사유되어야 하는 나 자신의 살해의 잠재성을 내포함과 동시에 도움 또는 섬김의 무조건성의 긴장을 내포한다.

윤리적 응답은 복종의 영역이 아니다. 우리는 직무에 복종한다. 이것은 관리들의 의무이다. 즉, 예를 들어 우리는 법·기관의 대표자에게 복종하고 자신이 수행하는 총괄적인 기능성에서만 지위를 보전하는 상관에게 복종한다. 그러나 아무도 원칙적으로 사람에게 복종해야 할 의무는 없다. 일반 법규에 동의함으로써 사전에 규제되는 위계적이고 관료적인 복종은 당연히 차별해서는 안 된다. 윤리적 책임은 이와 완전히 다르다. 윤리적 책임이 한정하는 상황은 규율의 한계 밖에서, 규범과 규정 밖에서 일어난다. 윤리적 책임 안에서 응답하는 주체는 이 '~ 밖에서'에 의해 강력하게 사로잡힌다. 응답하는 주체는 자신의 행동 규칙을 찾을 수 있는 상태가 아니고 실질적이거나 실리적인 어떤 것에도 관계될 수 없다. 응답하는 주체는 '붙잡힘' 안에서 행동하거나 행동하지 않아야 하고,

마(noème)의 미확정이 아니라, … 가까이 가는 아름다운 위험으로의 권유이다. … 얼굴의 주제화는 얼굴을 해체하고 접근을 해체한다.", *AE*, pp. 149-150. /《존재와 달리》, pp. 204-205.

모든 협의와 모든 '정신의 현전' 이전에, 말하자면 법을 앞서야 한다. **주체성**의 구조로서 응답하는 구조를 이해해야만 한다는 말은 이런 의미에서다. 말했듯이 만일 응답하는 구조가 여전히 법의 영역에 속할 수 없다면, 이것은 더욱이 어떤 자연성의 질서에도 있지 않다. 몇몇 사회생물학자들, 그중에 최우선으로 에드워드 윌슨은 게놈 안에 새겨진 이타주의의 가설, 유전적 특성에 의해 전달할 수 있고 사회적으로 유용한 이타적 감성의 가설을 제시하기까지 했다. 이른바 이타주의적 유전자형에 대해, 사회생물학자들은 너무도 유명한 IQ에 대한 이미 매우 의심스러운 모델을 토대로 만들어진 이타주의 지수를 이용해 내용에 더해 심지어 결과까지 계량화하려고 시도했다.

우리는 여기서 단수인 타자와의 관계에서 불가능한 경험으로 이해된 윤리적 응답의 계량화할 수 없음을 가장 진실한 표명인 끝이-없음sans-fin을 더 잘 강조하기 위해서만, 이런 여담을 언급할 수 있다. 한 번 더 말하지만, 이 윤리적 무한은 사라지지 않는다. 책임이 스스로 결말을 정하고 행위 안에서 끝난다면, 책임은 무효가 된다. 루이즈 미셸Louise Michel[4]은 편지 가운데 하나에서 아주 단순하게 그것을 상기시켜 준다. "자선을

---

4 [옮긴이] 1830. 5. 29.–1905. 1. 09. 프랑스의 무정부주의자, 교육자, 의료 노동자이자 '파리 코뮌'의 상징적 인물. 그녀는 몽마르트 여성감시위원회의 장이었고, "몽마르트 언덕의 붉은 처녀"라는 별명을 갖고 있다. 몽마르트 언덕 꼭대기 사크레쾨르 대성당에 오르는 길에는 그녀의 이름을 딴 '루이즈 미셸 공원'이 있다.

베푸는 사들, 그들은 자선을 베풀었을 때 자랑스럽게 여기고 **만족해한다.** 그러나 우리는 **결코** 만족해하지 못한다."[5] 이 자선은 사실 주체에게 내용과 규제를 내어주고, 만족해하는 동일성 안에서 주체를 구성한다. 자선은 윤리로서는 부인된다. 왜냐하면 자선은 자기로의 회귀 안에서 더 잘 멈춰서기 위해서만 타자의 우회로에 들어서기 때문이다. 자선은 타자의 '경험'을 자기 경험의 풍부함의 동기로 만든다. 그에 반해 **결코**(만족해하지 못함)는 자선이 장소 없는 주체에게 강제하는 변동 속에서 그리고 자선이 평온한 시간성에 부여하는 중단의 긴급 속에서 시의적절하게 윤리적 유토피아를 의미한다.

무한한 운동과 행위의 순간성은 서로 조건 짓는다. 내가 공정하다고 생각할수록, 이 믿음에 만족할수록, 나는 덜 공정하고, 이 책임의 재개는 고통의 호소에 그리고 고통의 시련을 겪어야만 하는 양도할 수 없는 의무에 계속해서 나를 노출시킨다. 이 무한한 응답의 윤리 안에 하나의 교훈이 있다. 현실의 합리적인 선결정 또는 현실 관리의 재처리, 만일 이것들이 정치에서 벗어날 수 없고 벗어나서도 안 된다면, 아마도 이것은 위험할 수 있을 텐데, 이것들은 자신을 넘어서는 영감을 배제하지 않는다. 만일 정치가 '필요한 것의 학學'이라기보다 오히려 '가능한 것의 기술art'이라면, 그것은 바로 줄곧 '추

---

5 강조는 저자에 의한 것이다([옮긴이] 저자는 Daniel Halévy, *Pays parisiens*, Grasset, 2000. 에서 인용했다).

론하게' 하지 않는 요구와 그렇지만 상호적인 고집스러움에도 불구하고 혹은 그 고집스러움 덕분에 특정한 의도를 가지고 서로에게 열릴 자격이 있는 요구 사이에서 타협하기 때문에 그렇다. 예를 들어 명료성과 정직성의 이유로써 그 자체로 필수적인 사실과 가치의 의무론적 구별, 이 구별이 몹시 결정적이라면, 마르크스가 말했던 것처럼, 이 구별이 이데올로기나 '직업상의 관용어법'으로 변모한다면, 이 구별은 사실을 가치로, 그리고 존재하는 것을 규범으로 알아차리지 못한 채 받아들이도록 할 우려가 있다. 윤리는 이러한 혼란을 유익하게 풀어내고 적어도 혼란의 가능성을 예고한다.

우리가 더 잘 질문하기 위해 유지하려고 선택했던 **선험적** a priori 자격을 다시 취하자면, 돕는 것은 자기만족적인 '자선'을 보이는 것은 아니지만, 그 자체로 '결코' 이르지 못하는 주체성에 대해 응답하는 내면성을 증명한다. 돕는 것은 실제로 한편으로 '자기보존 본능'의 모든 생물학적 자연성을 중단할 자기에 반함un malgré soi으로써, 다른 한편으로 모든 가능한 제휴들에도 불구하고 사회적 또는 법적 구성 들에 거의 의존하지 않는 자기에 반함으로써 행해진다. 윤리적 책임은 반대로 이것들에 선행한다. 윤리적 책임은 '조금은 자신을 변명하려는' 모든 유혹 이전에 온다. 왜냐하면, 변명하자면 윤리적 책임은 더이상 바라던 참에 일어나지 않을 것이기 때문이다. 위험에 빠진 자를 구하거나 그럴 이유가 있음에도 아무것도 안 하는 것은 항상 호소에 대한 끔찍한 합의로 그리고 응답 혹은 무-응답에 대한 기막힌 시련으로 드러난다. 이 중요한 경험은 프루스트가 사랑을 긍정할 수 있었던 의미에서 '도덕적 진리'이다. 도덕적 진리는 자신을 설립할 어떤 긍정적인 권위와도 관계되지 않는다. 왜냐하면 그것은 그 자신의 앎을 알리고 드러나기 전에는 알려지지 않기 때문이다. 실현의 순간, 일종의 무상의 충실성에 바쳐진 도덕적 진리는 순수한 사건이다.

정치적인 것의 번역적 패러다임

내가 정치에 대해 글을 쓰기 위한 군주인지 입법자인지를 질문한다면,
나는 '아니오'라고, 그래서 내가 정치에 대해 글을 쓴다고 답한다.
_ 루소,《사회계약론》

　　서두에서 말했듯, 레비나스는 주체성의 구조, 동일자 안
의 타자, 내적인 것 안으로의 침입자를 의미하는 한에서의 윤
리적 전제 조건으로부터만 정의의 물음에 접근할 수 있다. 자
기 자신과 공정함이라는 분리된 두 유형의 문제 간의 관련성
은 곧장 모든 전체화·결연·동질화에서 벗어나기 때문에, 긴급
한 뒷받침과 같이 '필요하다'에 따라 형성되고 조절된다. 이
'필요하다'는 또한 정치의 가능성의 형식적 조건이다. 왜냐하
면, 레비나스의 명시적 결정에 따르면 정치는 정치의 고유한
성찰에 따라 공간과 집단ensemble, 즉 장소론topique과 공동체, 장
소lieu와 인간들을 연결하기 때문이다. 장소적topique 공동체는
정치적으로 집단의 공동 영역을 확립한다. 이에 대한 레비나
스의 진술을 상기하면 "정의가 필요하다. 즉, 비교, 공존, 동시
성, 모임, 질서, 주제화, 얼굴의 **가시성**이 필요하다. 그로 말미
암아 지향성과 지성 그리고 지향성과 지성 속 체계의 이해 가
능성이 필요하다. 또한, 이에 의해서 법정에서처럼 동등한
공현존이 필요하다. 공시성으로서 **본질: 장소-안에-함께 있**

음.[1] 레비나스의 '필요하다'는 따라서 어느 것도 선험적으로 얽어매지 않는, 심지어 모든 것이 대립한다고 할 수 있을 영역들 사이의 맹목적 관계를 서술하거나 명명한다. 일자가 있을 때, 윤리의 이중주는 타자이다. 여기에 정치는 없다. '필요하다'는 서로에게 나쁘게 윤리와 가까움 사이에 두통과 고통의 지점을 집중시킨다. 대면과 모두-함께 있음 사이에서, '필요하다'는 부재를 점유하고 연결한다. 팔다리가 절단된 사람이 환각지 현상을 겪는 것처럼, '논리적으로' 있을 수 없지만, 없는 팔다리가 아프게 한다. 설령 '논리적으로' 그렇게 될 것이 아닐지라도, 아프게 한다. 존재하지는 않으나 실질적이고, 부재하지만 고통스럽다.

'주체성의 장소-없음'으로부터, 즉 책임이 있는 장소-밖으로부터, 장소와 정착의 세계 밖에서 **정치적인 것**은 모든 이가 보는 앞에서 공공의 드러남으로 **나타난다**. 왜냐하면 이 것은 실존의 조건 자체, 우리가 오늘날 시민권이라 부르는 것들인 교환 가능성, 익명성, 평등성이기 때문이다. 그러나 예상되는 것들을 잘 주제화했던 한나 아렌트의 정치적 사유에서처럼 이 나타남은 어떤 문제도 제기하지 않는다. 반대로, 레비나스의 경우 이 나타남이 핵심이다. 만일 정치적인 것과 자율성 안의 정치가 그 자체로 시작한다면, 정치와 정치적인

---

1 *AE*, p. 245. / 《존재와 달리》, pp. 340-341.

것은 그들 이전을 고려할 필요 없이 모든 사유보다 더 오래된 윤리에 대한 사유를 위해 '**문제**'를 구성한다. 정치적 관심에 앞서는 것으로 무엇을 하고, 무엇을 만드는가? 정의는 정의에 앞서 오는 것, 정의를 돌려주는 '재판정'에 앞서 오는 것, 또한 정의 이후에 올 것에 대해 응답해야만 한다. 정의 이전, 필요하다면 정의 이후의 이 응답해야-만-함에 의해서만, 문제가 발생한다. 이 문제는 사방으로 윤리적이다. 즉 이것은 형이상학적 문제 내부에 있지 않고 오히려 형이상학적 문제의 선행 조건이 된다. 이것은 개념의 가능성의 조건을 목표로 하지 않으며 한 개념을 다른 개념들에 묶는 수평적 재결합을 목표로 하지도 않는다. 바깥에서 온 '문제'는 레비나스가 '제삼자의 등장'이라고 명명하는 것, 그리고 처음부터 우리가 선호했던 제삼자보다는 오히려 **제삼자들**이라는 복수화된 것으로 알려진다.

이 등장entrée—'필요하다'—이 문제다. 한편으로, 제삼자의 등장은 모든 질문을 예고하고 선행하는 한에서 책임의 응답을 질문한다. 우리가 보게 될 미덕으로 가득한 악순환이다. 윤리적 책임이 부차적이었다는 물음을 연장하면서, 제삼자의 등장은 책임을 방해한다. 문제는 우선 이 '방해trouble'이다. 다른 한편으로, 레비나스는 우리에게 말한다. 제삼자들의 복수성의 창을 통한 질문의 '등장'은 모든 질문에 선행하는 응딥의 문을 통해 내쫓겨는데, 이 '등장'은 "영속적"[2]이다. 경험적 사건의 질서가 아닌 준-구조의 질서인 이토록 어려운 이 등장의 영속성을 어떻게 이해하는가. 우리는 "영속적 등장"이 "필요하다"처럼 윤리적/정치적 문제의 "초월론적"인 것이라고까지 말할 수 있을 것이다. 이것은 레비나스의 윤리가 규정하는 사유의 요소가 그 요소에 지위와 윤곽을 제공할 ananké stenai(어디선가 멈춰야 한다) 없이 전-근원적인 것의 무한한 운동성 안에 사로잡힌다는 의미에서 절대 순수하지 않다는 뜻이다. 따라서, 타자성은 '야만성barbarie'을 배제하지 않는다. 가까움은 존재-바깥에 있지 않다. 가까움은 "모든 존재론보다 더 존재론적으로", 존재에 앞서 오고 존재를 격앙시킨다. 얼굴은 전쟁의 평화적 해소를 의미하지 않는다. 이것은 어떤 면에서는 다른 수단에 의해[3] 계속되는 찌푸림이고, 말하자면 동반된 가혹한 잔인성이 설명하는 것이다. 이런 측면에서, 정의의 민주적 정치는 대면을 방해하면서 동시에 항상 전쟁을 막고, 미루고, 억제하려는 시도이다.

어려운 점은 가까움이 나를 결코 온전히 혼자인 타인에게로 정렬시키지 않는다는 것이다. 이것은 가까움의 결함이

---

2 *AE*, p. 249. "대면의 친밀함 속 제삼자의 등장은 영속적 입장이다." / 《존재와 달리》, p. 346.

3 저자는 세바의 해석에 전적으로 동의한다. 얼굴에 의해 말해진 "너는 죽이지 않을 것이다"는 엄밀하게 "너는 죽이지 않을 것이다. 비록 네가 죽을 지경이더라도"로 이해되어야 한다(François-David Sebbah, *Survies : quelques tentatives*, Paris, Ecarts, 2021, p. 46).

다. 이것은 너무나 단순하고 아름다울 텐데, 그래서 '문제 없을'
것이다. 그렇지만 가까움은 내게 명하고 또한 나를 온전히 홀
로인 얼굴에 종속시킨다. 가까움은 윤리적 이중주의 고독 안
에 나를 내던진다. 둘, 그렇지만 나 혼자만이 책임이 있다. 한
편으로 이 고독 안에서 나와 얼굴을 마주한 자에 대해, 무한
한 침묵 속에서 내게 말하는 이 얼굴에 대해, 다른 한편으로
여기에 관여하지 않고 너무나 '울부짖어' 내 귀를 먹먹하게
하는 모든 이들에 대해 나 혼자만이 책임이 있다.

　　윤리는 견딜 수 없고 참을 수 없다. 왜냐하면 책임은 항상
더욱더 타자들 앞에서 그리고 '모든 타자보다 더 나'를 결코
충분히 책임을 다했다고 할 수 없을 '윗 단계'로 향해야만 하
는 의무에 시달리기 때문이다.

　　윤리는 우리에게 단순하지 않은 문제들을 제기하는데,
레비나스는 이 어려움에 대해 거의 설명하지 않았다. 왜냐하
면 문제들은 끝이 없고, 지성에 의한 화해도 없고, 보상이나
대체 그리고 성령Esprit도 없기 때문이다. 그 자체로서 '문제들'
은 풀이가 만들어지는 낮이 지나면 밤에 흐트러진다. 문제들
은 매번 국지화와 명백히 역설적인 방식으로 국지화를 앞서
는 탈국지화délocalisation를 한정한다. 특히 **모든 장소**, 즉 공간,
맥락, 표명, 나타남의 동질성, 현상 그리고 얼굴, 즉 비-장소,
맥락을-벗어남, 표현, 모든 현상의 결여를 한정한다. 레비나
스는 제삼자들의-영속적인-등장과 필요-하다의 준-초월론적
인 것을 제시하면서 문제에 대한 이러한 측면의 '출현 장소'

글 끼리킨다. 레비나스는 또한, 얼굴의 과장법에 관해서는 항상 과도하거나 혹은 충분하지 않은 '경험적' 효과를, 얼굴 자체의 과잉과 결핍, 저편과 이편의 효과를 일부 기술한다. 이 예기치 못한 결과를, 레비나스는 '책임의 한계'라고 부르길 주저하지 않는다.

성급한 해석을 저지하지 않으면 안 될 것이다. 비록 대체로 서로 어긋날지라도, 성급한 해석이 많이 있다.

무한 책임 속 한계의 도입은 분명치 않고 《존재와 달리》의 텍스트는 우리에게 별 도움이 되지 않는다. 겉보기에 마치 정의가 윤리적 책임이라는 커다란 선박의 작은 항해선인 것처럼, 그리고 이 항해선을 윤리의 '제한'인 정치적 항구에 서서히 들어서게 하는 것처럼, 모든 일이 일어난다. 윤리는 개인적 책임을 무한으로까지 무한정하게 만든다. 정의는 이 무한정의 오만ubris을 정치에 한정한다. 우리는 다시 무수히 많은 질문 앞에 놓이고, 이에 대한 논평은 끝이 없을 것 같다. 대면의 직접성, 올바름rectitude은 호소를 듣는 주체를 대신substitution하기까지 강제로 동원한다. 그다음(그러나 이 '그다음'은 '영속성'에 연대기적 예외일 수 없을 것이다), 제삼자들의 유령성은 보다 고조된다. 유령성은 여전히 주체에게 의무를 지우고 부담을 지운다. 타자의 얼굴을 넘어 다른 모든 타자, 얼굴을 질투하는 '타자와 다른 타자들'을 고려해야만 한다. 결국은 마음이 상하게 될 '한계'를 어디에 어떻게 둘 것인가? 제삼자들은 나를 괴롭히고 숨막히게 한다. 내게 말하는 이 얼굴에 의해 이미 강압적으로 명령받은 나, 제삼자들은 그들의 외침으로 내게 명한다. 나와 내가 마주한 얼굴은 내가 타자들을 위한 일자를 배신해야만 할 질서에 들어가기를 촉구받는다. 그렇지 않으면 나는 모두를 배신할 것이다. 이 상황은 키르케고르가 종종 안팎도 아닌, 열리지도 닫히지도 않는, 문도 창문도 아닌 것을 묘사하는 의미에서의 불안으로 가득 차 있다.

제삼자들은 충돌한다. 얼굴에 의해 붙잡힌 주체가 제삼자들의 말을 듣고, 윤리에서 빠져나올까? 제삼자들과 얼굴의 이 연출dramaturgie은 담보 없는, 출구 없는 비극적 책임 안에서 책임을 지운다. 레비나스가 말하듯, 불안한 주의注意, 이해·청각의 문제, 시각optique의 문제가 제기되지만, 이것은 같은 것이다. 칸트는 《덕 이론》[4]에서 존중과 상호적 사랑의 구별을 제안한다. 이는 타인과의 대면에서 행하는 거리두기와 적응 속 보완성과 차이에 의해서이다.[5] 윤리와 정의는 칸트에게서처럼 보완되지 않는다. 윤리와 정의는 서로 방해하고 타인에 대한 나의 이해vision를 끊임없이 너무 가깝거나 너무 멀리 혼란

---

4 [옮긴이] 한국어 번역본 《윤리(도덕)형이상학》 2부에 해당한다.

5 *Doctrine de la vertu*, Paris, Vrin, 1968, trad. Philonenko, p. 126, § 24. "이성적 존재들의 관련은… **끌어당김**과 **밀쳐냄**에 의해 형성된다. 상호적 사랑의 원리 덕분에 사람들은 서로 끊임없이 **다가가게** 된다. 그리고 존중의 원리 덕분에, 사람들은 서로에게 의무가 있고, 서로 거리를 두게 된다. 그리고 만일 이 커다란 도덕적 힘 중의 하나라도 쇠퇴한다면, … '(부도덕의) 무는 (도덕적) 존재들의 **모든** 세계를 물 한 방울처럼 깊은 구렁 속으로 삼켜 버릴 것이다.'"

네 삐뜨릴 우려가 있다. 윤리적 이중주 안에서, 얼굴은 초현실성 때문에 비가시적이다. 나는 얼굴을 보지 못한다. 왜냐하면 내게 명령하는 가까움이 얼굴을 보지 못하게 하기 때문이다. 이 구부러진 공간에서는 결코 충분히 가깝지 않겠지만, 너무 가깝다. 정의 안에서, 나는 제삼자들을 본다. 그러나 멀리서, 그들의 무수한 응시dé-visagement로부터 기인하는 유령 같은 흐릿함 속에서, 나는 그들을 본다. 가까움과 정의의 정치의 이 시각적 비틀림이 제삼자들에게 내재한다. 어찌나 너와 가까운지 나는 너를 볼 수 없고, 모두에게서 너무 멀어 실제로 그들을 구별할 수 없다.

너와 제삼자들의 교정correction은 불가능하고 상호 적응은 실행 불가능하다.

그렇지만, 실행이 필요하다…. 지구는 돌고, 윤리는 환원 불가능하다.

제삼자들의 염려스러운 불분명함은 타자와의 대면에 후광으로 둘러쳐 있다. 앞서 말했던 불안은 둘을 방해하고, 그-자체로 유지되기를 방해하자는 주장을 의미한다. '한계'에 대한 이 요구는 포기되지 않는다. 이 요구는 무엇보다 어쩌면 마침내 완화할 수 있을 불안을 증대시킨다. 레비나스에 따르면, 바로 여기서 **정치의 발상지**가 결정된다. 이 정보는 아주 유용하다. 왜? 만일 윤리적 한 쌍이 동요되지 않았다면, 별 것 없는 말이기는 하지만 제삼자들의 혼란스러운 행렬에 의한, 평등과 민주주의에 의한, 측정과 비교에 의한 어떤 정치도 태연하게 요구되거나 요청되기에도 이르지 않을 것이다. 공정한 정치의 패러다임으로서 정의는 불안을 제한한다. 왜냐하면 정의는 더이상 얼굴을 차별하지 않고, 대면의 내면성 안에서 내게 통지되는 명령으로부터 빠져나올 권리를 포함한 나의 권리들 안에서 나를 회복시키기 때문이다. 그러나 이 윤리/정의의 운동은 거기서 멈추지 않는다. 일상적인 표현으로 말하면 한계, 이것은 다소 '한계적limite'이다. 왜냐하면 얼굴은 절대 지워지지 않기 때문이다. 한계는 완화하고, 누그러뜨린다. 하지만 만남을, 예기치 못한 초월의 사건을, 타자의 침입을 결코 없애지 못한다.

서양철학 전통에서, 그리스의 역사적 기원으로부터, 정치는 항상 자율화되면서 마침내 길을 벗어났고, 전체화하면서 마침내 비대해졌다. 정치철학은 묻는다. 무엇에 대한 한계 또는 제한인가? 거짓 순진함은 정치철학이 한계 또는 제한의 앞부분 혹은 지하층을 메울 수 있게 하지만, 윤리적 심층부를 암호화하고 해독할 수는 없게 한다. 레비나스는, 출현하는 정치와 본질을 대체하는 이 출현을 사라지게 하는 (정치)철학 사이의 치열한 대립의 이 역사계보학적 흐름을 역추적하려 했던 아렌트처럼 모든 활동의 암호를 발견하거나 재발견한다. 그것들(영역의 자율, 주체의 주권, 행위의 합리성, 이해타산, 계약, 시민 사회, 국가 등) 사이에 구성된 개념들의 연관에 의한 본질 추구의 관점에서, 레비나스가 정의의 정치에 대해 우리에게 말하는 것은 정치철학인 이 특정한 존재론적 체제에는 속하시 않는다. 사실, 윤리적 탐색은 정치 이전과 이후의 한계를, 특히 정치를 선행하는 장소-너머의 특성을 질문한다. 그리고 이 질문은 그것들의 종합하는 바를 더 잘 이해하기 위해서 제기된 것이다. 그러나 한번 윤리에 의해 영향력을 뺏긴 정치는 마치 이제는 고려할 가치가 없는 것처럼 거기에 전혀 남겨지지 않고 버려진다. 레비나스의 윤리는, 전통과는 반대로, 사상의 탈정치화로 통하지 않는다.

정치적인 것을 향한 철학적인 것의 근본적인 번역불가능성 원리를 정치에 대한 이해의 원리로 상정하면서, 생생한 맥을 되찾는 조건으로 레비나스 사유와 그의 사유가 우리에게 남겨 준 것은 우리에게 정치적 실천의 연약성과 특히 민주주의 실행의 불안정성을 깨우쳐 준 것이다. 레비나스에게는 연약함의 급진성이 있다. 연약한 것, 이것은 얼굴의 약함이다. 예를 들어 얼굴의 상처받기 쉬움이다. 연약함의 급진성은 약함과 존재론적 힘들의 관계 영역 안의 모든 폭력에 의해 초래된 살해의 유혹을 금하게 하고, 응답해야만 하는 명령으로 변화시키고, 끊임없는 코나투스·진행되는 힘을 전면적으로 멈추게 한다.

철학에서, 우리는 전적으로 비-상한extra-ordinaire 것으로부터만 생각한다. 다른 많은 것들 중 몇 가지만 예로 들면, 플라톤의 이데아, 데카르트의 코기토 자아, 헤겔의 주체로서 실체, 하이데거의 존재의 각자성은 기상천외한 쾌거, 전무후무한 입장, 거의-받아들일 수 없는 극한, 어떤 역사적 맥락에 마침내 순응하는, 점진적으로 익숙해지고 인식론적으로 받아들이게 되는 파열의 새로움을 나타낸다. 이런 측면에서 레비나스의 윤리는 확실히 일련의 철학적 비-상함 속으로 들어간다. 주체의 주체성이 해체되고 논증이 표현의 과장에 의해 나타나는 유토피아적 장소, 소진·탈연관déliaison으로까지 사상과 개념의 최상급 연결, 이것은 자유로운 주체성의 철학과 마찬가지로 정치철학과 도덕철학과도 단절한다. 철학의 상례와는 무관한 관점을 중단의 힘으로 가져가는 것은 놀랄 일이 아니다.

레비나스의 분석에서 철학은 오히려 이성과 국가의 존재 정치적 '연합'을, '논리'의 이름으로 주도된 억압을 범죄의 기술적 합리화에까지 할애한다. 파스칼의 '정신병원' 유비는 확실히 단순한 재담이 아니다. 이 유비는 여전히 플라톤과 아리스토텔레스 그리고 정치철학의 모든 전통에 몹시 어울린다. 무절제와 광기를 진정시키기 위해서 호의로 정치에 개입하는 것같이 보이게 했던 철학자들의 의도적인 거짓 꾸밈과는 전혀 별개의 것으로, 정치철학은 어떻게 보면 정치를 그 자체에서 비우기 위한, 우리의 유한한 조건의 실천적 지표인 구체적 내용들에서 벗어나기 위한 그리고 개념을 통해 관리되는 일반적 존재론의 영역으로 만들기 위한 플라톤 철학을 기원으로 하며, 대대로 전해 내려오는 철학의 경향, 철학의 계략 자체이다.

1장에서 서술했던 바대로 윤리-실천적 행위, 윤리적 순진, 영감은 무엇보다도 정의, 평등, 권리와 의무의 전환, 입장의 호환성과의 비대칭적 지배 속에서, 바깥 없는 공동체의 내재성 안 더불어-존재의 유착, 모든 정치적인 것의 유착에서 벗어난다. 윤리는 정신Esprit이 되기 위해 변증법적으로 구분되고, 적합한 '계기들' 안에서 연관되지 않는 더 많은 숨가쁨을 수용하는 상호-조정entre-conditionnement의 무한한 운동을 꾸준하게 그린다. 즉, 윤리가 무한할지라도 다르게-존재함의 모든 형상에서 일어난다. 존재와 달리l'autrement-qu'être는 끝이 없는 재개이다. 내가 공정하다고 생각할수록, 만일 내가 그것에 만족스러워 한다면, 나는 덜 공정하다. 이 책임은 한없이 나를 고통의 호소에 그리고 책임을 부담해야만 하는 양도할 수 없는 의무에 노출시킨다.

우리가 윤리적 지형에서 정치를 연역하는 불가능성을 확인했다면, 우리가 이성과 국가의 존재정치적 '연합'에 종지부를 찍는 한에서 번역불가능성 원리에 만족한다면 이 타자성의 요청을 어떻게 짊어질 수 있겠는가? 원칙적으로 레비나스에게서 정치철학의 부재는, 이미 말했듯, 예를 들어 도덕의 이름으로 정치에 대한 사유와 실천과 결별해야만 한다는 것을 전혀 의미하지 않는다. '등장l'entrée'의 주제는 (제삼자들의 등장, 정치의 '원리' 안內 파스칼의 등장, 정의 안內 영속적인 등장) 사임하지-않음non-résignation, 포기하지-않음의 요청을, 모든 비정치성의 거부 요청 혹은 윤리의 모든 급진적 탈정치화의 거부 요청을 구상한다. "정치를 그-자신에 맡기지 마라"는, 근본적으로 이해해야만 하는 실질적인 자율성의 부정 저편, 어떤 행동 유형을 요구하고 실천의 긴급성을 확실히 진술한다. 표면상 역설적인 명령은 사유의 철학적 체제에 의해 잠재적으로 촉진된 정치 꾸러미enkystement에 대한 비판과 정치 바깥에서 발견된 질문들을, 질문들이 출현하는 실제 장소에서 사회적 또는 사교적, 도덕적 또는 문명적, 경제적 또는 세계적 질문들을 구성하기를 목표로 하는 정치 내부의 개입을 결합한다. 복잡한 구성은 확실히 '불가능한'을 좋게 해석한다. 그러나 '정치를 그-자신에 두[다]'지 않으려면 관여하는 것이 '필요하다.' 여기서 정치 '이후'의 의미와 '그래도'에 의한 배가倍加의 의미를 보여줄 논쟁적 대조-점contre-point을 제시하고 싶다. '정치를 그-자신에 두었'을 프랑스와 유럽의 정치적 정세에서 하나의 흐름이 있다면, 이것은 확실히 '좌익보다 더 좌익'이라고 부르기로 합의된 것이다. 발터 벤야민은 일반적으로 이 영향권(극좌주의)에 대해 말했었다. 이 영향권(극좌주의)은 그-자신이 낯설지 않았고, '가능한 것의 왼쪽에' 있었다. 이것은 실제로 모든 정치, 물론 가능한 정치의 왼쪽에 있다. 또한 '불가능한' 또는 '비정치적인' 정치의 왼쪽에 있다. 왜냐하면 이 '불가능성'이 힘들의 상태로 엄정하게 환원할 수 있을 것에 놓이기 때문이다. 오랜 후렴구인 '모든 것이 가능하다'는, 불가능의 가장 작은 주머니도 흡수할 뿐만 아니라 몇몇 처참한 결과를 수반하는 것으로(대강 말하면 '전체주의'), 사실상 그리고 매우 완고하게 아무깃도 실게저이지 않다'는 것을 의미한다. 가능성의 전체성은 어떤 정치에서도 현실화할 수 없다.

'모든 것은 정치적이다'라는 말은 따라서 정치의 장소-밖과 연관해서 정치를 사유할 수 있기를 금하는 정치의 피상적 확장을 가져온다. 그렇게 되면 이 구호는 빈약하고 무기력한 비사유impensée로 바뀐다. 실제로 급진 좌파가 정치를 한다고 상상할 때, 이들은 이 행위, 즉 현실의 끝없는 근사치를 어떤 입장으로 대체하고 실행을, 더구나 상처를 전능한 엄격성으로 변화된 무력으로 대체한다. 이 알려지지 않은 대체는 거의 구성되지 않는 것의 구성으로서, 즉 탈정치적 타자성과 이것의 공정한 제도화의 추구로써 정치의 준엄한 의무를 넘어서는 도약에서 발생한다. 여기서 '공정한'이 말하고자 하는 바는 끊임없이 자기auto-탈제도화에 열려 있다는 것이다. 정치에 대해 무언가를 생각하려고 시도하기 위해 구성으로서 정치를 결정하는 것은 어떤 의미에서 준quasi-언어적으로 이해되어야 한다. 우둘투둘함, 이질성과 차이(탈정치적)가 말해지는 다수의 관용어를 어떻게 동일한 언어(정치)로 구성하는가? 이전pré-, 메타méta- 또는 탈extra-정치적인 것의 다른 언어를 어떻게 동일한 것과 보편적인 것의 정치적 언어로 말하게 하는가? 번역, 도치, 전이의 문제는 정의로의 입성 또는 이행의 문제이므로 본질적으로 정치적인 문제이다. 정치를 하기, 이것은 마치 인류의 '비틀어진 나무'[6]가 한번도 존재하지 않았거나 더 이상 존재하지 않는 것처럼, 다듬어진 '상투적인 구호'와 준칙의 조용한 보편화 속에 곧장 안주할 수 있을 것인가? 당연하게도 그렇지 않다. 여기서 상기할 필요가 있는 것은 정치적 실행이 번역의 방식으로 이해된다면, 정치적 실행은 역학적으로 논쟁이 단념되거나 외재성 없이 제도 안에서 자급자족할지도 모르지만, 번역의 필요성이 번역가능성의 어떠한 근거에도 기대지 않는다는 사실로부터만 가능하다는 것이다.

실제로 어떤 단순한 이행도, 직접적인 타동사성도, 주체들이 주체화되고 힘들이 배치되고 운동과 분쟁들이 역동적으로 일치되고 불일치되는 비-정치적 공간에서 공정한 표상에 의한, 모두를 위한 평등권과 정의에 의한, 즉 인정받은 그러나 동시에 의문의 여지가 있는 보편성에 의한 제어의 영역으로 나아갈 수 없다. 레비나스 윤리의 이 자동사성은 근본적이다. 자동사성은 이해가능성과 정치 그리고 정치를 선행하는 것의 대체 불가능한 원리를 형성한다. 대체 불가능한 이

6 [옮긴이] "인류의 '비틀어진 나무'"라는 표현은 이사야 벌린의 책 제목이기도 하다. 《인류의 비틀어진 나무: 낭만주의, 민족주의, 전체주의(Le Bois tordu de l'humanité: Romantisme, nationalisme, totalitarisme)》. 또한 칸트의 〈세계시민적 관점에서 본 보편사의 이념〉에서도 유사한 표현이 있다. "인간을 이루고 있는 굽은(비틀어진) 나무로부터는 완전히 똑바른 것이 나올 수 없다"(이한구 옮김,《칸트의 역사철학》, 서광사, 2009, p. 33).

원리를 성시히는 것이 재앙이라면, 이 원리를 냉정한 불가능성에 안정시키려고 하는 것은 파멸적일 수 있다. 번역불가능성을 멀리 지나쳐야'만 하고' 이 지나침의 과도함을 생생히 보존'해야 한다.'

셸링이 철학의 임무라고 지칭했던 방식에 따르면 **번역할 수 없는 것을 번역하기**, 이것은 필연적 기만성과 누그러뜨릴 수 없는 긴급성에 대해 많든 적든 동시에 알고 있는 모든 정치의 표어가 될 수 있다. 기만은 불충분한, 실패한, 빈약하게 그리고 평평하게 하는 모든 번역을 통해, 즉 번역자와 정치가가 한결같이 책임을 전가하는 필요 불가결한 배신을 통해 수반된다. 긴급성 또한, 다시 말해 헤겔의 법철학의 **필연성**Not-wendigkeit의 의미에서 여전한 필연성은, 에두르면서 위-반해야만 하는 괴로움이다. 로젠쯔바이크의 '그런데도quand même' 혹은 '그럼에도 불구하고malgré tout'[7]는 바로 레비나스의 '필요하다'처럼 명백하게 이 긴급성, 규범 없는 이 필연성 그리고 실망, 위험, 심지어 재앙을 이미 일컫는다. '정치를 해야' 할 필요가 있다. 그리고 이것은 다른 관점에서는 정치적인 것의 비-자율성에 대한 실천적 확신에서, 즉 정치 효과의 지속되는 불확실성 속에서 신중하게 이 행위를 실행하는 것이 요구된다. '모든 것이 정치적이다'라는 말은 따라서 '모든 것이 정치로

---

7 "여하튼 해야만 하는 모든 정치의 제한." 로젠쯔바이크는 1924년 6월 9일 게르투르트 오펜하임(Gertrud Oppenheim)에게 이같이 쓴다. in *Gesammelte Schriften*, Martinus Nijhoff, Dordrecht, I, p. 969.

끝난다'(페기Péguy)는 말, 모든 것이 정치에 투신하고 모든 것이 정치에서 말해지는 것 같은, 특정의 반대-의미로 이해될 수 있을 것이다. 그러나 이러한 ~로 끝난다finir-en는 결정적인 말이 아니다. 왜냐하면, 한편으로 이것은 여과된 언어의 좁은 바늘구멍을 통과하게 되면서만 나오는 것을 번역하기 때문이다. 다른 한편으로, 이것은 바로 이런 이유로 끝이 아니다. 이것은 용솟음치도록 힘쓰는 말함le dire을 절대 소진하지 않을 말해진 것의 증대 안에서 끝없이 완화되고 수정되는 말parole로써 다듬어진다.

'가능한 것의 왼쪽에' 위치한 정치 세력은 어떤 번역(표현)의 위험도 감수하지 않는다. 정치적인 것의 비-자율성의 이름으로, 정치 세력은 문제를 일으키지 않는aproblématique 자동사성에 안주한다. 반대로, 번역이 있는지 혹은 없는지를 자문하기에는, 보편적 표현가능성traductibilité의 원칙을 너무나 자신하는 기존 정치 세력은 세력을 펼치는 합의의 공간 밖에 있는 것을 듣고 보려고 애쓴다. 별로 편안하지 않은 **이중 구속** 형태의 이 사실에, '그럼에도 해야 할 필요가 있는 모든 정치의 제한'이라는 아름다운 격언이 목소리와 지평을 제공했다. '그럼에도 불구하고' 정치를 하고 끊임없이 수정하는 '제한' 속에서 정치를 하는 것은 정황상 '다른 방향으로 막대기를 휘게 하려는' 것이다. 즉, 이 경우 탈-정치적인 것l'extra-politique과 내부-정치적인 것l'intra-politique의 너무 지나치게 직선적인 나무를 다시-휘게 하려는 것이고, 실재적인 모든 종류의 무질서한 운봉인 진재민큼 가능한 절체에 자국을 내려는 것이다. 더 정확히는 무질서한 운동을 정치적으로 자유롭게 표현하도록 두려는 데 있다. 급진적 탈정치성과 내부 정치성 사이의 순수한 대칭의 결과를 멀리서 그리고 객관성 있게 찾아내는 것만이 문제가 아니다. 게다가 이 대칭성은 거의 존재하지 않는다. 왜냐하면 문제는 명확히 불균형한 이동, 다른 언어를 향한 협소한 이행, 가능성의 조건과 무조건의 문제이기 때문이다.

앞서 '번역의' 관점에서, 정치하기는 아마도 번역의 '배신'에 대한 과감한 찬사를 경유하고, 외부성의 끝없는 반복 속에 소진되는 외부 요구나 **정치의 생명**le vivant**에 달라붙은** 이런 종류의 **혁명적 역학**과는 전혀 다른 정치적 장치의 발명을 경유한다. 매우 일반적인 이러한 조건에서 우리는 물음과 문제의 정치적 지위와 내용이 자격 있는 번역자들, '현장에서' 맞서고 요소들과 쟁점들을 구성하는 주인공들에 의해서만 구분될 수 있음을 알아차릴 것이다. 만일 우리가, 거의 제기되지 않은, 가정된 이해가능성의 요인에 의한 정치적 물음을 서둘러 다원적으로 결정한다면, 정치적 물음은 마침내 매우 빠르게 존재하는 것과 다르게 선언될 것이고, 경제적·이데올로기적·역사적 세계-배후와 결부될 것이다. 정치적인 것의 비-자율성과 '그럼에도 불구하고 행하기faire malgré tout', 정치의 '제한'과 부름에 대한 윤리적 긴급성, '정치적인 것은 다음에' 그리고 정의의 요청은 복잡한 선들을, 아폴리네르의 시만큼 복잡한 선들 사이에서 긴장된 선들을 함께 그린다. '삶은 더디고

희망은 폭력적이다.' 이 이질적이고 불확실한 요청은 거침을 교화하고 불일치를 해소하는 보편적인 것으로부터 솔직하게 다룰 수 없다. 정치적 물음은 오히려 변화하는, 일시적이고 깨지기 쉬운 대상의 종류를 찾아야만 한다. 정치하기는 따라서 번역하기처럼, 파스칼이 '불확실한 것을 위해 일하라' 그리고 '내일을 위해 행하라'라고 하듯, 행동하는 것과 '일하는 것'[8]의 유한한 양상을 한정하는 것에 속할 것이다.

또한 여기서 문제인 정치적 번역은 보편적인 것으로 가는 이행의 역할을 전혀 하지 못한다. 정치적 번역은 랭보가 《일뤼미나시옹-illumination》에서 '민주주의'를 규정했던, '최초 자유의 회복-restitution de la franchise première'[9]에 관심을 기울이는 데 있다. 이 '회복'은 '최초의 자유'의 특성 또는 특수화의 민주적 증대에서 발생한다. 더구나 만일 정치적 실천 전체에 맡겨진 보편적인 것을 경우에 따라 대응시킬 수 있을 보편성의 실행이 있다면, 이것은 확실히 번역 그 자체 안에서, 구체적이고 생

---

8 "오직 확실한 것을 위해서만 해야 했다면, 우리는 [종교를 위해] 아무것도 해서는 안 될 것이다. ⋯ 그러나 우리는 불확실한 것, 해상 여행, 전투를 위해 얼마나 많은 것을 하는가! 나는 따라서 전혀 아무것도 하지 않아야 할 것이라고 말한다. 왜냐하면, 아무것도 확실하지 않기 때문이다. ⋯ 우리가 내일을 위해 그리고 불확실한 것을 위해 일할 때, 우리는 타당하게 행동한다."(Pensées, 452,130, La Pléiade, *Œuvres complètes*, p. 1216). "일(œuvre)은 인내 안에서만 가능하다. 한계에 떠밀린 인내는 동인을 의미한다. 결말이 동시대적이 되길 포기하라, 약속의 땅에 들어가지 말고 행동하라."(*Humanisme de l'autre homme*, Livre de poche, p. 45). 절대적으로 환원 불가능한 불확실한 것과 일의 두 가지 모습은 행동하기의 근본적이고 차별적인 결정으로써 함께 곁들일 수 없다.

9 [옮긴이] 이 표현은 《일뤼미나시옹》의 '고뇌(angoisse)'에 나오는 표현이다.

'생한 양상 안에서 효과적인 실행일 것으로 우리는 알아차릴 것이다. 독일인들이 '**세계**문학'이라고 부르는 것, 문학의 위대한 걸작들은 그것의 번역과 재번역의 확대로부터만 보편적인 인정을 하기에 이른다. 즉, 가장 소수의 언어에까지, 별로 많지 않은 그리고 불안정한 특이성에 할당된 화자와 독자를 위해서도 보편적인 인정을 하기에 이른다. 셰익스피어와 도스토옙스키는 보편적이다. 그들 작품은 각별하게 번역되어 보급된 덕에 보편적으로 읽힌다. 그들의 번역할 수 없는 관용어법idiomatisme이 보기 드문 총칭적 볼라퓌크어volapük[10]의 위엄에까지, 모두를 위한 언어의 수직적 언어가 없어지기까지, 바벨탑의 위까지 향상되고 고양되고 이끌릴 수 있었기 때문은 아니다. 특정의 언어만 있다. 그렇지만 오히려 그렇게 함으로써 보편적으로 받아들여진 작품, '세계'문학, 혼돈 자체에서 공유할 수 있게 하는 불협화음에 의해 관통되는 세계가 있다. 번역의 이 실천적 실행은 여하간 어느 지점까지, 인내하는 그리고 어려운, 수평적이고 내재적인, 세계화된, 즉 보편적 상호-번역entre-traduction의 한없는 노력에 의해 가져오게 되는, '회복'의 보편성의 축에 따라 정치적 실천을 향하게 도와주고 쓰일 수 있을 것이다. 보편적 상호-번역은 사실 차이주의(다른 것, 그것은 나다!)에 의해서도 공화주의적 혹은 혁명적 보편주

---

10 [옮긴이] 1880년 독일의 사제 슐라이어(J. M. Schleyer)가 만들어 발표한 인공어이다. 영어 어휘를 기본으로 독일어와 프랑스어를 참고로 했다. 발표 초기 큰 인기를 얻었으나 에스페란토어의 출현으로 급속히 쇠퇴하였다.

의(나, 이것은 전부다!)에 의해서도 거부된다. 분리된 영역으로서의 정치적인 것 그리고 불 같은 의무로서의 정치는 정치적인 것과 정치를 예고하는 것(레비나스의 윤리, 마르크스의 경제적 형태 분석, 랭보의 '최초의 자유')으로부터 추론되거나 모사되지 않는다. 또한, 일시적으로만 도래하는 언어일 개시départ 언어로 파기되거나 재흡수되지 않는다. 정치를 번역하는 공리에는 사실적인 것과 가설적인 것이 동시에 있다. 이는 '모든 정치의 제한'을 강제하는 비-자율성, 자동사성, 번역불가능성 그리고 유효한 실천, '그럼에도 불구하고 행하기', '불확실한 것을 위한 일'을 대략적으로 결합하고자 할 분석의 개요이다.

정치적 번역성traductivité은 의미의 무-손실 원칙이나 의미의 방편이 아니다. 어리석게 말해서 이것은 의미를 부여하는 데는 거의 쓸모 없을 것이다. 반대로 이것은 어떤 이의 탈정치적인 확신에서 그리고 다른 이의 내적 의미화 속 자기보존적인 정치에서 의미를 제거하는 데 쓸모가 있다. 기능 없이, 그것의 운동은 오히려 연관된 '필요하다'와 그 불가능성의 기능 장애를 낳는다. 확실히 그리고 끊임없이 연결하려고 애쓴다면, 이것은 우리가 결코 숙달될 수 없을 언어의 음소들을 발음하는 것과 같다. 말하기가 요구되고 강제되지만 학습은 무한하다. 조급하게 그리고 반어적으로, 의외의 어조로, 까다로운 억양으로, 다른 언어를 말하는 또는 다른 언어로써 생소한 말투로 그의 언어를 말하는 대화 상대자에 대해 우리가 심술궂게 말하는 것과 같다. 이것은 정치적 번역성에 관한 숙고가 자기 식대로 이목을 끄는 정치의 유해한 발음이다. 번역의 선들을 유발하기는 절점節點과 고정점을 중심으로, 심지어 불안정하거나 탈전체화하고 있는 전체의 경계면을 구조적으로 연결하기를 겨누지 않는다. 이것은, 레비나스의 성찰로부터는 자기보다 앞에 놓인 부름과 같은 어떤 것과 관련된다.

결론을 위한 주의: 구조적 변이에서 마르크스주의는 원칙 또는 일련의 결정 원칙에 의해 규제된 많은 심급에 따라, 구문과 어휘가 고유한 가치를 지니지만 자기 자신에 의해서는 이해할 수 없는 죽은 언어처럼, 정치적인 것과 정치가 상부구조화되고 동시에 자율화되는 경제 부문에서 구성의 이론을 제시했다. '실천철학' 판본에서 그람시와 같은 사상가는 일반적인, 그 자체로 명확히 밝혀진 그리고 주제화된 번역가능성의 원리하에서 마르크스주의(경제, 정치, 철학)의 유기적이고 표현적인 통일성을 구성하는 심급들 사이의 관계뿐만 아니라 보다 광의적으로 심급들이 말해지는(영어, 프랑스어, 독일어) '다른 전통의 언어' 사이의, 즉 **문명**civiltà의 말parole 사이의, 서로 근본적으로 환원할 수 있는 문명의 표현 사이의 관계도 파악하기를 제안했다. 그람시의 번역가능성은 전적인 "전환 가능성", "각 요소의 특정한 언어 속 상호 번역, 다른 것에 함축되는 일자와 동질의 원형을 형성하는 것 모두"[11]이다.

---

11   *Gramsci dans le texte*, Editions Sociales, Paris, 1977, p. 266.

분절된 구조 전체(알튀세르)와 일반적인 '전환 가능성'(그람시)은 마르크스주의의 매우 다른 두 가지 형상화를 나타내지만, 어쨌든 정치가 말할 수 없게 된 근본적으로 동질적인 형상화를 나타낸다. 여기서 문제가 되는 정치적 번역성은 오히려 관용어의 번역불가능성 또는 전환불가능성을 근거로 한다. 말했듯, 정치적 번역성은 번역 불가능한 것의 번역에 대해 내기한다. 그람시적 개념의 관심, 교훈, 이것이 또한 한계이다. 번역하려는 의지의 낙관주의, 그리고 필요한 경우 가르칠 수 있는 것. 그람시적 유형의 번역가능성은 만일 우리가 이것을 레비나스로부터 제한된 번역성과의 차이에서 파악한다면, 나머지 없는 전환을, 움직임 속 무효화 된 차이들의 전적인 순환을 겨냥한다. 자세히 살펴보면, 그람시적 유형의 변환 가능성은 문명·문화·사회·역사적 형태의 형이상학이고, 이러한 형태들이 알리는 언어의 형이상학이다. 번역성은 정치적으로 불가능한 것과 번역성을 미리 형성한 것에 대해 발음할 수 없는 것에서부터 가능한 형태를 향해 끝없이 노력한다. 이런 이유로, 이것은 끊임없이 말하고 철회하고 다시 말해야 하는 정치를 가리키는 것이다. 번역성의 역설은 사실상 정치의 역설이다. 곡선과 주름이 지연différence 또는 방해를 두려워하게 할 수 있는 굴곡sinuosité은 마침내 사실상의 최단 거리를 그려 낸다. 하지만 직선이나 이상적 도식이 아닌 오히려 대담한 선들의 얽힘으로, 끊임없이 서로 마주치고 구불구불함 그대로, 상호-번역되는 번역과 정치의 시간성인 독특한 시간성을 이룬다. 따라서 번역의 선들의 '시간적' 최단 거리는 순수한 공간에서 기하학자와 낙관주의자가 그리는 최단 거리가 아니다. 함정과 시체가 산재하는 최단 거리는 확실히 가장 짧지 않다.

"대개 낙관주의는 의무라고 한다. 왜냐하면, 만일 우리가 세상을 바꾸고자 한다면, 우선 그것이 가능하다고 믿어야하기 때문이다. 이 추론은 오래전부터 아리스토텔레스가 선언했던 오류의 범주 중 하나에 속하는 것 같다. 여기서 내가 직면해 있는 어떤 잘못된 삼단논법을 수고스럽게 찾으려고 하지는 않을 것이다. 그렇지만 만일 당신이 세상을 바꾸고자 한다면, 사전에 결정된 무분별의 실천을 행동 방침으로 삼지 않는 자들의 강한 도움 없이는, 당신은 바꿀 수 없다는 것을, 나는 안다. 나는 고통, 상처 그리고 절망의 힘을 믿는다. 맡겨라. 모든 것이 순조롭다는 교육자에게 모든 것이 삶의 실천 속에서 모순되는 이 철학을 맡겨라. 나를 믿어라. 대개 무모한 외침에 불과한 것으로 요약되는 많은 승리보다 패배에 미래를 위한 힘이 더 많다. 인간들의 미래를 꽃으로 장식할 수 있는 것은 우리가 영구히 귀먹게 되는 자기만족에서가 아닌, 불행에서이다."[12]

20세기 탁월한 지성을 지닌 한 공산주의자의 이 텍스트를 어떤 상황에서는 정치적 문법을 바꾸고, 소비에트 주의주의volontarisme의 판에 박힌 노선을 더 망가진, 더 내적인, 더 '부

12   L. Aragon, "La valse des adieux" in *Le mentir-vrai*, Folio/Gallimard, p. 666-667.

르주아적인' 다른 영역으로 향하도록 이동시킬 호소로써 읽을 수 있다. 저자에게 이것은 공산주의 정치가 움직일 수 있을 번역의 목적으로써, 공산주의 정치가 아닌 일련의 진리와 공산주의 정치가 원칙에 따라 침묵하게 하는 일련의 진리를 책임질 수 있을 번역의 목적으로써 어떤 것을 나타내는 것과 관련된다. "고통, 상처 그리고 절망의" 새로운 어휘를 고안하면서, 새로운 구문은 "모든 것이 순조롭다tout va bien" 또는 "가능하다c'est possible"의 낙관주의적 구문을 대신할 수 있거나 '혁명적' 언어로 재-구성된 실패와 불행의 명료함에 대한 의미론을 낳을 수 있을 것이다. 여기서 정치에 있어 정감의 번역가능성은 한편으로 정치에 대한 비-정치적 진리의 질문이 나란히 행해지는 문학에 대한 어떤 비-문학적 진리를 연관 짓는다. 그렇지만 그토록 환멸을 느낀 호소에서, 번역가능성은 유감스럽게도, 관용어의 타동적 전환 가능성에 대한 그람시의 편견으로 인해 전이 또는 재-진술re-formulation의 유일한 조건에서 무분별을 용인하지 않는 진실-말하기의 새로운 '힘'과 '번창하는 미래'를 만들, 여전히 낙관적인 문법으로 통한다. 이 나쁜 방향 전환에도 불구하고, 시인은 이제부터 세상의 음악을 바꾸기 위해서는 말을 바꾸는 일이 필요함을 지각한다. 그리고 정치의 말이 질서일 수만은 없을 것이고, 항상 마모와 소멸의 위기에 처한 혼란스러운 타자성을 지니고, 정치의 실천과 양상의 표현 능력·번역 역량에, 다시 말해 생기 있고 깨지기 쉬운 본성에 주의해야 하는 것이 필요함을 지각한다.

번역성의 준칙은—우리가 그것을 여는 바로 그것의 자동사성과 연결하는 한—예전의 약하고 분할된 인식론의 의미에서, 우리는 '약한' 정치, 다시 말해 토대의 보증도 결과의 확신도 갖지 않은 불안정하고 유한한 정치라고 명명할 수 있을 것을 결정한다. 약한 정치는 제한되고 실현 가능한 정치이다. 이는 걸작을 번역하는 언어처럼 제한된다. 그리고 '이것은 할 만하다'라고 말하는 것처럼, 실현 가능하다. 어려운, 불확실한, 그러나 우리는 무엇으로 나아갈지 결정할 수 있다. 모든 정치, 심지어 가장 민주적인 정치도 '그-자신에게 맡겨진' 이상 그 자체로 '전제정'을 지니고, 그 자신의 의도적 강제에 의해 '전제정'을 지닌다고 레비나스는 말했다. 약한 정치, 번역의 정치는 결국 '정치를 자기-자신에 맡기지' 않는 데 있다. 이것은 적기도 하고 많기도 하다. 자동사성의 원리에 결합된 번역성의 준칙이 우리에게 던지는 질문은 궁극적으로 '어떻게?'에 있다. 우리는 어떻게 정치를 결코 그-자신에게 맡기지 않는가? 즉, 정치의 선천적 무제한을 용인하지 않으면서 어떻게 정치를 온전히 하는가? 초과하는 시간적 외재성에 기입하면서 어떻게 정치를 할 수 있는가?

얼굴과 인간

사람들이 모두 얼굴을 갖지 않는다면

우리는 그들을 정말 덜 미워할까

_ Michaux(미쇼), *Face aux verrous*(《빗장을 마주하며》)

정치철학이 그 지배적 전통 안에서 본질적으로 개인과 사회 사이의 다소 조화로운 연속성의 가능성에 주목하는 것에 반해, 레비나스에게서 찾을 수 있는 여러 주제 혹은 어쩌면 단지 직관으로부터 '개인'과 '사회'의 **관계**에 대한 사유, 그리고 뒤이은 가설을 예고하기 위해 불연속, 이질성에 사로잡힌 사유가 어떻게 재표명되고 뒤틀리게 되는지 보여주고 싶다. **계약**의 형태이거나 헤겔식으로 계약에 결합된 개별적 의지들의 원자론적 국가의 구체적 보편성 속 **지양**sursomption; Aufhebung 의 형태이거나, 우리는 여하튼 불연속이 항상 이러저러한 연속성의 형태에서 일어나는 절차들을 상대한다. 그 결과, 우리가 이 관계에 대해 레비나스의 '단속discontinuation; 斷續'이라고 부를 수 있을 것, 즉 관계들의 동질화의 모든 형태에 대해 질문하는 것은 어쩌면 독특하고 참신한 질문들의 근원인 듯싶다.

설명의 편의를 위한 이유도 있지만 주제를 위한 내부적인·내재적인, 그리고 명확히 설명해 주는 두 가지 이유도 있기에, 칸트로부터 출발할 것이다. 우선 칸트는 사회계약론의 사정, 비로 그이 철학적 가정과 다름이 없고 여러 측면에서 관계되는 많은 주제가 교차하고·만나고·대조되는 분기점이다. 게다가 칸트는 항상, 그리고 매우 비밀스럽게 레비나스와 일종의 대조-점contre-point을 이루는 것 같다. 칸트가 피하고자 한 것은 **오만함** 같은 것이다. 타자성에 대한 레비나스의 사유는 반대로 오만의 궁극적 결과 안에서 전개된다. 즉, 한계를 보여주고 완벽한 재구성을 제안하기까지 계속해서 올라가는 호가呼價에 의한 긴장과 어려움을 고조시키며 전개된다. 이런 점에서 칸트와 레비나스, 도덕과 윤리의 대화는 정말 끝이 없다.

먼저, 칸트를 중심으로 잠시 환기하자.

칸트에 의해 열린 관점에서 인간이란 무엇인가? 우선 인간은 권리를 가진 존재이다. 이것은 인간의 본질이 목적 그 자체로써, 칸트가 존엄이라 부르는 내재적 가치를 가진 객관적 목적으로써 인간을 나타내기 때문이다. 만약, 공정하기 위해 인간의 존엄을 존중하는 것이 바람직하다면, 이것은 수단으로서, 상대적으로서만 가치를 갖는 것과는 달리, 인간이 자유롭기 때문이다. 즉, 주체는 감각 세계의 규정에 독립적이고, 규정 이전에 있기 때문에, 인간은 타율성에서 벗어나는 주체이다.

초월론적 주체는 자유의 전제인 동시에 권리 주체의 가능성의 조건이다. 공정하기, 이것은 인간을 존중하는 것이다. 그리고 인간을 존중하는 것은 인간의 탁월한 존엄을 인정하는 것이다. (적어도) 칸트 이래로 모든 도덕적 성찰은 따라서 인간의 개념, 더 정확히는 합리적인 인간이라는 개념의 주변을 맴돈다. 합리적 인간, 이것은 권리의 주체이다. 합리적 인간은 또한 사적인 동기를 수반한다. 권리의 첫 번째 주체는 '나'다. 이미 말한 것처럼, 만일 인간이 권리를 가진 존재라면, 예를 들어 내가 타인에게 적대적일 경우는 내 것인, 침해될 수 없다고 단언하는 권리가 타인에 의해 침해되었다고 생각하기 때문에 그렇다고 우리는 쉽게 이해한다. 상황을 다르게 말하거나 다른 측면에서 상황을 이해해 보면 법 관계, 인간관계의 법적 구조가 알력 관계, 폭력적 충동, 자아-간 대립이 생겨나는 복잡한 원인을 필연적으로 그리고 적법하게 대신할 만하다. 그래서 도입부에서 칸트를 따른 것이다. 사회계약론의 칸트적 가정이라고 말한 것이 바로 이것이다. 평화는 공동의 안전을 보증하는 시민권에 속하여 수립되어야 한다. 자연상태에서, 나는 **타자의 실존 그 자체 때문에** 안전을 박탈당한다. 자연상태를 특징짓는 법의 부재로 인해, "단순히 그가 내 곁에 있고 그가 나를 끊임없이 위협하기 때문이다."《전체성과 무한》을 논평한 블랑쇼는《무한한 대화L'entretien infini》에서 인간과 마주한 인간은 말하거나 죽이거나밖에 할 수 없다고 말했다. 블랑쇼의 모방le pastichant은, 위에서 언급했던 레비나스와의 극명한 대조가 더욱 강조되는, 칸트에게서도 마찬가지로 두 가지 가능성만을 가질 것이라고 말할 수 있을 것이다. 살해 또는 말이 아닌, 살해 또는 법. 법적 공동체 안으로 나와 타자가 함께 들어갈 수밖에 없게 하든지 혹은 이웃의 가까움 어떤 면에서, 레비나스의 모든 사유는 방금 칸트를 참조하면서 기술했던 양자택일보다 높은 수준으로 향하기 위한 매우 특이하고 급박한 노력으로 이뤄진 것으로 보인다. 하지만 우리는 양자택일이 모든 정치적이고 도덕적인 철학 전통에 의해 더 폭넓게 연결되어 있음을 안다.

레비나스의 관점에서 개인/사회의 관계는 실제로 관계가 배치한 요소들에 엄밀하게 근거를 두면서 그 자체로, 그 자신의 구성 요소로부터 설명될 수 없다. 게다가 배치는 이동시켜야만 하는 다른 배열에 의해 선행됨을 스스로 보여준다. 마치 배치의 의미가 항상 여러 증여를 선행했던 것처럼, 배치는 어떻게 보면 그-자신 이전에만 의미를 지닌다. 만일 정치가 정말 합리적인 개인/사회 구성의 장소라면, 만일 정치가 위계의 복잡한 관계, 망의 장으로서 연결된/연결하는 이 장소에 있다면, 정치는 정치에 선행하고 항상 정치보다 더 오래된 독특한 관계로부터 생겨난다. 이 관계는 경험적이고 동시에 비-경험적 차원에서의 대면(얼굴 대 얼굴)이다. 정치적

---

1 다음을 참조하라. Immanuel Kant, *le Projet de paix perpétuelle*, 2ème section, note 1. "순수한 자연상태에서 인간은 이 상태 그 자체 때문에, 그의 위협 아래 내가 영구히 놓이게 되는 법의 테두리 밖 그의 조건 때문에 행동함조차 없이, 내 옆에 있으면서, 내게 해를 끼친다. 그리고 나는 그를 나와 함께 법적 공동체에 속하도록 하거나 내 이웃을 떠나도록 한다."

장소의 각 요소는 갑자기 이 대면으로 환원되지 않는다. 많은 구조와 관련성이 대면으로 환원 불가능한 것들이지만, 근본적으로는 대면에서부터 생겨난다. 따라서 레비나스를 잘 따른다면 '의미'의 시작이 공동 세계, 사회적 관계 또는 정치적인 것의 제도에 대한 사유 속 기원, 즉 존재의 전유라는 것을 찾아낼 수 없을 것이다.

말이 나온 김에 하나 주의하자. 레비나스는 종종 이 '의미'라는 단어를 적합성을 방해할 정도로 과다하게 사용한다. 적합성**들**을 말해야겠다. 왜냐하면, 레비나스는 '의미'를 여러 의미로 말하기 때문이다. 이 흐릿함의 효과에도 불구하고 레비나스를 잘 읽어 보면, 의미는 그에게서 **의미 이전의 의미**, 모든 의미 이전의 의미에 항상 관계되고, 이는 특히 의미-와는-다르게의 과장된 형태를 강조하면서 또 다른 구절로 지칭될 것이다. 《관념에 오는 신에 대해 *De Dieu qui vient à l'idée*》는 의미-와는-다르게에 대한 프로그램을 명백히 진술한다. 말하자면 "우리의 것일… 문제는 의미가 존재의 본질과 마찬가지인지, 다시 말해 철학에서 의미하는 의미가 이미 의미의 제한이 아닌지를 자문하는 데 있다. … 의미의 파생 또는 변화는 만약 의미가 본질과-존재의 제스처, 존재로서 존재-마찬가지라면, 아직 동일자의 시간인 현재에 이르지 못한다. 존재자의 관점이 아닌 존재의 관점에서 더 말해질 의미에서… 이 의미로부터 거슬러 올라갈 가능성에 의해서만 정당화될 수 있는 가성."[2] 데비나스가 자신의 철학을 쓰는 데 있어 항상 이 어려운 지시를 준수하지 않았을지라도, 그의 철학을 읽는 사람은 이 '가정'을 시종일관 붙들어야 한다.

의미작용-signification의 열림은 오히려 얼굴과의 대면, 즉 호소와 호소의 표현과의 대면, **윤리에** 뿌리를 내린다. 어떤 것도 힘 un pouvoir 또는 할 수 있음의 힘un pouvoir de pouvoir에서 혹은 나의 것인 사유 또는 자유에서 시작되지 않는다. 내가 우연히 '개인'으로서 이르는, 유일한 부름과 나의 응답 혹은 무-응답은 '사회'의 조작적인 특성과 규범적인 요청에 대한 검토 가능성을 나중에서야 개괄적으로 기술한다. 이것은 1979년에 출판된 논문의 제목이자 《성구 저편에서*L'au-delà du verset*》라는 책에 수록된 〈정치는 다음에〉가 미치는 영향력이다. 주체 내면의 윤리적 주체화는 절대적으로 그리고 무-시원적으로 '첫 번째'일 것이다. 이것은 질문에 앞서는 응답으로 먼저 구성될 것이며, 그 자체로, 질문으로서, 질문은 유화宥和 속에서, 즉 공시성의 시간, 마주 보고 통합되는 모임의 시간일 시간의 **후험적**a posteriori 재구성 속에서 나중에 온다. 정치의 시간, 그것의 '의미'로부터 우리는 조금 전에 정치의 시간을 보았다.

따라서 정치를 곰곰이 생각해 보면, 문제는 전적으로 정치 이후와 윤리 이전 사이, "한 장소 안에 함께-함", 개인과 개

---

2 *DQVI*, p. 96.

인의 권리가 새겨질 국소적 공동체 사이, 그리고 '어디에도 있지 않을 것', 인간의 유토피아, 이것들 사이의 관계를 중심으로 재개된다.[3] 그렇지만 이 관계는 결코 그렇게 구성되지 않는다. 이것은 관계/비-관계, 어떻게 보면 불가능한 관계, 즉 '가장 오래된' 순전히 시간적 간격에 따라서만 이해할 수 있을 관계이다. 이 환원 불가능한 간격은 사실 레비나스가 모든 표현에 반박하는 아름다운 말을 사용하기 위한, 윤리에 의한 정치의 '영감'을 가능케 한다. 윤리와 정치, 인간의 유토피아와 공동체 사이의 이 불가능한 관계는 일-탈dé-rive, 탈정착désancrage, 끝없는 차이로써 묘사될 수 있다. 실제로 이 **불가능**은 무엇을 의미하는가? '관계'가 이 불가능성 자체에서 나타날 수 있다면 즉시, 불가능성은 어떻게 보면 관계가 된다. 그리고 나서 특히, 언급한 관계는 표상의 지시에 따르지 않는다. 하지만 이 관계는 한 영역에서 다른 영역으로, 한 장면에서 다른 장면으로, 윤리적 이중주에서 정치로의 관계의 양도 혹은 전이만큼은 정신의 행위에 의한 대상과의 대면에서 관계를 벗어나게 할 영감의 지시에 따른다. **윤리에 의한 정치의 영감**, 통과도 변증법도 이행도 아니다.

여기에 첫 번째 요점이 있다. 개인/사회의 불가능한 관계가 영감을 받은 어떤 실존, 어떤 의미에서 이 실존의 불가능성의 가능성을 발견할 수 있는 것은 윤리적 대면에서이다. 그러

---

3 *AE*, p. 200. /《존재와 달리》, p. 341.

니 이 불가능성의 가능성은 레비나스가 종종 말하듯이 대면의 의미 장소, 대면의 '잠재적 탄생'이 매우 근본적으로 대면을 앞서는 한에서만 그렇다. 불가능성은 실제로 '의미'에서 관계로, 관계의 의미에서 '의미'로서 관계에로의 우선함으로 배열된다. 우리가 잘 살펴본 대로 '의미'라는 레비나스의 용어에는 하나 이상의 의미가 있다.

따라서 우리는 이 대면을 단순히 개인 상호 간의 관계로, 더욱이 동등하게 임명되고 활동 중인 두 주체 사이의 도덕적 관계로 간주할 수 없다. 얼굴 대 얼굴(대면)은 윤리적이다. 그리고 레비나스적인 언어로, **윤리**는 매우 정확히−전환, 호환성, 논리적 상호화 또는 도덕적 합리성, 올바른 이성 그리고 공정한 기준의 변증법으로 절대 데려가지 않는 것−을 의미한다. 또한 이처럼 이해된 윤리로의 (정치, 사회, 심지어 사람들의) 모든 관계는 그 자체로부터 그리고 내부의 유효한 연속성에서 자기-해명auto-élucidation을 허용하기까지 그 자체의 안정성, 그 자체 구성 요소의 충분한 일관성을 거의 담보할 수 없다. 사실, 얼굴 대 얼굴(대면)은 비대칭적이고, 윤리적 특징을 다르게 가리키는 것이다.

우리는 상황을 다음과 같이 말할 수 있을 것이다. 얼굴 대 얼굴(대면)에서, 나는 누군가로서의, 즉 레비나스에 따르면 얼굴로서의 한 '개인'을 상대한다. 하지만 이것은 나 자신이 얼굴을 동반하려고 하지 않는 한에서만 얼굴이다. 나는 대면 안에서 어떤 누구도 아니다. 왜냐하면, **아무도 어떤 이가 아니기** 때

문이다. 조이스Joyce가 알고 있었듯, **아무도 아무나가 아니다**
nobody is anybody. 얼굴은 누군가의 얼굴이다. 나는, 얼굴과의 이 대
면에서, 아무나가 아니다. 왜냐하면 누군가에 대한 나의 유일
성은 다른 곳에 있기 때문이다. 얼굴과 마주하는 순간, 나는 전
적으로 응답하고, 응답의 이 격정에 전적으로 덥석 붙잡힌다.
내가 응답하지 않으면, 나는 나-자신 안에서 짓눌린다. 찬·반의
시간에 의한 모든 파악, 모든 검토 이전에 책임에 대해 응답하
기. 이것은 또한 악의 물음에 대해 응답하기이다. 인식의 양상
이 절대로 아닌, 해당 물음에 정답을 제시하면서가 아닌, 물음
이 제기되기 전, 혹은 물음이 호소에, 나로서는 어쩔 수 없는 어
떤 것에, 외침에, 타인의 얼굴의 외침에 응답하는 자를 통해 그
자체로 구성되기도 전에 응답하면서 응답하기이다. 주체가 항
상-이미 사로잡히는 자기-이전에 의해 명령된 응답,[4] 레비나스
의 표현에 따르면 "형제애 안에 사로잡힘"이라는 응답. 악 또는
폭력은 여기서 사후事後에 강제로 이탈하려는 시도일 뿐이다.
공화주의 체계가 죽은 자로 추모하는 이 '형제애'는 끊임없이
전제해야만 하는 보편적 상호 적대의 비-본래성non-originarité의 징
후로써, 어떻게 보면 상호 적대를 선先구조화할 서투른 비-본

---

4 Emmanuel Levinas, *Totalité et infini. Essai sur l'extériorité*, La Haye, M. Nijihoff, 1961, p. 189. 주
체의 이 '사로잡힘(prise)'이 유(類)의 공동체의 모든 구성 가능성을 선행함을 보여주는
것은 《존재와 달리》에서이다. "형제애는 여기서 유의 공동체에 선행한다. 이웃으로서
의 타인과 나의 관계는 모든 타자와의 관계에 의미를 부여한다", *AE*, p. 203. / 《존재
와 달리》, p. 344.

개선의 징후로써, 형제애에 의해 사유되지 않은 정치철학에 유령처럼 나타난다. "형제애 안에 사로잡힘"은 사유의 혼란에 대한 방증이다. 정치는 정치철학, 정치철학의 개념과 문제화에 의해 완전히 제한되지 않는 것 같다. 어떤 방식으로라도 말하는 단독성에 대한 응답이 응답해야 하는 물음이 제기될 수 있기도 전에 일어나는 것으로 생각할 수 있다면, 이것은 윤리적 응답이 사유하는 철학을 앞서는 것이고, 질문들이 윤리적 응답 이후에 일어날 수 있기를 허용하는 것이고, 더구나 정치적인 것의 심급을 엄정하게 미리 결정하는 것이다.

윤리적 비대칭성 밖에서, 우리는 상호주관성 안에, 상호인격성interpersonnalité 안에 있다. 아니면 우리는 이미, 칸트가 상호 출현l'émergence을 결정짓는 의미에서, 또한 상호un inter-인 권리 안에 있다. 즉, 우리는 이미 우리가 긍정적으로 겨냥하고 결정하려고 애쓴 것 너머에 있다. 대면의 윤리적 구부러짐과 그것만으로 엄밀한 윤리적 차원을 수반한다고 얼굴 대 얼굴(대면)에 대해 말하는 것, 이것은 확실히 전前정치적, 전前사회적인 것으로서 사유하는 것이다. 마찬가지로 **전前개인적**이라고도 할 수 있겠다. 비대칭성이 가리키는 것, 이것은 둘의 차이, 불평등의 윤리적 핵심이다. 나는 타자에 의해 명령받고 동시에 이 명령 자체에서 누군가에 대한 나의 의심할 수 없는 유일성에 연관된다. 비대칭적 대면은, 그것의 구조 자체에 따르면, 타자와 내가 공동 분배, 핵심 원源을 중심으로 나란히 놓일 동류들의 모든 공동체와 동떨어져 있다. 따라서 이것은 확실히 정치를 향한 모든 '자연적' 확장에, 보편적 도덕을 향한, 자유가 합리적 법칙에의 복종을 조건 지을 주체의 모든 이행에 저항한다.

윤리적 이중주에는 보편화할 수 있는 준칙이 없다. 가능한 한, 아주 중요한 이 어려움의 동기를 설명하기 위해 레비나스는 제삼자, 제삼자들을 소환한다. 즉, 윤리적 관계가 일어난 뒤, 타자의 타자들의 다수성, 분배, 상호화가 반대하고 호소하는 이 심급에 대해서 말해야 할 것이다. 권리와 의무의 평등, 상호성의 발생을 허용하면서, 자리와 역할의 가역성, 정치적 또는 정치-사회적 대칭화는 윤리적 비대칭성을 교정하는 것으로, 실제로 나를 내 차례에 익명의 다른 모든 주체와 똑같이 타자의 타자, 윤리적 비대칭적 관계에서와는 다른 사람, 권리의 주체가 될 수 있도록, 요컨대 모든 사람과 마찬가지 **사람이 될** 수 있도록 할 것이다. 프랑스어는 분명히 인간의 비인격성을 반향하게 한다. 그러니까 얼굴은 결코 아무도 아닌 것이 아니라 항상 누군가이다. 반대로 상호인격성은 사람들 사이에서 초감각적인 모습만─**무명인**nobody, **무명인들**nobodies─을 연계한다. 평등과 법의 탈얼굴dévisagement을 위한 필수적인 가면들은 아무도 혹은 아무것도 보편적 실행을 방해하지 않기 위해서, 사람들을 결코 차별해서는 안 될 것이다. 정치적 불안정은 가장 행복한 형태로, 모두를 위해 누구에게나 동질의 공간, 동일한 시간을 고안하는 데, 보편적 질서 속 나의 가능한 개인적 기입inscription을 보증하는 데 있을 것이다. 이것은 개인이 항상-이미 하나의 정치적·공동체적·포스트-윤리적 범주, 정치적인 것으로 갈 수 있는 범주임을 앞서 알아차리도록 한다. 개인이 이미 거기에 있기 때문에, 정치적인 것이 허용된다.

두 가지 명제로 요약해 보자. 1. 윤리적 비대칭성은 대면의 관계를 기술하기 위해 개인의 범주를 적절한 범주로 만드는 것을 금한다. 개인이 범주적으로 구성될 때 그리고 개념적으로 효과적일 때, 우리는 이미 유기적으로 구성된/구성하는 정치 안에 있다. 2. 정의는 나중에 비대칭성과 그것의 양립할 수 없는 폭력을 교정한다. 사회의 범주는 외려 비대칭성과 폭력에 충분히 적절할 것이다.

그런데 질문이 튀어나오게 될 것이다. 어떻게 윤리와 정의를 연결하는가? 이것이 가능하기나 한가? 이 정의의 사후事後가 직접 그 자신의 윤리적 사전事前에 연루되는 만큼 복잡한 질문, 이것을 던져야만 한다. 이것은 무엇을 의미하는가? 제삼자들은 대면 안에 전적으로 부재하지 않는다. 그들은 나를 타인의 시선 안에서 본다. 그러나 그들은 타인 그-자신으로서가 아니라 나를 보지 않고서, 얼굴의 감당하지 못할 올곧음 rectitude 없이 나를 본다. 제삼자들은 익명의, 유령 같은 그들의 다수성 안에서, 염려스러운 그들의 가까움 안에서 윤리적 이중주 또는 적어도 가장 긴급한 그들의 관련 사항에 어른거린다. 달리 말해, 비대칭성이 드러내는 응답하는 유일성은 선행하는 복수성을 파기하지 않는다. 전혀. 유일성은 그저 할 수 없을 뿐이다. 사실, 인간들의 다수성, 둘을 넘어서서, 제삼자들은 **곧장** 공통적인 것, 공동체의 구실을 하는 것, 정의에 호소하는 것을 생각해야만 한다. 그러나 이것들은 이전에 그리고 외부에 있는 직접성으로부터 파악되기 때문에, 이로부터 가장 통상적인 표상을 반대로 해석하는 **인류에 대한 관념의 레비나스적 재주장**reproposition이 생겨난다. 이 재주장은 무엇인가?

정치철학과 정치적 동물zoon politikon의 모든 전통이 의거하고, 사전에 주어진 다수의 공유 형태로 나타나는 대신에, 본래의 정치성politicité은 가능성의 조건을 제공한다. 레비나스가 말하듯이 인간의 인간성은, 인간의 비인간성으로 아주 불확실하고 항상 가장자리를 두르는 시도 안에, 즉 일관적이고 통시적인 동일성 없이 곧장 전-근원적으로 분할되고 분열되는 것의 공유를 일으키는 시도 안에 있을 것이다. 개인과 사회, 권리의 주체와 정치 공동체 사이 구성의 질서나 타당한 인공물일 합리적 연속성 없이, 하지만 윤리와 정의의 관계가 고안될 수 있을 것으로부터 모든 내면화 이전, 매번 규범·규칙 위에, 새롭고 놀라운 문젯거리의 허술함이 있다. 왜냐하면, 윤리적 응답이 명령·지령에 의해 요구될지라도, 복종의 명령은 절대 아니기 때문이다. 복종이 사전 동의와 성문화된 규범으로부터 조직된 이상, 복종은 그 자체로 개인, 즉 누군가로서 개인을 인정해서는 안 되고, 관직자·법의 대표자·기관·법적 권한만을 인정해야 한다. 반대로 윤리적 책임은 바라거나 원하는 겨 없이 응답하는 주체에 의해 설립된 규칙과 기능적으로 규정된 관계의 예기치 못한, 종종 극단적인 과잉débordement의 상황을 제한한다. 응답하는 주체는 즉시 행위의 형태를 생각해내야 한다. 정신의 현전에 따른 모든 규칙과 심지어 모든 협의의 창안조차 앞서가면서, 주체는 타자에 의한 '장악'과 자기이탈déprise de soi에 따라 행동해야만 한다. 물론, 이것은 주체성의 구조로서 응답하는 구조를 이해해야 한다는 의미에서 그렇다. 여기에는 확실히 변증법의 모든 형태에서 완전히 벗어나는 윤리의 실천적 기입이 택할 수 있을 형태와 분명히 연관된 어려움이 있다. (제2격의 이중적 의미에서) 요구가 대립하는 것과의 대조를 강제하는 어려움이 있다.

결론으로 세 가지 결정적 요점을 요약하고자 한다.

우리는 레비나스와 함께 **모든 연역적 도식**, 모든 파생 모델, (특히 개인과 사회의) 모든 변증법, 즉 시작하면서 주장했던 의미에서의 모든 연속성, 얼굴과 공동체 사이 의미의 연속성을 **끊는 윤리적/정치적 관계의 사유를** 갖는다. 방금 매우 불명확하게 '창안'이라고 명명한 것은 반면에 불연속, 환원 불가능한 간격, 흡수할 수 없는 초월, 이전과 이후 사이의 절대적 분리로부터만 발생한다.

이 이질성은 단지 개체/공동체, 개인/사회, 개인적 도덕/공동체적 윤리 관계에 대한 물음을 사유하고, 사유해야만 하는 것을 막지 못한다. 하지만 반대로 이는 간격의 인정으로부터 관계의 구조 자체 앞으로 향하면서 정치 이전, 인간의 정치 이전에 놓일 수 없는, 변증법적으로 발전할 수 없는 외재성−윤리의 원동原動[5]−으로 향하기까지를 강제한다.

레비나스의 얼굴, 제삼자들, 정의의 탈-얼굴dé-visagement justiciel, 그리고 윤리적 재개의 각본에서, **중단의 불확정한 배열을 사유할 가능성**이 열린다. 정의는, 자기 차례에 윤리에 의해 중단되기도 전에, 윤리가 주는 영감에 따라 윤리를 중단시키는 정치를 칭한다. 정의는 정치가 아닌 것에 의해, 정치를 **정치 이전**의 질문으로서 생겨나게 하고 **정치 이후**의 모든 질문에 선행하는 응답으로 여전히 관개하는irriguer 것에 의해 정치의 투자investissement 방식을 규정짓는다. 이것은 이미 거론했던 영감이라고 부르는 투자 방식이다. 책임의 응답에 대한 윤리적 무한을 명령하는 것은 영감이다. 윤리적 무한이 스스로 목적을 정하고 완성된 행위로 끝난다면, 이것은 사실 그 자체로 폐기된다. 행위의 무한한 운동과 즉각성은 서로 조건 짓는다. 이 '관계'를 지배하는 유일한 규범은 도스토옙스키가 표명했던, 레비나스의 모든 사유가 따르고 참조했던 "나 자신이 정의롭다고 믿고 이 믿음에 만족할수록 나는 덜 정의롭고 하물며 다른 사람들보다 덜 정의롭다"와 같은 끝없는 과잉excès 속에 있다. 중단이나 휴식 없이, 나는 재개된 책임 속에서, 듣고 응답해야만 하는

5　이것은 윤리가 앞선다는 사실, 우선적으로 다른 것보다 먼저, 도덕, 정치, 철학, 의식 등 등보다 앞서 윤리가 온다는 사실과 관련된다. 이것이 바로 원동(précession)이다.

고뇌 속에서 호소와 외침, 고통과 부담스러운 곤궁에 노출된다. 그러므로 매번 시련을 감내해야만 하는 견딜 수 없는 의무에 노출된다. 책임의 무한한 응답에 대한 윤리에서, 합리적으로 고찰된 유일한 가능성의 끊임없는 과잉excession과 사실과 가치, 정보와 규범, 존재와 이념 사이의 간격에 의한 현실의 열림이 작용하고 움직인다. 정치에 대한 윤리적 영감은 행위나 법률을 판단할 수 있는 경험적 기준을 제공한다. 행위와 법률은 선행하는 윤리적 사건을 대신하지 않고, 행위와 법률 이편과 저편을 가려 내지 않으면서 법률-이전, 모든-법률-이전을 메우지 않는다면, 달리 말해 중단의 가능성을 항상 허용하고 끊임없이 준비한다면 '좋은' 것으로 말해질 수 있을 것이다. 따라서 정치와 정치적인 것의 모든 개념보다 '더 오래된' 주체 이해에 먼저-기인하므로, 정치는 다음에Politique après. 그러나 **이 다음 다음인** 윤리는 일종의 최초-기원의 회귀에서, 보편적 질서의 제도 이후, 정치 이후의 이후일 따름이다. 이 중단은 무엇을 의미하고 어떻게 유효한가?

우리는 매번, 엄밀한 의미에서 변증법의 연관들을 파기하는, 개인과 사회가 전체화되면서 구성되는 정치의 집단적 연합을 파기하는 중단의 불확정한 열림을 다루고 있다. 사실상 이러한 중단은 **정치적인 것의 간격들**이다. 그리고 이 정치적인 것의 간격들은 복수성, 논쟁, 다양성, 투쟁 속에서, 요컨대 제도의 지평 위에서 민주주의, 민주주의의 극작법과 민주주의의 취약성에 해당할 것 속에서 보이는 바 그대로이다.

여하튼, 정치에 대한 사유에 레비나스의 윤리를 가져다놓는 것은 추상적이거나 비물질적인désincarné 일이 아니다. 우리는 레비나스의 윤리가 반대로 경험적 삶을 눈에 띄게 재검토하는 것을 쉽게 제시할 수 있을 것이다. 영감이 복수성에 대한 비대칭성의 열림을 가능케 한다는 것을 시사하고 싶다. 영감은 중단이나 휴식 없이 이 열림을 갱신한다. 게다가 중단의 이 방식은 사건을 가능성의 조건 혹은 윤리적 순간의 조건으로 모두 환원하는 것을 미리 파기한다. 그런 부류의 지금-아니면-단연코maintenant-ou-jamais는 어떤 초월론적 통일성에 의해 대체할 수 없는 책임의 통시적 시간이다. 이것은 '근거를 두는' 문제가 아니라 '제한하는' 문제이다. 이 경우, 드러나기 전에는 아무것도 알려지지 않는다.

행동에 대한 관심, **실천을 향한 경향**은 영감과 중단 속에서 드러난다. 하지만 이것은 미리 결정할 수 있는 목적, 조사 행위를 위한 수단의 순수한 도구적 동원과는 매우 다를 것이고, 세계에서 이방성의 제거, 세계를 교양 있고 명료하고 같게 만들기를 겨냥할 기술적 유형과도 다를 것이다. 과업œuvre, 이는 독특한 행위를 칭하는 레비나스의 명칭[6]으로, 현재를 위해서가 아닌 현재의 작업travail이다. 내가 더이상 있지 않을 미래, 먼 상

---

6   알다시피, *Totalité et infini*(《전체성과 무한》)에서의 의미가 아니라 *Humanisme de l'autre homme*(《다른 사람의 휴머니즘》)이 부여한 의미에서이다.

향을 위한 행동에 대한 이러한 관심은 예를 들어 존재를 중심으로 어떤 종류의 초월론적 통합도 허용하지 않는다. 비대칭성, 영감과 함께 과업의 개념은 행동, 즉 결코 동일자로 돌아갈 수 없을 타자를 향한 동일자의 운동, 완성 없는 무한한 향성向性을 강제하는 것 같다. 더할 나위 없이 이 행동은 전적으로 세계의 불확실성, 예측불가능성, 위협 속에 사로잡혀 있다. 플라톤을 쫓아 레비나스가 말하듯이 동일자, 보편성, 객관성의 시간인 시간의 동질성에 윤리적 관계로 대항하는 저항의 위험, 무릅쓸 아름다운 위험le beau risque은 실제로 모든 실천의 실패 가능성과 유한성에도 불구하고 실행하는 행위를 가져오지 않는가? 매 순간이 영감이 흘러들 수 있는 작은 문일 뿐만 아니라 특히 매 순간은 어떤 타자성에서 중요한지 혹은 중요하지 않은지 이마 위에 쓰지 않는다. 과업에 대해서 레비나스는 이것이 "타자의 시간으로의 이행"이라고 말한다. 윤리에 의해 영감을 받은 정치, 즉 항상 그리고 여전히 윤리에 의해 중단된 정치에 대해 우리는 아마도 같은 것을 말할 수 있을 것이다. 끊어진 이행passage, 자동사적 이행, 불확실한 것과 내일의 시간으로의 이행 없는 이행을.

《사람들은 서로 찾는다…》
동일성의 정치와 이방인의 정치

> 고통스럽게 인접해 있는, 낯선 어떤 '그'에 지나지 않는 '나'는
>
> 줄곧 그곳에서 이곳으로, 때로는 다른 곳에서 나타나고,
>
> 어디에도 나타나지 않고,
>
> 때로는 그 자리에서 생겨나고,
>
> 마치 말을 통해 사실의 진실을 삶의 진실보다 우위에 두는
>
> 기억의 모든 무게를 벗어던진 듯 생겨난다.
>
> L. R. des Forêts(루이-르네 데 포레), *Ostinato*(《오스티나토》)

    레비나스에게 '이방인'은 주체성의 윤리적 구조 혹은 응답하는 구조의 핵심, 즉 레비나스가 인간의 인간성이라고 부르는 것의 핵심을 가리킨다. 바로 이러한 전제조건, 구조화가 윤리를 결정짓는 한에서, 이방인이 제안하는 구조화가 최소한의 가까움을 넘어 명시된 '이방인'에 대한 정책을 수반하거나 수반할 수 있는지, 자문해 보려고 한다. 그렇게 하기 위해서 레비나스의 텍스트 두 개를 함께 읽어 보려고 한다.[1] 언뜻 보기에 이 두 텍스트의 주제와 영역이 서로 매우 다르다는 것을 우리는 곧장 주목해야 할 것이다. 첫 번째는 《존재와 달리》에 나오는 참으로 특이한 맥락veine 안에서, 개념의 연쇄를 거

---

1 본서 156쪽 이하에 수록된 《존재와 달리》와 《다른 사람의 휴머니즘》의 짧은 발췌문을 참조하라.

져 선새되지 않고 가정적이고 역역적인 어떤 논리와는 다른 엄밀성을 따르는 진술인데, 어렵고·불투명하고·숨가쁘다. 두 번째는 시편 구절에서 시작된다. 텍스트의 스타일과 글쓰기는 더 고전적이고 게다가 더 의례적이다. 그리고 확실히 텍스트를 이해하기 더 쉽고, 학설을 수용하기도 더 투명하다. 여하튼, 전반부는 그렇다. 왜냐하면 로고스에 대해 계속적으로 부-인_dé-dire_하는 《존재와 달리》의 기록이 뒤이어 논증을 통째로 되살리면서 나온다는 것이 매우 주목할 만하기 때문이다.

겉보기에 다른 두 텍스트, 그리고 단일한 문제화에 추가될 수 없을 것 같은 두 텍스트를 왜 함께 읽자고 제안하는가?

우선, 이 두 텍스트가 정체성에 대한 두 가지 모델, 경쟁하는 두 가지 모델을 제시하고 서술하는 듯 보이기 때문이다. 그러나 우리가 이방인에 대한 주제에 관해 어떤 타당한 요소를 주장하고자 한다면, 두 텍스트를 함께 염두에 두어야 한다. 또한 다른 구성의 두 텍스트를 함께 읽는 이점은 첫 번째에서 두 번째로의 이행과 이 운동을 통해 요구되는 설명에서 비교적 섬세한 질문을, 레비나스로부터, 레비나스를 떠나면서 어떻게 철학과 정치가 구성될 수 있는지 없는지에 대한 질문을, 레비나스의 의미에서 일종의 **이중 구속**을 명명하거나 제한하는 윤리가 구성될 수 있는지 없는지에 대한 질문을 우리가 열 수 있다는 것이다. 문제가 되는 이 구성에 대한 질문을 제기하지 않을 수 없고, 윤리와 정치 사이 서로의 타동사성, 번역가능성의 관계를 결정할 수 없다. 실제로 존재론과 정치는 레비나스가 주목한 것처럼 그리스 여명기부터 '동맹'을 맺었다. 반면, '함께' 채택되는 윤리와 정치는 둘의 결정 순서, 지위와 위계에 관해 매우 중대한 어려움을 제기한다.

여기서 철학사에 관여하고 싶지는 않기 때문에《존재와 달리》에서 발췌한 몇 줄로 가능한 간결하게 설명하겠다. 이 구절에서 문제인 것은 확실히 정체성이다. 이것이 우리의 텍스트에서 왜, 어떻게, 어디에 있는가?

우리는 주체를 위한, 주체에 의한 양상의 간략하고 엄밀한 진술을 발견한다. 체험, 체험한 경험이 있고 경험의 주체에 의한 이 체험으로부터 주체가 "자유로운 정체성으로서 즉 자·대자적으로 놓이고 구성된 주체"로서(《다른 사람의 휴머니즘》[2]) 동일시되고 주체화되는 방식이 있다. 따라서 주체성의 이 양태적 구성은 존재의 '변형modification'에 있다. 게다가 역사적으로 철학이 찾기 시작한 존재의 본질, 레비나스가 말하는 것, 이것은 변형이다. 하지만 이 변형, 레비나스는 이것을 '**변형 없는**'이라고 말하며 "모든 질적인 결정과는 무관한, 고요한 밤 가구의 삐걱거리는 소리에 의해, 이미 물질의 둔탁한 변화devenir를 드러내는 사물들의 희미한 마모보다 더 형식적인"(*AE*, 53) 변형으로써 서술한다.

---

2 《다른 사람의 휴머니즘》과《존재와 달리》는 다른 상세한 설명 없이 본서 156쪽 이하에 제시된 두 발췌문을 참조하길 바란다.

"모든 존재의 본질"[3]을 가리키는 변형, 존재론적 변형이라고 할 수 있는 것은 "변질도 변화도 없는 변형", "변질도 이동도 없는", 마모도 삐걱거리는 소리도 없는(AE, 53) 변형이다. 달리 말해 변형은 "이 부동의 것의 동성mobilité, 동일적인 것의 증대, 일시적인 것의 촉매제" 또는 "동일한 것의" 촉매제라고 부른다. 즉, "동일자가 자신에게 드러나는 변형"이거나 그것일 뿐이다. 이상적이거나 존재론적인 변형이 증명하는 부동성immobilité의 동성은 운동이 실질적인 동시에 무한정 되풀이되는 원과 같다. 동일자는 사실 "떼내기décollement", "박탈dessaisissement", "탈퇴défection"에 의해 스스로를 드러내야만 한다. 이것은 레비나스의 표현이다. 《존재와 달리》를 통해서 이 구절과 이 구절의 반복은 명백히 후설을 추구한다. 후설은 체험한 경험의 시간적 흐름이 근원적 인상impression originaire 또는 원인상Urimpression이라고 부르는 것의 꾸준한 변형에 있다고 본다. 꾸준한 변형에 대한 이러한 후설의 생각은[4] 변질이나 이동 없는, 사실상 변화 없는 변형으로 파악되고 기술된다. 변화는 실제로 변화-없음의 지속을 보증하기 위해서만 동원될 것이고, 변형은 동일화와 자기로의 끊임없는 재-동일화에만

---

3 "시간적 변형은 사건도 행위도 원인의 결과도 아니다. 이것은 이다/있다(être) 동사이다.", AE, éd. Poche, p. 60. / 《존재와 달리》, p. 80.

4 "변형은 끊임없이 새로운 변형을 낳는다. 근원적 인상은 이 생성의 절대적 시작이고, 최초의 기원이고, 다른 모든 것이 끊임없이 발생하는 것이다.", Leçons pour une phénoménologie de la conscience intime du temps, tr. H. Dussort, PUF, 1996, pp. 130-132.

소용될 것이다. 그런 식으로 레비나스의 '없음le sans'과 그의 주목할 만한 주장을 이해하는 것이 좋다.

매우 빨리 말하자면, 이에 대해 레비나스는 무엇을 반박하는가?

《존재와 달리》에서 레비나스가 시도한 작업, 그러나 그전에, 특히《후설과 하이데거와 함께 존재를 발견하며》에서 매우 폭넓게 착수했던 작업은 모든 지향성, 모든 의지에서 근원적 인상을 끌어내는 것이었고, 절대적 수동성에 근원적 인상을 재부여하는 것이었다. 레비나스에게 근원적 인상은 변형 없이 변형하는 '생생한 현재' 안에서 회복되고 재개되지 않는다. 근원적 인상은 오히려 그것의 가능성을 앞서고 그러므로 돌연한 것, 즉 모든 가능한 이전以前을, 그 자신의 가능성을 앞서는 유효성으로서의 사건을 받아들일 수 있다. 시간성의 현존의 지평에서 해방된 근원적 인상은 영향을 받은 주체가 타자(사건)로부터 받을 수 있고 심지어 타자가 주체를 구성(동일자-안-타자)하는 것을 의미한다. 이것은 사실상 헤겔의 현상학에서 시간의 내적 의식에 관한 후설의 강의로 향할, 그리고 중대한 차이를 빼고 생각하면 대충 주체**의** 의식**의** 경험**에 대한** 학學으로서 규정될 수 있을 현상학적 지형이다, 이 지형은 여기서 근본적으로 한계를 넘어섰다. 우리는 반대로 의식은 자기에 내재할 수 없고, 통일성과 끊임없는 자의식 안에서 파기될 수 있고, 따라서 주체의 자기구성이 없다는 것(《다른 사람의 휴머니즘》)을 받아들여야만 한다. 동일자의 시간인 본질의 시간 중단은 주체가 매우 주목할 만한 "지향성 속 통시성"에 따라 수동성 안에서 그리고 시간으로부터, 시간의 수동성 안에서 타자를 주제화할 수 없는 관계에 처해 있다는 것을 의미한다.

존재론적 그리고 현상학적 모델에서 주체는 떼내기, 박탈, 자기로부터의 탈퇴, 즉 자기 변형적 변형을 거치는 한에서 동일성으로 구성된다. 그러나 이 주체의 구성이 가능하기 위해, 자기구성적이기 위해서 이 변형은 변형 없이 존재하고 의식의 동일자로 돌아가야만 한다. 따라서 주체는 주체화를 더 잘 공고히 하기 위해서만 탈주체화되고, 이것은 심지어 강제적인 조건이다. 이 구조와 운동에 대해서 헤겔은 결국 원형matrice과 도식schème을 제시했고(동일자의 변질로서 경험), 후설은 진상眞相을 제시했다(현존의 모임으로서 체험). 우리가 총칭해서 철학적이라고 부를(이상적, 존재론적, 현상학적) 주체의 이 동일성 모델은 주체성에 대한 우리의 모든 표상을 지배적인 방식으로 구성한다. 우리는 《다른 사람의 휴머니즘》의 인용문에서 '자기로의 회귀' 혹은 '본질이 되기 위해 현재와 표상으로 모이기'의 모습으로, 이 본질은 책임에 의해 '찢겨진' 것으로, 명백히 주체의 동일성 모델을 발견한다. 따라서 이것은 우리가 주체의 동일성이 무엇인지의 질문을 위주로 한층 의미심장하고 예기치 못한 관계의 재개 안에서, 《다른 사람의 휴머니즘》 끝에서 발견할 《존재와 달리》의 구절 속 바로 그 표현이다.

하지만 우리가《다른 사람의 휴머니즘》인용문 전반부를 다시 취한다면, 레비나스는 역사적 관점과 동시에 주관성의 관점에서, 즉 여기서 정확히 문제가 되는 점에서 철학적 모델이 나타나는 것보다 더 오래된 오래됨에 따르고자 한다. 그는 우선 소크라테스와 플라톤보다 시편의 연대기적 선행성을 강조한다. 왜냐하면, 시편보다 소크라테스와 플라톤이 더 최근이고 더 늦게 도래했기 때문이다. 우리는 일반적으로 성경의 텍스트가 레비나스에게 진정한 선-소크라테스적 Pré-socratiques인 것이라고 말할 수 있을 것이고, 이 의견은 일화적이지 않다. 따라서 성경의 선-소크라테스적인 것으로부터 탐색된 '의식과 선택' 이전의 것, 주체의 동일성-이전의 것, 의식보다 더-오래된 것이 존재할 것이다. 이 오래된 지점에서 동일성보다 더 오래된 불가능성, 즉 의식 또는 현존 속 현실화할 수 없는 가능성, 형이상학도 형이상학의 결말도 우리에게 어렴풋이 보일 수 없는 가능한 불가능성의 '불가능한 동일성'이 예측된다. 그리고 ~보다 더 오래된 이것. **이것은 이방인이다.**

이방인은 인간의 주체성인 자기 집에서는 불가능한 이름이다. 관련된 것이 무엇이고 누구인지 더 잘 이해하려고 해보자.

이 이방인은 잊혀진 자아의 어떤 부분에 대한 지극히 순수한 명칭으로 성립되지 않는다. 이것은 영혼의 플라톤적 추방을 나타내지 않는다. 이것은《소피스트》에서 참여의 방식으로 동일자와 소통하는 세계의 존재론적 구조를 짜는 다섯 가지 유형 중 하나로써 다른 유형으로 더이상 돌아가지 않는다. 이 이방인과 함께, 이것은 우선, 곧장, 바로 이집트 추방과 거기서 박해받는 자들의 노예 생활과 관련된다. 따라서 이것은 전통에 의해 전달된 역사적 경험의 '경험'이다. 우리는 이집트에서 이방인이었다. 그러나 이 역사적 경험은, 역사적 경험을 기록하고 대대손손 이행시키는 전통에 따라, 유대 전통 안에서 엄숙한 회상 혹은 조용한 추도와는 전혀 다른 것으로, 단순히 현재를 과거에 연결하는 기억의 경험과는 전혀 다른 것으로 바뀌어야 한다는 것에 주목할 필요가 있다. 역사적 경험은 오늘과 현재를 의미해야 하고, 그것의 집약적 현실성에서 직접적 의무와 강제를 함축한다. 이것은 여기서는 상술하기 어려운 유대교 **유월절**에 관한 모든 의미이다. 우리는 이방인이었고 **이방인이다.**

성경의 예언주의는 끊임없이 시간의 연속적인 또는 이어지는 변형의 이 흐트러짐, 교착을 유발하고 일으킨다.[5] 레비나스가 **어떤** 예언주의가 주체의 주체성을 불러일으킨다고 쓸 때, 그는 정확히 지속의 혼란과 자기의 불연속성을 고려한다. **어떤** 예언주의, 이것은 (주체의) 구조와 (역사의) 조건 사이의 관계를 더 잘 고려할 수 있는 것 또는 더 정확히는 동일성으

---

5 "L'oubli, une vertu prophétique(망각, 예언의 덕)"을 참조하겠다. *Enjeux d'histoire, jeux de mémoire*(coll.), Paris, Maisonneuve & Larose, 2006. 그리고 여기서 언급된 이사야서의 구절들을 참조하겠다.

로서 주체성과 결정된 역사적 상황 사이, 표상과 기억 사이, 현존과 역사 사이의 모든 관계의 흐트러짐을 더 잘 고려할 수 있는 것이다. 만약 엄밀한 의미에서 예언의 응축된 표현이 (우리는 이방인이었다. 우리는 돌이킬 수 없이 이방인이다) 실제로 일어날 수 있다면 이것은 주체성이 주체성 자체 안에 자기보다 더 오래된 것, 이방인, 불청객, 타자가 존재하도록 구조화되었기 때문이다. 주체성의 구조를 가리키기 위해 레비나스가 사용하는 표현인 "동일자-안-타자"는 결코 의식으로 환원되지 않을 주체 자신에 낯섦을 의미할 것이다. 그리고 결코 《다른 사람의 휴머니즘》에서 나타내는 의미의 동일성—구성된constitué, 놓인posé, 자발적으로 놓인autoposé, 자유로운libre—을 만들 수 없을 것이다. 이 '주체성'의 구조는 레비나스에 의해 명명되었다. 왜냐하면 이 구조는 선택, 의지, 결정의 문제가 전혀 아니기 때문이다.[6]

6 "타인을 위한 나의 책임 속, 타인으로의 나의 노출은 내 편의 '결정' 없이 이루어진다. 주체의 주도권과 행위의 아주 작은 모습은 따라서 이 노출에 대한 수동성의 더 깊은 비난을 의미한다. '자기-자신'의 탈-유폐, 세계-내-존재가 아닌 탈-유폐의 '훨씬 가장 먼' 얼굴의 열림으로의 노출. 더 먼-타자성의 바람에 의해 끊긴 숨결(souffle)에까지 이르는 깊은 호흡. 이웃의 접근은 자아에 저항하는 핵심(noyau)에까지, 개체의 공유(indivis)에까지, 허파 넘어 주체의 핵분열이다. 이것은 자기의 핵분열, 또는 분열성으로서의 자기, 물질의 수동성보다 더 수동적인 수동성이다. 공간으로써 열림, 호흡을 통해 자기 안의 유폐에서 벗어남은 이미 이 너-머: 타자를 위한 나의 책임과 타자에 의한 나의 영감: 타자성의 짓누르는 듯한 부담—너머—을 전제한다. 존재자들이 그들의 생명 공간에서 당당하게 자신의 존재를 뚜렷이 나타내는(s'affirmer)듯한 호흡이 소진(consumation)이고, 나의 실체성의 탈핵화(dénucléation)인 것, 호흡 속에서 내가 이미 모든 비가시적인 타자에 대한 나의 복종에 열려 있는 것, 너-머 또는 해방이 짓

이것은 반대로 자기 실체성의 '승리한' 동일성을, 사후事後가 아니라 언제나-이미, 해체하는, '더 멀리plus loin' 있는 낌의 낯섦이다. 레비나스는 우리가 주체성의 **유구화**immémorialisation라고 부를 수 있을 것을 실행한다. 기억 속 또는 과거 지향 속 주체의 상정이 아닌, 주체의 의식이 아닌, 주체에 머무는 이방인은 주체 자기-자신보다 더 오래되었다. 때때로 레비나스가 말하는 것처럼 이방인의 침입은 그가 침입한 주거지에 선행한다. 주체성의 이 유구화의 첫 번째 주목할 만한 결과는 이동, 일탈, 나가기sortie로 구성된다. 우리는 더이상 타자들과의 관계를 한 주체와 **다른** 한 주체와의 관계로, 폐쇄적이고 거꾸로 놓인 개체들의 관계로 생각할 수 없을 것이다. 한편에는 동일성, 다른 한편에는 타자성과 이방성을 두고 생각할 수 없을 것이다. 하지만 그 이상은 아니다. 그리고 이것은 두 가지 표현의 변증화dialectisation—타자로서 자기-자신, 다른 자기-자신으로서 타자, 자기-자신에게 낯선 동일성(헤겔), 동일성을 구성하는 낯섦—관점에서 매우 중요하다. 이 모든 형상화와 다양한 정교화에서 우리는 의식에 대한 철학과 자기로의 회귀 사후事後에 머물 것이다. 만일 모든 상호-주체성이 의식의 단자론monadisme과 의식 관계의 변증법을 통해 깊이 규제된다면, 어떻게 우리가 상호주체성을 앞서는 것에까지, 주체가

누르는 부담의 받침대(support)인 것은 물론 놀랄 만하다. 여기서 제시된 이 책의 대상이었던 것이 이 놀라움이다.", *AE*, p. 277. /《존재와 달리》, pp. 382-383.

주체가 되기도 전에 주체를 규정할 것에까지 이르도록 시도할 수 있는가? '끝없는 우회'의 움직임을 여기서 포착하면서 주체성은 끝이 없고, 추방되고, 탈주한다. 이것은 자기·자기 집으로의 회귀함 없는, 출발·자기로부터 출발함 없는, 이타카 없는 오디세이이다. 자기가 있는 곳에 동일자가 있고, 동일성이 있고, **자신**(Selbst: 자기/동일자)이 있다.

이 자기-동일자는 환영도 경계도 매우 제한된 구역도 가리키지 않는다. 따라서 결정된 주체성은 사실상 주체의 역사의 제한된 부분만을 구성한다. 우리는 게다가 이 제한이 또한 (주체의) 철학의 한계라는 것을 주목할 것이다. 인간, 영혼, 주체에 대한 수 세기 동안의 연구에서 철학은 일반적으로, 주목할 만한 예외를 허용하지만, 스토아 철학으로부터 '의식의 경험'에까지 존재론적 자기결정에 의해 지배된 이 부분, 이 영역을 따랐다. 레비나스는, 분명 다른 철학자도 있겠지만, 너머의 어떤 것, 더 정확히는 모든 경험을 넘어설 어떤 것, **자기를 주체로 만드는 경험 너머**인 어떤 것을 강력히 내세우거나 지각하려고 시도했다. 예를 들어 "우리 실존의 최대 사건", "우리 삶의 훌륭한 경험은 엄밀히 말해 절대 체험되지 않는다"[7]라고 레비나스는 쓴다.

이것은 레비나스가 **의미**의 용어에 따라 형식적으로는 포

---

7 Emmanuel Levinas, *En découvrant l'existence avec Husserl et Heidegger*, Vrin, p. 211.

기하지 않은 것이 사실일지라도, 상당히 서술적인 빈곤을 겪었을 경험의 용어 자체이다. 하지만 이는 한계와 애매성 ambiguïté을 보도록 우리를 크게 도와준다. "세속화와 배고픔"[8] 이라는 제목의 텍스트에서 레비나스는 굶주림이 "경험 그 이상이자 이하"라고 주장한다. 더 정확히는, 레비나스는 '굶주림에 의한 세속화'에 대해 말한다. 다시 말해, 윤리적 비대칭성이 여기에 사로잡힌 자아에 대체relève 없는 내재성으로서만 있을 수 있는, 모든 낭만주의·질서·초월의 세속화로서만 있을 수 있는, 즉 먹거리에 관해 헤겔이 말한 "개별화된 땅"을 위한 모든 '하늘'의 세속화로서만 있을 수 있는 이 양상에 대해 레비나스는 말한다. **"경험 그 이상이자 이하"**, 이 표현은 매우 중요하고 굶주림 이상의 가치가 있다. **경험 이하**, 왜냐하면 타자들을 죽을 지경에 이르도록 하는 굶주림은 비전, 목표, 주제화, 불러세움이 없고 재개reprise와 재전유réappropriation의 가능성도 없기 때문이다. 굶주림은 헤겔식 **경험**Erfahrung의 영역이 아니고, 오디세이의 여행이 아니다. 오히려 굶주림 속에는 회귀, 재회, 인정이 없는 '순수한 상실'의 어떤 것이 있다. 축적되는 '경험'이 나를 '풍부하게' 하고 실존의 시련을 항상 더 잘 그리고 성숙함 속에서 점점 더 당당하게 수용하기를 돕는 데 비해, 굶주림은 고통처럼 전적으로 '무용'하다. 한편, 타자들의 굶주림은 경험 이상이다. 왜냐하면, 이 굶주림은 내

---

8 *Cahier de l'Herne, Emmanuel Levinas*, dir. C. Chalier et M. Abensour, Paris, 1991, p. 81.

가 가질 수 있는 모든 기억, 나 자신이 겪을 수 있을 모든 '경험', 모든 공감적 동일시보다 항상 더 오래된 것으로 드러나기 때문이다.[9] 실제로 타인을 향한 나의 고유한 경험 또는 내 기억의 모든 전이보다 더 오래된 것 너머, 태곳적 오래됨 너머, 연민과 책임을 명령할 전환, 우리는 가장 분명한 의미에서 그 **이상도 이하도 아닌**, 회상하는 내면화 **경험**에 순전히 그리고 단순히 직면해 있을 것이다. 주체의 기억 이전 가능성의 조건, 모방의 동일화 가능성의 조건, 그리고 책임에 대한 나의 응답 가능성의 조건이 나-자신을 같은 고뇌를 겪게 하고, 그러한 고통을 겪는 경험을 알았다는 데 있었을 것이라고 말해야 할까(굶주림에 대해 서구에서 부유하게 살아가는 자들인 우리가 어떠한 생생한 경험도 없을지라도)? 책임은 시련의 기억이 멈추는 곳에서 중단될 것인가?

우리는 오히려 이를 반대라고 말해야 한다. 왜냐하면 절대 굶어 죽지 않고 어떤 굶주림의 경험도 없는 나는 응답하거나 어쨌든 응답할 수 있는 입장에 있기 때문이다. 만일 내가 응답하지 않는다면, 이것은 그다지 기억의 결여 또는 경험의 결핍에 의해서가 아니다. 경험의 최대치는 따라서 경험보다 더 가장 오래된 것에 관해서 탐구되어야 한다. 즉, 무-시

---

9 레비나스가 거론한 것이 사실이다. "나 자신의 굶주림에 대한 기억에서 이웃의 굶주림을 위한 고통과 책임으로 나아가는 전이의 힘." 그러나 이러한 글쓰기 표현법(tour)에서는 "경험 그 이상이자 이하"와 같은 표현은 명백한 모순을 갖는다. 따라서 레비나스 그-자신을 동원하면서 그의 이 표현에 대한 이의를 신청해야 한다.

원격 응답 속에서, 자기에게는 기억할 수 없는immémorial 앞섬과 타자를 향한 자아의 유추적 전환의 질서가 아닌 시작 속에서 자기-자신에 앞서 연루시키는 주체성의 전-근원적 구조에 관해서 탐구되어야 한다. 이 경우 반-경험contre-expérience 혹은 역-전이contre-transfert에 대해 말하는 것이 좋을 것이다. 비대칭적이고 '세속화된' 운동은 타자들의 굶주림으로부터, 즉 내게 그 자체로 낯선 채로 있는 '경험'의 근본적인 타자성으로부터 시작할 것이다. 그리고 이 굶주림에 대해 책임으로 응답하는 나의 능력으로까지 나아갈 것이다. 대신에 내가 전혀 체험하지 못했던 것의 '기억', '내가 태어나지 않은' 절망과 굶주림의 나라에 대한 기억을 항상 불러일으킬 수 있을 것이다. 제삼자들의 굶주림에 내재적이거나 '물질적인' 응답은 전이, 이행 또는 동일시를 통해서는 결정되지 않는다. 하지만 근본적인 낯섦의 책임으로의 급변을 통해, 내면화하거나 체험된 모든 경험을 방해하는 비대칭화를 통해 결정된다.

《다른 사람의 휴머니즘》으로 되돌아가자. "누구도 자기 안에 머무를 수 없다." 왜냐하면, "아무도 자기 집에 있지 않"기 때문이다. 주체성의 본래적 자기 외부보다 더 자기 내부en soi에 있는 것은 없다. 주체에게는 집과 같은 자기 동일성의 어떤 대피처도 주어지지 않는다. 주체성은 닫힌 공간도 아니고 이방인으로부터 보호된 공간도 아닌, 레비나스가 무-시원적 혹은 전-근원적이라고 부르는 자기soi와 나moi의 간격이다. 그러므로 주체성은 격변화를 할 수 있는 동일성도, 고정된 소재지도, 실질적인 지명도 아니며 오히려 동일성의 파열, 심지어 동일성 이전의 동일성의 파열[10]이다. 이것은 똑 닮은 주체, 항상 이미 자기로부터 추방된 주체이다. 변형―변형과 함께―, 변질, 찢기, 손실, 출혈. 레비나스가 시간을 끈 이러한 양상들, 이 방식들은 집으로 인도하는 길·방향이 아니고, 주체의 경험을 풍요롭게 하는 여정이 아니다. 이것들은 주체의 무조건적인 낯섦을 형성하고, 주체성 안에서 동일성에 대한 낯섦의 윤리적, 즉 시간적 우위를(그러나 이것은 여기서 주장할 수 없는 측면이다) 표명한다.

주체성에 관한 레비나스의 표현, "동일자-안-타자"는 바로 구조를 가리킨다. 따라서 "동일자-안-타자"는 동일자 안에서 그리고 동일자에 대해서 타자의 우위, 즉 동일시된 것에 대한 이방인의 우위, '외적인' 동일성에 대한 내면적 이방인의 우위를 가리킨다. 이방인이 주체성, '인간의 인간성'의 윤리적 구조 또는 응답하는 구조의 중심에 자신이 있음을 한번 드러내 보이면 우리는, 이 전제조건에서, 이 구조화가 이쪽저쪽으로 윤리를 결정짓는 한에서, 이방인에 대한 정치를 가져올 수―그리고 어떻게 가져올 수―있는지 자문할 수 있다. 이는 우리가 개괄했던 것처럼 레비나스에게서 윤리와 정치 사이의 관계를 명확히 하는 것만으로는 어려운 질문이다. 또한

10 *AE*, p. 30. /《존재와 달리》, p. 40.

레비나스이 윤리가 계속해서 시사하는 이방인에 대한 정치가 직접적으로 주체의 정치에 반향하고, 주체의 정치가 자기 사례에 '윤리적으로' 공명하기 때문에 혼란스럽게 된 질문이다. 어디서든, 정치의 윤리적 불가능성이 갱신된다.

어려움을 조금 해소하기 위해서 우선 윤리에서 정치로의, 낯선 차이에서 동일한 무-관심으로의 어떤 파생, 추리, 변화는 순수하게 실행되지 않는다고 말할 수 있겠다. 레비나스에게서, 그가 작업에서 펼치려고 노력하는 (주체성의 구조, 책임, 얼굴, 수동성보다 더 수동적인 수동성 등) 윤리에 관한 서술은 윤리적 이중주의 불균형적인dyssymétrique 둘에게서만, 책임의 무한성에서만, 모든 공간적 척도, 모든 재현에 대해 웃도는 인접한 사람과 이웃의 가까움에서만 의미를 나타낸다.

따라서 이 윤리의 준칙을 보편화하는 것은 전적으로 불가능하다. **내게는** 나의 비대칭성을, **그에게는** 절대적으로 내게 응답해야만 하는 그의 의무를 알리면서, 그가 나의 것이 듯이 내가 그의 타자라고 그에게 강요하면서, 타인에게 전환 또는 반박을 부과하는 것보다 더 부도덕하고 덜 윤리적인 것은 아무것도 없을 것이다. 반면, 정치가 정의라면, 정치는 모든 관계의 대칭화의 동질 공간, 더 정확히는 주체/타인의 비-관계로부터 관계의 발생advention[11]을 개시하면서 윤리를 시작

11 [옮긴이] 관계(예를 들어, 정치)는 비-관계(윤리)로부터 일어난다.

한다. 레비나스의 텍스트에서 이미 언급된 제목 "정치는 다음에!"[12]는 대칭의 동일자 안에서, 동일자에 대해서 그리고 동일자에 '앞'서 타자의 윤리적 우위를 반복한다.

관계를 조직하는 개념, 즉 권리, 정치, 마찬가지로 철학 또는 실증적 지식은 윤리적 무질서 후에 이방인의 한량없음에 관심-갖기 위해 중-재한다. 우리는 가장 엄밀하고 명확한 의미에서 이 말에 대해 어떤 '문제'가 있음을 본다. 제삼자들, 나와 마주한 타자의 타자들이 나타나고 평등, 비교 가능성, 보편성에 대한 그들의 요청을 강조하는 한에서, 윤리는 문제가 된다. 당연히, '정의가 필요하다.' 즉, 윤리와 책임의 응답이 무제한을 한정해야 하는 질서가 필요하다. 무한한 가까움과 질서정연한 정의 사이, 윤리와 정치 사이, 여기서는 어떤 상호적 균형도 가능하지 않다. 이들 영역은 어떻게 보면 윤리의 윤리적 조건과 정치의 정치적 조건을 형성하는 근본적 이질성을 나타낸다. 어떤 것도 둘의 절충적 혼합 또는 가상의 제3항보다 더 끔찍한 것은 없을 것이다. 하지만 동시에 조건이 되는 이 이질성은 무조건적 봉쇄étanchéité를 구성하지 않을 것이다. 이는 비사유의impensé 다공성porosité만큼이나 비참할 것이다. 윤리는 정책일 수 없다. 우리는 그 이유를 잠깐 말했다. 그렇지만 윤리가 나를 강제하고, 고발하고, 주체로서 내게 명령하는 한에서, 제삼자들이 타자에게 복종하도록 언제나 이

12   Emmanuel Levinas, *L'au-delà du verset*, Paris, Minuit, pp. 221-228.

니 소내도 받기 않고 와던 한에서, 윤리는 확실히 정치와 **상관**이 있다. 이것이 바로 어려움을 강화하고 까다로움을 다루도록 강제하는 이 상관-있음avoir-à-voir이다. 부정적이거나 제한적인 전제조건은 확고히 유지되어야 한다. 윤리는 용어의 준準-기술적 의미에서 정치철학의 원인이 될 수 없다. 다시 말해 기원, 주권, 계약, 합목적성 등과 같은 개념들로 구성하면서 "한-장소-안에-함께-있음"[13]에 의미를 주는 사유 체제의 원인이 될 수 없다. 이 중대한 곤경을,《다른 사람의 휴머니즘》으로부터만 그리고 윤리적 주체성에서 이미 지시되었던 것으로부터만 이 곤경을 고려할 수 있을 것이다.

우선 방금 언급했던 어려움이 어떤 방식에서는 인용문에서 비켜서 있다는 것에 주목하자. 어떻게 "주체성의 비-장소"[14]에서 "한 장소-안에-함께-있음"으로 이행하는가? 인간성을 집결시킬 노예제도에 대한 기억의 주제를 참조하는 것은 제삼자들과 정의의 심급을 건너뛰는 것 같다. 그리고 이는 윤리는 보편화되지 않는 것'이다'라고 인정하는 한에서, 불가능한 이행의 어떤 것마저 최소한도로 사유하기 위한 어떤 요소도 제공하지 않는다. 그렇지만 우리는 몇몇 줄에서 다소 진전을 보았고, 정치에서 윤리와 상관 있는 것—어쨌든 가설을 세

---

13   *AE*, p. 245. /《존재와 달리》, p. 341.

14   *AE*, p. 24. /《존재와 달리》, p. 32.

우기에 필요한 것—을 가까이 가져오려고 애쓰기 위한 매우 특이한 거점을 발견할 것이다.

'사람들은 이방인의 조건 없음/무조건incondition 속에서 서로를 찾는다.' 의미 있게, 서로를 찾는 것, 이것은 자기를 찾기 시작하고 동시에 있을 법하지 않은 동일성을 찾기 시작하는 것이다. 이것은 또한 서로가 서로를 찾는 것이다. 자기를 찾는 것이 아니라 타자, 다른 사람들을 찾는 것이다. 이것은 결국 서로 도전하는 것이고, 우리가 찾는 타자들과의 대결 속에, 일반화된 상호 적의 속에 들어가는 것이다. 이 모든 것은 이방인의 조건 없음/무조건으로부터 또는 조건 없음/무조건 속에서 일어난다.

이 세 가지 의미에서, 서로 찾는다는 것은 윤리의 둘 이후에 오고, 구분되고 결합된 세 가지 기록—동일성, 다수성, 전쟁—을 개시한다. 매번, 서로 찾는 사람들은 그들이 찾는 것을 모른다. 그들은 자신들이 누구인지, 타자들이 마지못해 자신들을 왜 연루시키는지, 자신들을 대결 속에서 서로 찾도록 하게 하는 것이 무엇인지 모른다. 자신들이 찾는 것을 알지-못함, 레비나스는 몇 차례 이것을 강조했고, 그들의 탐색 조건을 그린다. 그리고 이 역동적인 조건은 그들의 무조건적인 낯섦에만 연관될 수 있다. 자기에게 낯설게 되기, 이것은 식별 가능한 기원으로 거슬러 오르는 법을 모르고, 거슬러 오를 수 없다는 것이다. 그리고 알지-못함,《다른 사람의 휴머니즘》의 구절에서는 이것을 '불안', 주체성의 끊임없는, 한없는 '사기결핍'이라고 부른다.

이렇게 생각하면 이방인, 낯섦은 주체의 조건 없음/무조건, 장소-없음을 형성하고, 매우 불확실하지만 시민으로서 나의 정체성과 시민의 평화에 대한 나의 요청 속에서 내가 인정받는 정치·정의·합법적인 보편적 심급의 가능성 조건을 형성한다. 나의 정체성과 요청 둘 다 그것의 정치적 반의어와 함께 조화로운 연대 안에서 명확해진다. 평화로운 다양성 혹은 폭력적 충돌 속에서 촉진된 동일성과 평화를 방해하는 전쟁과 맞물린 평화로서 놓인 시민의 평화(실제로 전쟁과 평화의 모든 연대 혹은 상호 소속을 예고하는, 유구함으로 전쟁과 평화를 앞서는 무시원적인 다른 평화가 있을 것이다). 따라서 이방인은 절대적 장소-밖의 주체성 자체일 것이고, 어떻게 보면 항상 태곳적부터 노예였고, 추방되었고, 모욕당한 정의의 인물일 것이다.

레비나스의 관점에서 볼 때, 즉 '이원성'과 '다양성'[15] 사이 모든 연속성이 중단되는 관점에서 볼 때, 어려운 입장임을 상기하자. 이방인은 한편으로 얼굴의 가까움·접근과 타자의 비할 바 없음에 대한 일반화된 비교의 영역 사이에서 마침내 찾은 중간 항 또는 공통 분모일까? 확실히 아니다. 이방

---

15 E. Levinas, Entretien avec C.v. Wolzogen, trad. de l'allemand par A.David, in *Philosophie*, n° 93, Printemps 2007, p. 15. "이원성은 항상 다양성에 의해 방해받는다. 만일 우리가 둘이라면, 모든 것이 반드시 좋지는 않을 테지만 어쨌든 결정될 것이다. 둘에서, 나는 타자에 얽매여 있다. 하지만 공교롭게도 우리는 셋이다-적어도."

인─더 찬찬히 이방인이 어떤지 살펴볼 수 있어야만 할 것이다─은 동일성 **안에** 있다. 그는 **동일자-안-타자**이다. 동시에 이방인은 가장 탁월한 인물, **특히 제삼자**를 배출하는 제삼자들이 사는 무대 위에 있다. 이 역설적인 측면에서 이방인은 레비나스의 작품에서 여러 번 지적된 어려움이 응축된 일종의 진원을 나타낸다. 이로부터 어려움은 더 잘 상세히 고찰된다. 이방인, 우리는 간결하게 이방인이 정치의 조건 없음/무조건을 형성한다고 말할 수 있을 것이다. 동시에, 이방인은 정치의 조건 없음/무조건을 자율적이지 않게 하는 조건에 연관시키고, 정치의 조건 없음/무조건이 아닌 것에 의한 영감의 동기를 구체화한다. 왜냐하면, 이방인은 윤리적 주체성의 중심에 처해 있기 때문이다. 이방인은 레비나스가 유달리 그리고 대중적對症的으로 "다수성의 윤리"[16]라고 명명한 것의 질문에 대한, 그의 사유의 주요한 이 어려움에 대한 응답을 이루지 않는다. 이방인의 복잡한 모습은 반대로 타자와 제삼자들의 질문에 대해 덧붙여지고, 과표현surexprssion이나 과장하여 철학하는 레비나스의 대체할 수 없는 방식에 따라, 한편으로 지식과 공헌의 계산이 다른 한편으로 완화하는 것이 좋을 초과의 계산이 행해질 수 있을 중재의 방법을 따르지 않고서 한층 더 질문하게 한다. 이방인은 주체성의 자기동일성에 대한 불가능성과 '서로 찾는 인간들'의 실효적 제삼자성tertialité을

16 Ibid., p. 21.

과장된다. 이방인은 자기 안팎에서, 주체-내부적이고 사회적인 모든 타자성의 공허함이다.

우리는 새로운 어려움 또는 이미 진술된 어려움의 더 구체적 형태에 관해 결론을 내려야만 한다. 실제로 이방인의 윤리적 우위가 어떻게 정치적 우위의 원인이 되지 않는지 이해해야 한다. 왜냐하면, 정의의 정치에서 이방인은 비-이방인과 동등하기 때문이다. 간단히 말해, 이주에 대한 레비나스의 정치는 없다. 하지만 이방인의 낯섦에 대한 성찰 이래로, 레비나스 이래로, 몇몇 보호막, 한계-제의는 가능한 정치적 연루 안에서 유지될 수 있다.

1. 이방인 또는 이방인들에 대한 정책은 만일 이것이 자극을 주는 영감을 잊어버리기 일쑤라면, 즉 모든 주체적 동일성의 이탈과 하물며 모든 집합적 동일성의 이탈을 잊어버리기 일쑤라면, 생각할 수 있거나 실행할 수 없다.

2. 동일성은 이것이 개념적으로 조작되고 정치적으로 관리되는 한, 본질로 환원될, 아마도 불가피한, 위험을 무릅쓰도록 끊임없이 노출된다. 그리고 모든 본질주의적 정치는 필연적으로, 도덕적 의도에 대해 속단함이 없이, 불변하고 앞서 갖춰진 본질 안에 주체들을 가두려고 할 것이다. 예를 들어 오늘날 이슬람의 '폭력적 본질', 게다가 이스라엘의 '살인

의 본질'이 있다. 레비나스는 "비-본질의 영광"[17]이 될 정책을 고안하도록 움직이게 하는 촉진책을 제안한다.

3. 왜냐하면, 동일성을 결코 본질 안에서 결정할 수 없기 때문이고, 어쨌든 이방인에 의해 관통되기 때문이다. 다시 말해서 본래의 의미로 동일성이 없다면, 문화적 동일성들의 충돌에 관한 담론은 위태롭게 된다. 마찬가지로 문화들의 대화를 촉진하는 것은 둘 다 연대의 평화나 전쟁의 이중 논리에 따라 담보로 삼는 동일한 동일성의 믿음으로부터 시작하기 때문이다.

이 세 가지 경계는 세 가지 결정적 쟁점을 한정한다. 이 경계는 아마도 레비나스의 '정치'가 한없이 실망스러울 수 있다는 것을 나타낼 것이다. 세 가지 경계는 '약한'—그렇지만 동역학dynamique 너머로 열려 있는 실행과 사회적 실천의 유익한 설계를 구성한다.

17　*HAH*, éd. cit., p. 109.

Autrement qu'être ou au-delà de l'essence, p. 53 / 《존재와 달리》, pp. 70~71.

철학은 존재의 발견이고 존재의 본질essence은 진리이고 철학이다. 존재의 본질은 시간의 시간화이다. 동일적인 것의 촉매제이고 동일적인 것의 회복 또는 상기, 지각의 통일성이다. 본질은 원래 견고한 것의 모서리도, 빛이 반짝거리는 행위의 움직이는 선도 가리키지 않는다. 본질은 변질도 변화도 없는, 모든 질적인 결정과는 무관한, 고요한 밤 가구의 삐걱거리는 소리에 의해, 이미 물질의 둔탁한 변화devenir를 드러내는 사물들의 희미한 마모보다 더 형식적인 이 '변형'을 가리킨다. 동일자가 그-자신에게서 벗어나거나 그-자신을 포기하는, 이것 저것으로 해체되고, 더이상 숨겨지지 않고 그렇게 밝혀지고 (색채가 그것의 윤곽에서 나오거나 윤곽을 스치지 않는 뒤피[Raoul Dufy]의 그림에서처럼), 현상—모든 존재의 본질—이 되는 변형. 존재의 본질은 명명할 수 있을 내용인—사물이나 사건 혹은 행위—어떤 것도 가리키지 않는다. 존재의 본질은 이 부동의 것의 동성mobilité, 동일적인 것의 증대, 일시적인 것의 촉매제, 이 경과된 시간을 명명한다. 변질도 이동도 없는 이 변형—존재의 본질 또는 시간—은 더구나 '자각prise de conscience'할 수 있을 빛의 비춤을 기다리지 않는다. 이 변형은 명확히 동일자에서 동일자로의 가시성이다.

Humanisme de l'autre homme(《다른 사람의 휴머니즘》), pp. 108~109.

우리는 시편 119편을 읽는다. "나는 땅 위의 이방인으로, 당신의 계율을 숨기지 않습니다." …. 이 시편은, 소크라테스와 플라톤의 시대 이전으로 알려진 텍스트, 레위기 25장 23절에 대응한다. "어떤 땅도 양도되지 않을 것이다. 왜냐하면, 땅은 나의 것이고 너는 내 집에 거주하는 이방인일 뿐이기 때문이다." 이것은 지나가는 그림자들 사이에서 추방된 영원한 영혼의 낯섦과 무관하고, 집 건축과 땅 소유가 집짓기나 환대를 통해 땅이 에워싸는 지형에서 끌어내면서 극복할 수 있을 환경의 변화dépaysement와도 무관하다. 계율을 소환하는 시편 119편에서처럼, 나와 세계의 이 차이는 타자들을 향한 의무에 의해 연장된다. 성경의 영원한 말씀의 울림: 이집트의 이방인과 노예의 조건―또는 조건 없음/무조건―은 인간을 이웃에 가까이하게 한다. 사람들은 이방인의 조건 없음/무조건 속에서 서로 찾는다. 아무도 자기 집에 없다. 이러한 예속의 기억이 인간성을 그러모은다. 나와 자기 사이에 벌려진 차이, 동일한 것의 불-일치는 사람들에 관해 근본적 무관심하지-않음non-indifférence이다.

자유로운 인간은 이웃에 충직하다. 누구도 타자들 없이 구제받을 수 없다. … 나와 자기 사이의 간격, 불가능한 회귀, 불가능한 동일성. 누구도 자기 안에 머물 수 없다. 인간의 인간성, 주체성은 타자들을 위한 책임, 극단적 상처받기 쉬움이다. 자기로의 회귀는 끝없는 우회가 된다. 의식과 선택 이전에—피조물이 본질이 되기 위해 현재와 표상으로 모이기 전에—인간은 인간에게 다가간다. 인간은 책임으로 가득하다. 책임을 통해, 인간은 본질을 찢는다. 이것은 책임을 떠맡거나 책임을 회피하는 주체와 자유로운 동일성으로 즉자와 대자로 위치된, 구성된 주체와 관련하지 않는다. 이것은 주체의 주체성과 관련한다. 책임의 수임과 거부가 참조하는 연루로 인해 제한되지 않기 때문에, 무한한 책임 속 타인에 대한 주체의 무관심하지-않음과 관련한다. 이것은 주체가 깨뜨리는 주체성의 '흔들리는 핵심부' 안에서, 회귀의 운동 안에서 우회하는 타자들을 위한 책임의 문제이다.

자기에게 낯선, 타자들에 의해 사로잡힌, 불-안한 자아는 볼모otage이다. 계속해서 자기를 저버리는 자아의 회귀 자체 안에서 볼모이다. 하지만 그렇기 때문에 타자들과 더 가까워지고, 더 의무를 지고, 자기의 실패를 심화시킨다.

변형*

아무것도 오지 않을 때에도, 시간은 항상 온다,
시간은,
위도 아래도 없이,
시간은,
나를 향해,
나와 함께,
내 안에,
나에 의해,
나를 좀먹고 기다리는 내 마음속 아치를 지나며
H. Michaux(앙리 미쇼), *Passages*(《통로들》)

확실히 다소 수수께끼 같은, 이 장의 제목 **변형**modification에 대해 약간의 설명이 필요하다. 먼저 정확히, 레비나스**에게 있어서** 변형은 있지 않다. 레비나스에게 변형은 너무 얄팍한 문제를 형성할 것이기 때문에 실제로 변형이 유지될 수 있으려면, 레비나스를 **떠나면서**일 것이다.

이것은 무엇에 관한 문제이고 이 주제, 이 모티브, 이 중지점, 의문점은 어떻게 강제되는가?

우선 《존재와 달리》를 독해할 때 변형이라는 단어 자체를 중심으로 한 중단suspens이 문제가 된다. 이것은 레비나스의 위대한 과업의 한 구절 속에서의 전략적 중단이며 '존재의 본질은 무엇인가?'에 대한 문제 제기의 근본적인 측면에 관한 중

---

* La modification. [옮긴이] 한국어 번역서(《존재와 달리》)에서는 modification의 번역어로 '변양'을 채택하였다.

단이다. 그다음으로, 중단 이후의 사실과 언뜻 보아 논외의 주제에 관한 성찰을 시작하려는 누군가에게 안심이 되는 사실, 용어의 상당한 출현 횟수가 《존재와 달리》 전반에 퍼져 있다는 사실[1]에 관한 것이다. 따라서 이 용어의 사용법에는 어떤 지엽적인 것도 없다. 이것은 반복되고, 게다가 집요하게 거의 항상 후설에 대한 비판에서, 특히 시간의 내적 의식에 대한 그의 현상학에 대한 비판의 틀 내에서 소환된다. 레비나스의 비판이 줄곧 후설의 가장 좋은 점, 특히 수동적 종합의 최고로 좋은 점에 주목하고 있지만, 내용에 대한 비판은 매우 엄밀하고, 솔직히 준엄하기까지 하다. "시간의 변형"[2]으로서 변형은 사실 존재 너머 사건에 있어서 다소 명백히 의미되고 기술되는 현상학 너머, 생생한 현재 너머를 참조한다.

'변형'에 대한 레비나스의 참조는 한편으로 자연스러운 연상에 의해 미셸 뷔토르Michel Butor의 아주 유명한 소설에 대한 기억으로까지 옮겨 가는, 거의 저항할 수 없는 운동을 수반한다. 레비나스는 뷔토르의 《변경 La Modification》[3]을 알았고, 읽었으며, 매우 좋아했다. 《존재와 달리》의 모티브와 '누보로망' 제목의 교차는 우연일 뿐 특별한 의미는 없을 수 있다. 그러나 이것은 사실이 아니며, 사실이 아니라는 것을 밝히려고 한

---

1 [옮긴이] 《존재와 달리》에서 modification(s) 단어는 총 18번 등장한다.

2 *AE*, p. 60. / 《존재와 달리》, p. 80. 이 작업에 대한 주석은 이제부터 본문에서 언급될 것이다.

3 [옮긴이] 권은미 옮김, 《변경》, 문학과지성사, 2018.

다. 알다시피 뷔토르의 소설은 한 남성의 삶에서 24시간이 채 되지 않는 연속된 시간, 비현실적인-현실의 시간을 그리고 있는데, 우리는 기차 칸막이 닫힌 공간에서 일어나는 의사결정, 의식의 위기를 말할 수 있을 것이다. 레옹 델몽Léon Delmont은 우리가 보기에 오디세이의 유형인 여정을 실행한다. 그는 파리에서 로마로 그의 정부情婦와 함께 그곳에 살기 위해서 의도를 갖고, 계획적인 목표를 갖고서 파리에 있는 아내를 떠난다. 이 여행에서 몇몇 다른 행보가 실행되고, 이 기간에는 몇몇 시간이 교착되고, 또한 3등 칸의 좁은 공간에서는 몇몇 장소가 자리 잡는다. 마침내 델몽은 로마에 도착한다. 하지만 이것은 파리행을, 회귀를 선택하기 위해서이다. 그렇지만, 이타카는 이타카에만 있지 않다. 그의 여행 중 바뀐 것은 그의 의도이다. 이동은 '자각'(뷔토르)을 실행한다. 델몽의 결정은 되돌아가기 위해 변하고 사라지는 의식의 운동으로써, 함께-살아감의 위기로 말해지는 의식의 위기로서 그-자신이 의미하는 왕복으로 변했다. 그가 아내와 함께하든 혹은 정부와 함께하든, 페넬로프Pénélope와 함께하든 혹은 칼립소Calypso와 함께하든, 파리에서든 혹은 로마에서든, 작품의 첫 번째 서평을 쓴 미셸 레리스Michel Leiris가 쓴 것처럼 "이것은 매한가지다."[4] 철도 수송 장부에 남아 있을 교차점이 이미 있다. 이것은 현상학적이다. 정확히 말하자면, 이것은 후설과 뷔토르가 엄밀

---

4 〈미셸 뷔토르의 신화적 현실주의〉, 《변경》 참고 자료에서 재연(再演), Michel Butor, *La modification*, Minuit, 2014, p. 295.

히게는 분-일치하는 방식으로, 물론 사변철학과 소설적 글쓰기의 이질성만이 아닌, 이질성에서도 불-일치하는 방식으로 묘사하는 시간의 경험 그리고 여행의 경험과 관련된다. 그러나 그럼에도 불구하고 이 이질성은 운명에 대한, 데리다가 방황하는 운명destinerrance이라고 불렀던 것, 즉 모든 주체, 모든 객체 그리고 모든 기획을 예고할 던짐jet에 대한 어떤 행선지의 우위에 의해, 우리는 곧장 아브라함적이지 않게 제시할 수 있을 것이다. 후설과 레비나스에 대한 독해의 흐름에 따라, 델몽의 여행에 따라, 이것은 명백히 '변형'이라고 불릴 우위이다. 하지만 일정한 유형의 '변형'이다.

이제 엉클어뜨린 이러한 몇몇 맥락을 손보고, 이 엉클어짐을 분석을 통해 검증해 보겠다.

우선 레비나스의 경우, 여러 번 맥락화되면서 진술되고 반복된다.《존재와 달리》의 두 번째 장은 "존재의 이름 아래 드러나는 것은 무엇인가?" 그리고 "누가 보는가?"라는 질문, 작품 전체에 다방면적이고 끊임없이 계류 중인 중요한 질문으로 시작된다. 레비나스는 존재의 존재성essence, "존재의 작업"(AE, 53)을 말하기 위해 하나의 서술적 움직임 속에 병렬된 세 단어 "현시, 진리, 철학"으로 선정한 것을 거의 꿰뚫어 보는quasi-radiographique 방식으로 검토하려고 한다. 레비나스에게 이 '현시-진리-철학'을 특징짓는 것은 무엇이고, 그는 이것을 어떻게 부르는가? '변형.' 철학이 시간을 시간화하면서 찾기 시작하는 존재의 존재성은 변형을 가리킬 것이다. 그러나 레비나스는 즉각 "변형 없는"[5] 변형이 문제될 것이라고 덧붙인다. 따라서 우리는 이상적인, 현상학적인 그리고 현실적이지 않은 변형에 직면할 것이다. 즉, "모든 질적 결정과는 무관한, 고요한 밤 들리는 가구의 삐걱거리는 소리에 의해 이미 물질의 둔한 움직임을 나타내는 사물들의 희미한 마모보다 더 형식적인"[6] 변형에 직면할 것이다. "모든 존재의 본질esse"[7]을 가리키는 변형은 "변질도 이행도 **없는** 변형", "변질도 변위도 **없는**" 마모도 없고 삐걱거리는 소리도 없는 변형이다. 현상학적 변형은 "이 부동의 것의 동성動性, 동일한 것의 증식, 단발적인 것의 촉매제" 또는 "동일한 것"의 촉매제라고 불린다. 즉, 우리가 때로 "동일자가 그-자신에게 가시적이게 되는 변형"이라고 부르는 것이 그것이다. 레비나스는 옳건 그르건 매우 직접적으로 하이데거를 겨냥하며 말한다. 부동성의 동성은 따라서 동일자의 "떼내기", "박탈", "탈퇴"이며, 그러고 나서 이어서 다시 붙이고-드러내기recouvrement-découvremnt—이것은 레비나

---

5 레비나스의 "-이 없는(sans)" 사용은 여기서 데리다가 사용하는 방식과는 비교적 다르다. 우리는 그 이유에 대해 살펴볼 것이다. 레비나스는 감춰진 반대편이 다시 나타나게 하기보다 은폐를 보여주는 것을 과제로 삼는다. 그러나 레비나스와 데리다 둘 다에게서, "-이 없는"은 여하튼 논리의 모든 형태 속에서 단어가 떠맡는 부정성 밖에서 작용한다.

6 *AE*, p. 53. /《존재와 달리》, p. 70.

7 "시간의 변형은 사건도, 행위도 원인의 결과도 아니다. 이것은 '존재하다'의 동사이다", *AE*, p. 60. /《존재와 달리》, p. 80.

스의 표현이다—에 의해 스스로를 드러내야만 하는 의미에서 다각적 측면의 변모déformation로부터 자가발생하는s'autogénérer 원 cercle과 같다.

이 구절에서[8] 관계되는 것은 무엇이고 누구인가?

후설임이 명백하다. 우리는 금방 그를 암시했다. 사실 후설에게 체험의 시간적 흐름, 즉 과거와 미래의 끊임없는 구성은 그가 근원적 인상impression originaire 또는 근원-인상proto-impression이라 부르는 것의 꾸준한 변형으로 이루어진다. 이 용어는 체험의 시간적 흐름의 초기 단계를 가리킨다. 매 순간이 이러한 흐름의 정확한 처음 시점entame을 나타낼 수 있다. 따라서 매 순간이 본래 인상을 지니고 있을 수 있다. 체험된 시간, 이 시간의 증여는 "연이은 변형"의 과정으로 또는 "지속적인 변형"[9]으로 구성하고 구성된다. 현재는 본래의 순간으로 나타난다. 현재는 과거의 한 부분으로 끊임없이 변하는 동시에 이런 이유로 앞으로 올 증여로써 자기 차례에 구성되고 재구성되는 미래의 한 부분으로 열린다. 따라서, 체험된 시간의 증여는 본래적 현존으로부터 그리고 본래적 현존을 목적으로 발생하는 **증여의 내적 변형**일 뿐이다. 후설이 '본래적originaire'

8 그리고 "변형"의 회귀에서(AE, pp. 23, 57-58, 60, 73, 100, 115, 197 참조).

9 후설의 시간 현상의 해석에서 "지속적인 변형"의 중요성은 때 일렀지만 영속적이었다. 후설에게, 시간에 대한 본래적 의식은 시간의 양상이 현상에 의해 결정되는 꾸준한 변형의 의식이다. 다음을 참조하라. *Leçons pour une phénoménologie de la conscience intime du temps*, tr. H. Dussort, PUF, 1996, pp. 129-130.

변형이라 부르는 것은 시간적 영역의 내적 '초월'에서 나온 요소를 구성한다. 이것은 《존재와 달리》의 구절에서 곧바로 목표로 삼는 후설의 꾸준한 변형[10]의 관념이다. 이것은 변질, 이행 없는 그리고 실은 변화 없는 변형으로 겨눠진다.

본래 인상의 '미래 지향'과 '과거 지향'에 관한 진전 속에서, 즉 시간의 시간화의 본질로 규정하는 것에서 후설의 분석은 명백한 엄정성을 가지지만, 그는 순탄치만은 않게 **시간의 연속성**을 강조한다. 레비나스는 시간 의식의 현상학에서 판별하는 변질 없는 변형에 의해 야기된 이 연속론의 강조에서 위험을 감지한다. 이 위험은 **시간이 아무것도 바꾸지 못한다**는 것, 더 정확히 말해서, 레비나스의 표현대로, 시간은 바꾸지 않고 변형시킨다(*AE*, 57)는 것이다. 이것에 반박할 것은 무엇이고, 어떻게 해야 하는가? 레비나스가 《존재와 달리》에서 보여준 작업, 하지만 멀리 지난 과거로 거슬러 올라가 우리는 《후설과 하이데거와 함께 존재를 발견하며》에서 여러 층위를 잘 볼 수 있는데 이것은 모든 지향성, 모든 의지, 모든 목적telos에서 본래의 인상을 끌어내는 작업이다. 레비나스는 반대로 절대적 수동성, 즉 경험적인 방식으로 이해해서는 안 되

---

10 "변형은 끊임없이 새로운 변형을 낳는다. 본래 인상은 이 생성의 절대적 시작, 다른 모든 것이 끊임없이 발생하는 최초의 근원이다. … 기원(origine)의 매 순간은 층위의 연속을 통해 서로를 지나가는 기원의 순간에 대한 차후 연속된 잇달음의 양상이다. 혹은 기원의 매 순간은 구체적인 지속을 구성하도록 돕는다. 그리고 현재의 지금이 각각의 지점들에 해당하는 구체적인 지속의 구성에, 구성을 위해 기원의 고유한 순간을 유리하게(de son côté) 요구하는 지속의 구성에 속한다.", *Leçons*, éd. cit., pp. 130-132.

는 혹은 단기 칸트의 감각적 수용성으로 이해해서는 안 되는, 하지만 촉발affection의 양태, 본래적 타자-촉발hétéro-affection의 양태로 이해해야 하는 본원적 수동성에 본래의 인상을 할당한다. 달리 말하면 후설에게 본래의 인상은 과거 지향과 미래 지향의 시간적 지평 내부에 있고 따라서 의식 안에서 되찾을 수 있다. 더구나 의식은 단지 이러한 회수récupération[11]일 뿐이다. 반면, 레비나스에게 본래의 인상은 시간의 지평 밖, 즉 엄밀한 의미에서 현재 밖, 후설의 생생한 현재 바깥에 있다. 본래의 인상은 더이상 회수될 수 없고, 되풀이될 수 없고, '변형되지-않은' 채로 있다. 즉, 본래의 인상은 유효성effectivité 자체에서 그 가능성을 앞선다. 이것은 놀라운 것, 즉 모든 가능한 것보다 먼저 오는 것을 수용하거나 수용할 수 있다. 시간성의 현존의 지평에서 해방된, 레비나스에 의해 수정되고 정정된 본래 인상은 촉발된 주체가 타자(사건)로부터 받아들일 뿐만 아니라, 타자가 주체를 구성하는 것(동일자-안-타자)을 의미한다. 고유한 것으로서 현상학적 지평은 초과된다. 의식은 내재적이지 않을 수 있다. 의식은 통일성unité 안에서, 끊임없는 자의식 안에서 끊어질 수 있다. 따라서 주체의 자기구성은 없다. 엄밀히 말해 주체의 자기구성이란 있을 수 없다. 본질의 시간이 동일자의 시간으로서 중단됨은 주체가 '지향성 속 통시성'

---

11 "의식을 말하기, 이것은 시간을 말하기이다. 이것은 여하튼 회수 가능한 시간을 말하기이다.", *AE*, 57. / 《존재와 달리》, p. 76.

에 따른, 수동성 안에 그리고 시간으로부터, 시간의 수동성 안 타자와의 주제화할 수 없는 관계에 있다는 것을 의미한다.

후설의 근원 인상에 대한 레비나스의 반전retournement은 엄밀히 말해 **의식의 경험은 없다**[12]는 것을 의미한다. 즉, 이것이 헤겔 이래로 현상학에 대한 정의를 제공하는 제목임을 우리가 기억한다면, 엄밀한 의미에서 현상학은 없다. 경험Er-fahrung은 실제로 동일자의 변형으로 구성되고, 생성된·변환된 출발점으로의 회귀를 통해 촉진되고 가능하게 된 변질altération로 구성된다. 체험Er-lebnis은 의식과 의식의 지향적 목표 안에서 내적 시간의 현상학에 의한 변형의 현상학을 배가시키고 증대시킨다. 우리는 여행, 여행의 모험과 편력, 여행의 형태와 이야기가 왜 그토록 쉽게 의식의 오디세이를 나타낼 수 있는지 분명히 본다. 수많은 우여곡절과 계략과 시간적 타협을 통한 율리시스의 여행은 이타카에서 이타카로, 동일자에서 타자로, 전혀 다른 동일자로, 동일한 전적인 타자에게로 의미를 자기-변형auto-modification에 종속시키면서 전달한다. 오디세이의 여행에서, 여행의 구조와 시간성에 따라 우리 삶의 경험은 체험되고 끊임없이 우리 의식의 흐름의 연속성에 재전유된다. 현존에 비추어 볼 때, 즉 내게 여행을 이야기하고 현실화하도록

---

12 여기서 우리는 *En découvrant l'existence avec Husserl et Heidegger*[《후설과 하이데거와 함께 존재를 발견하며》], Vrin, p. 211.에서 읽을 수 있는 특별한 문장을 떠올린다. "우리 삶의 중대한 경험은 엄밀히 말해 한번도 체험된 적이 없다."

했던 현재의 동시에 A지점에서 B지점으로의 노정의 의미, 즉 이야기가 역사를 복원하는 것 같은 대상들과 기획projet들에 의한 주체화의 의미를 제공하는 끊임없는 자기현존에 비추어 볼 때 그러하다.

여러 측면에서 델몽은 율리시스의 여행을 되풀이한다. 그러나 두 경로의 동형성isomorphie은 모조리 두루 편력한 원형과 정신적인 것 혹은 의식의 사건으로 원형을 암시하는 원호 사이의 차이를 감출 수 없다. 이것은 어떻게 보면 경험에서 체험으로의 미묘한 이행을 가리킨다. 처음에 델몽은 파리-이타카로 돌아가려 하지 않았다. 그의 여행은 회귀-없음에 의해 지배되고 그가 탄 기차는 로마역에 멈춰 선다. 하지만 변형은 그의 반-여정contre-odyssée을 과過여정surodyssée으로 만들고, 출발점에서 시작된 변형을 변화시킨다. 파리로 돌아가기로 한 델몽의 결정은 따라서 율리시스의 전철을 떠올리게 한다. 이것은 항들의 의미, 왕복의 흐름을 뒤바꾸거나 인간을 그-자신에 반대되는 수많은 순회로 또는 자기 항해의 역행으로 받아들이는 것과 관련되지 않는다. 델몽은 철도의 변경, 최초의 originaire 변경에 대해 그의 실존에 부여될 새로운 의미를 기대한다. 다시 말해, 타자를 위해 동일자를 면직시키려고 했던 급진적 결정에서 기대된 것보다 훨씬 더 이치에 맞고 참신한 의미를 기대한다. 왜냐하면, 모든 여행에서 타자는 항상 동일자로 회귀하기 때문이다. 그러나 이 동일자는 여행자 자신의 움직임 속에서 고려된 타자의 동일자로서 인정받기 위한 여행을 요구한다. 따라서 여행은 경험이다. 델몽만큼이나 율리시스에게, 여행은 의미이다. 어쨌든, 의미를 띠기 위해, 의미는 순유해야voyager 하기 때문이다. 이것은 의미의 의미이다. 말하자면 연이은 그리고 끊임없는 변형의 시간 속에서 전개되는 의미의 경험이다. 과거 지향, 미래 지향 그리고 지향의 현상학적 시간은 의미의 시간이고, 시간의 의미를 만든다. 델몽에 관해, 과여정의 여행이라고 불렀던 것은 따라서 방황하는 운명destinerrance이나 예책도 계책도 없는 아브라함의 이동과 전혀 비슷하지 않다. 아브라함은 어디로 향할지 모른 채 사막으로 가 버린다. 그의 발걸음은 불안정하고 그의 노선은 모험적이고 맹목적이다. 여행을 하더라도, 그는 여행의 본질과 개념 자체와 모순되는 아주 절대적인 수동성에 종속된다. 그는 영원히 방랑하는 유대인, 아하스베루스Ahasvérus[13]와 마찬가지로 '여행가'에 속하지 않는다.

델몽은 의미를 조금도 철회하지 않는다. 반대로, 그는 과여정의 목적지에서 의미를 증대시킨다. 사실, 그는 의미를 자기로의 회귀 또는 자기 집이 아닌, 그의 출발 의지에서 매우 급진적으로 로마의 장소적 타자성, 목적의 수정, 결과의 달성(헤겔), 다른 곳의 거주를 위해 마련해 둔다. 이전에 왕복

---

13 [옮긴이] 처형장으로 가던 예수가 자신의 집 문턱에 쉬고자 하는 것을 거절하여 영원한 방랑을 선고받은 전설 속 인물.

으로 다수 실행된 여행을 다시 하면서, 그는 수차례 여행을 되풀이하지 않는다. 그는 이제부터 여행을 완전히 궁극적이고 결정적인 목적지로 향하게 한다. 그리고 이 목적지는 로마와 파리, 두 도시의 교환 불가능성, 더구나 두 도시의 현저한 대비, 엄밀한 상반됨에서 '이동', 변질을 **가진** 변형에 의한 존재의 본질과 뭔가 연관된 것을 중단시키고 싶어 한다.

변형, 삶을, 적어도 그의 삶을 변화시키려는 순수한 욕망은 소설의 아주 초반에 '타자의 시간으로의 이행'으로서 고양된다. 이것이 바로 떠나는 환희 속에서 기대되는 것이다. 델몽은 과거 지향 속에, 아무것도 바뀌지 않는 시간, 변질 자체를 전혀 바꾸지 못하는 시간(부부생활, 가정생활, 직업생활의 일상) 속에 매몰된 시간을 보내고 싶어 한다. 그는 변질 없는 변형에서 변형을 '지닌avec' 변형으로, 즉 모든 '변형'의 타자로 이동하고 싶어한다. 이에 관해 우리가 레비나스에게서 찾아낼 바로 그 이름은 소박하고 영속적인 사랑이다.[14] 하지만 로마는 자

14 1985년, 볼초겐(C. von Wolzogen)과의 대화에서 레비나스는 여느 때보다는 좀 덜 조심스럽게 진술한다. "진정 인간적인 것은—이 단어를 두려워하지 마라—사랑이다. … 사랑 또는 책임은 단독성의 의미부여(Sinngebung)이다." 후설에 대한 참조는 증여의 의미와는 반대로 사랑만이 '비-상호성' 안에서 '의미'를 준다는 점을 분명히 나타낸다. 레비나스에게서, 지혜가 사랑받는다고 철학이 존재하거나 철학만이 존재하는 것은 아니라고 덧붙일 것이다. 오히려 사랑받는 지혜는 언제나-이미 사랑, 즉 탈전체화 혹은 와해된 관계, 지혜-사랑(philo-sophie), 약속한 지혜의 시간화, 약속된 진리로서 철학이기 때문이다. 진리의 탐구, 지혜-사랑은 절대적인 어떤 진영(un bloc)을 향한 불변하는 그리고 무한히 가까워지는 열망으로서 있을 수 없다. 이것은 운동 그-자체, 탐구, 태곳적 흔적 그리고 시간적 노선의 여러 단계 속 진리로서만 있을 수 있다.

기 뒤, 파리에 남겨진 여성을 재소환하는 다양성과 확대에서 드러난다. 이교도의 로마와 기독교의 로마, 도시 안의 도시로서 바티칸 시국은 계층을 결정하고 도시를 목적지의 유일성과 혼란에서 조금씩 벗어나게 하는 전기적傳記的 참조를 결정한다. 마치 모든 도시가 사실상 영원한 도시인 것처럼, 도시는 바로 로마이고, 파리에도 있다. 정부情婦는 미래의 신부이자 아내이다. 어쩌면 새로운 안주인일지, 우리는 절대 알지 못한다. 새로운 삶은 이미 체험한 삶인가?

'매한가지', 이것은 사실인즉 여행의 비밀일 것이고, 유사한 방식으로 모든 체험의 위상일 것이다. 그렇지만 상응homologie은 '~에서 ~로du… au…'에 매우 주의를 기울이도록 강제한다. 이 시-공간의 간격에서 새로운inédit '경험들'로 주체가 무거워지고 풍부해지는 순환의 모든 단계와 주체의 겹겹에 보태지는 모든 단계가 일어난다. 그러나 '우리 삶의 훌륭한 경험'은 '우리에 의해 체험된' 것을 실행할 적절한 주체화의 과정을 따르지 않는다. 장 프랑수아 리오타르는 우리가 《쟁론》의 중요한 부분에서 읽을 수 있는 대화에서 이를 힘주어 설명한다. "닫혀 있는 것, 자아는 어떻게 외재성의 초월에 열려 있고, 이를 감당할 수 있는가? 결국, 가장자리와 경계의 변증법, 전적으로 헤겔적인 운동과 관련되지 않는가? 외재성 없이는 내면성도 없다. 그 반대는? 타자 없이는 자아도 없고, 자아 없이는 타자도 없는…? 타자 없이는 자아도 없다는 것, 만약 타자가 자아의 타자라면, 우리는 이것을 받아들일 수 있다. 자아는 자아를 대자pour soi가 되기를 밀어붙이는 나르시스적 운동 속에서 사라지면서 그리고 자기 소외를 딛고 다시 일어서면서 구성된다. 그러나 자아 없이 존재하지 않을 타자는 나의 타자가 아니다. 그는 나의 여정odyssée의 일시적 소외가 아니라 여정을 망가뜨리는 자다. 당신은 그것을 어떻게 아는가? 그의 요구가 불러일으키는 열정, 박탈, 이 망가짐에 의해 알 수 있다. 타자의 도래는 나를 풍부하게 하고 나의 경험을 확장시키고 밝혀 주는 기회를 주기는커녕 경험의 주체로서 나를 제거한다."[15] 파리에서 로마로, 절대 변형되지-않는 것에서 변형의 의도로, 이것은 엄밀한 의미에서의 변형에, 변형의 변형에 이르는 동일한 것의 계시révélation이고 소설에 제목을 붙이는 계시이다. 즉, 도착지로의 회귀 결정에 그리고 계획의 포기에, 같은 계획으로 귀착되는 다른 계획의 계승에 이르는 동일한 것의 계시이다.

출장의 취소 또는 기대 효과의 무효화, 변화altération와 다른 여성에 대한 포기는 따라서 **현실성**Wirklichkeit과 실제 여성과 함께 매우 헤겔적인 화해를 수행한다. 우리가 알고 있는 모든 **경험**의 일반적 구조를 제공하는 것은 실제로 헤겔이다. 이 일반적 구조는 움직임과 행동fahren을 의미하고 아마도 또 많은 **체험**Erlebnis의 요소들을 의미한다. 델몽의 계획은 따라서 그의 여정에서 일시적 소외였을 뿐이지만, 가르침이 풍부하

---

15   Jean-François Lyotard, *Le Différend*, Minuit, 1983, pp. 163-167.

고 교훈이 없지는 않을 것이다. '대자가 되기를 밀어붙이는 나르시스적 운동' 속에서 의식의 장악prise/위기crise일 것이다. 여행자의 도구 중 관광 안내서, "길 잃은 자들의 푸른 안내서"[16]는 후설 현상학의 용어로 가장 다양한 지향적 체험의 내재적 증여를 생산하고 조직할 수 있는 자기-구성의 매뉴얼이라고 부를 수 있을 것을 나타낸다. 길 잃은 여행객의 안내서는 실제로 일종의 현상학적 주의注意의 원칙을 따른다. 이것은 의식의 단계를 이끌고 방황과 일탈을 방지하는 데 소용된다.[17]

뷔토르의 《변경》 속 델몽의 여행과 함께 우리는 다른 여행자들의 무성無聲의 현존을 가로지르고, 이 이야기의 책-형식에 빠져든, 궁극적이고 왕래를 매듭짓는 의식의 변화에 대한 경험의 이야기를 얻는다. "당신 손에 들려 있는 책"[18]은 체험의 유동적 통일성(여행-이야기-책, 획득-망각-회수)을, 세밀하게 기록된 그의 행위를 제시한다. 리옹역에서의 출발로부터 "보존되었지만 읽지는 않은 이 책"은 추구되는 진리의 형태와 스물 몇 시간 동안 펼쳐지는 체험의 기록consignation을 발견하

---

16 Michel Butor, *La modification*, Minuit, 2014, p. 295.

17 우리는 이에 대응하여 바츨라브의 랍비 나흐만(Nahman)의 권고를 소환할 수 있다. "절대 길을 묻지 마라. 길을 잘못 들게 되지 않을 수 있다."

18 Michel Butor, *La modification*, op. cit., pp. 273~274. "당신이 출발할 때 샀던, 여행 내내 당신-자신의 휘장처럼 보존되었지만 읽지는 않은 책이 있다. 당신은 이 책을 손가락 사이에 끼고 말한다. 나는 책을 써야 한다."

기 전에 언제나 이미 햇빛-가리개 대용품으로 우선 사용되는 여행-화자에 속했다. 따라서 체험, 즉 그 자체로서, 선유된appropriè, 재전유된rèapproprié, 되찾아진récupéré 체험은 델몽의 '삶의 중대한 경험'이었던 가능성에, 혹은 기점으로 삼았던 구절과 '~없는 변형'을 결정 짓는 구절에서 레비나스가 이 용어에 부여하는 본래 의미로서 '변환'의 가능성에 불확실성을 부과한다. 삶의 중대한 경험은 무엇인가? 리오타르의 말을 빌리면, 그것은 모든 가능한 경험의 주체, 체험 속 경험의 모든 수임의 주체를 불순하게 하고 박탈하는 것이다. 이것은 '열정passion'이다. 이 열정 안에서, 이 '단수singulier의 의미의 증여' 안에서 모든 수동성보다 더 수동적인 수동성을 확실히 이해해야만 한다.

중대한 생사의 경험을 하지 않았기에 델몽이 어떤 경험도, 어떤 체험도 하지 않았다는 말인가? 물론 그 반대이다. 그는 레비나스가 매우 명시적으로 변질 없는 변형에 연관시킨 어떤 것, 매우 분명하게 늙어감·죽음·시간 상실 순서로의 어떤 것을 **경험**한다. 델몽은 시간의 마모, 시간의 '무성無聲의 마모'를 경험한다. 그리고 이것은 회춘, 즉 변질, 시간의 변화, 중단을 포기하게 하는 은근히 고통스러운 경험이다. 게다가 책은 이 포기를 인수하는 위안과 같고 견뎌야 하는 늙어감 속에서, 인내 속에서, 회귀 없이 '나와 연관된' 상실 속에서 회춘하려는 계획을 웃도는 것과 같다. 레비나스가 매우 잘 말하는 것으로서 "시간의 상실은 어떤 주체의 작품이 아니다. 후설의 현상학적 분석이―언어를 남용하면서―시간의 경과를 회수하는 과거 지향rétention과 미래 지향protention의 종합은 이미 자아를 필요치 않는다. 시간은 지나간다. **인내하며** 이뤄지는―깊이 있게, 부름 받은, 수동의―이 종합은 늙어감이다. 이것은 세월의 중압감에 못 이겨 산산이 부서지고 현재 즉, 재-현으로부터 불가역적으로 빠져나온다. 자기의식 속에 더는 자기에서 자기로의 **현존**은 없다. 그러나 노화는 있다. 기억의 회복 저편 노화처럼, 이것은 시간이―회귀 없이 상실된 시간―통시성이고 나와 관련된다는 것이다."[19]

실제로 델몽의 여행에는 일종의 제한된empêché 통시성, 변형 없는 변형이 확실히 있다. 이에 **변형**이라는 제목을 가진 이 책[20]에서의 전체 움직임과 복원은 변형과 '전위déplacement', '변질altération'과 '이행transition' 그리고 '질적인' 변화와 **함께** 간략히 변형을 뒤집는다. 이러한 경험은 상실된 시간, 시간 속에 있지는 않지만 통시성 그 자체인, 즉 시간의 늙어감인, 시간의 시간화인 주체에 관해 참으로 특별하고 동시에 보편적인 특이한 경험이다. 이것은 뷔토르가 여행 내내 '당신'이라는 용어의 주목할 만한 사용으로, 불러세우는 진리의

---

19   *AE*, p. 88. / 《존재와 달리》, pp. 118-119.

20   [옮긴이] 국역본 제목은 《변경》이다.

삽입으로, 시작하면서 **말하는** 것이다. 이것은 경험에서 한없는 말함의 무한까지 말하는 것이다. 이것이 바로 시산의 노화이다. 이 경험은, 델몽의 의도적 계획에 의해 겨눠진 변형에 이르지 못할지라도, 시간화의 의미 경험, 정지한 통시성의 골조를 짠다. 지나간 그리고 바뀐 시간은 나를 변화시킴없이 나를 변화시킬 것이고, 시간화의 돌이킬 수 없음은 복구 불가능하게 나를 늙게 할 것이다.

우리는 결론으로 **오디세이적** 여행과 같은 것에서 전혀 다른 같은 것으로의 **초오디세이적**surodyssén 여행, 즉 삶의 재개, 다른 삶의 추구가 출발점에서 기획되는 가운데 **프로메테우스적**이라고 부를 수 있을 **초오디세이적** 여행, 그리고 마지막으로 **통시적** 여행, 수동성에 가장 가까이 있는 여행, 아마도 더 이상 여행조차 아닌 여행 사이 일련의 차이를 주목할 수 있을 것이다. 이것은 경험의 복잡한 층을 가리킬 때만 의미를 지닐 유형학이다.

사실, 첫 번째 오디세이적 여행은 의식이 세계와 의식-자체에 대해 이해하는 경험 속 의식을 실행하는 운동일 뿐이다. 이것은 매우 명확히 "부동적인 것의 동성mobilité de l'immobile"[21]과 관계를 맺고 있다. 레비나스의 이 표현은 강렬한 반향으로 후기 셸링의 독자라면 인지했을 것을 가리킨다. 즉, 사변적 변증법과 이념의 다른-생성의 '거짓-운동' '제자리걸음

---

21 *AE*, p. 53. /《존재와 달리》, p. 70.

surplace', 모든 마모와 불화가 오직 부동의 존재의 '변증법적 침묵'을 깨는 일종의 현실에 대한 표현적 모방임을 가리킨다. 우리는 방 안 사면의 벽 사이를 여행하는 것으로써도, 아니면 율리시스의 지중해 항해에서처럼 완전히 '변형 없는 변형'으로써도 모든 변형에 미치지 못한다.

두 번째, 계획으로서의 여행이 만약 이동으로 이해된다면, 따라서 제자리걸음으로서 거부된다면, 다른 곳을 향한 자기투영에서 생긴다면, 레비나스가 말하는 변질 없는 변형에 부분적으로 부합할 것이다. 우리는 이 여행이 확실히 하이데거의 '앞질러 달려가 보는 결단성'과 상관이 있고, 운명의 변형과도 상관이 있다고도 많이 어렵지 않게 보여줄 수 있을 것이다. 이 운명의 변형은 그렇지만 변질 또는 혼란이 아니라 동일한 합목적성·의미의 다른 수단, 삶의 사건들을, 실존의 변형을 목표에 대한 운명적 실현에 종속시킬 의미화의 다른 수단을 통한 연속이다. 이런 점에서, 이 두 번째 경험의 모습은 사실 첫 번째 경험의 본질을 실행하게 할 뿐이다.

결국 통시적 이동은 어쩌면 유일한 진짜 여행일지 모르며, 종국에는 앞선 두 오디세이적 여행 형태와의 단절 안에 존재한다. 이것은 모든 것을 바꾸는 시간을 따르고, 여기서 아무것도 바꾸지 않는 시간은 동일한 것으로 되돌아가는 여행 기간의 간격에 주목한다. 이것은 수동성의 질서 혹은 상실에 대한 인내의 질서에 관한 것이다. 뷔토르의 《변경》은 동사의 이중적 사용에서 우리에게 '당신'과 주소를 통해 계획을 인내로 변환시켜야만 함을 의미하고 통지한다. 《변경》이 레비나스의 통시성을, 시간의 경과를 상기시킬 수 없지는 않지만, 이것은 뷔토르에게서는—결코 단언할 수 없지만—후설의 수동성에 더 가깝다. 실제로, 이것은 후설의 경험적 시간의 구조 속 과거 지향과 본래적 현재maintenant originaire의 넘을 수 없는 연관에서처럼, 자아의 개입 없이 독립적으로 주어지는 모든 것의 본래적 공동-증여에서 드러나는 여전한 구성적 수동성이다. 따라서 "인내하며 이뤄지는 종합"은 "비-종합"이나 "피로"에서, 즉 동일자가 더 이상 동일자에 합쳐지지 않고 주체의 존재가 "의미작용에서 사라지는"[22] 근본적 분리에서보다 후설에 따른 수동적 종합에서 더 의미를 띠게 된다.

경험은 무엇인가? 지금까지 질문된 것은 다름 아닌 바로 이 질문의 한가운데서다. 실질적인 운동은 무엇인가? 공간 속에서 움직이는 것, 즉 근본적으로 시간 속에서 움직이는 것은 무엇이고, 한 지점에서 다른 한 지점으로, 하나의 삶에서 다른 삶으로 가는 것은 무엇이고, 도래할 타자성은 무엇인가? 참으로 훌륭한 헤겔의 서술에 따른 '중지station', 동요 및 잇달은 상응화를 통한 '불가항력의 전진' 끝에 있는 '목표 도달'인가, 아니면 어떤 '길잃은 자들의 푸른 안내서'로도

---

22 *AE*, p. 88. / 《존재와 달리》, p. 119.

북쪽과 동쪽을 절대 찾아내게 할 수 없을 방황의 극단적 가능성인가?

우리는 물음을 통해서 '우리 삶의 중대한 경험들'이 있을 법한 것에 대한 응답의 몇몇 단편을 실제로 그러모으는 여행에 대한 이 물음을 통해서 말고는, 달리 결론을 내릴 수 없을 것이다.

레비나스에게서 휴머니즘, 물질주의 및 정치

　레비나스에 관한 독해가 정치적 방향의 관점으로 향하는 한에서, 우리가 끌어낼 수 있는 결론은 무엇인가?

　개략적으로 말하자면, 레비나스에게 혹은 레비나스 이후로도 실질적이고 생생한 정치에 대한 사유가 있다는 것이다. 그러나 이것이 윤리적 가까움에 대한 정치화의 매력적이지만 위험한 모델을 따르는 것과는 전혀 다르게 구성됨을 즉각 명확히 해야 한다. 실제로 어떠한 정치도 실제로 윤리에서 연역해낼 수 없기에, 이러한 사유의 엄밀한 틀 안에서는 정치에 대한 사유가 일어날 법하지 않고, 심지어 실현 불가능하기까지 하다. 이것은 우리가 살펴봤듯이 적어도 타인과 다른 타자들, 얼굴과 정의 사이의 관계 문제가 순탄치만은 않게 제기될 수 있는 제삼자들의 문제이다. 말하자면 신중한 급진성은 어느 정도까지 반정치적이라 할 수 있을 입장, 정치의 미망에서 깨어나고 정치적 권력에 환멸을 느끼는 입장의 진술에서 행사된다. 하지만 이 입장은 결코 체념 혹은 사유의 탈정치화 dépolitisation를 수반하지 않는다. 《포로 일지》에서, 정치에 대한 이러한 관심은 가장 단순한 표현의 의미로 확인되고 말해진다. 예를 들어 레비나스는 수감자의 관점에서 메모한다. "스탈린이 옳다." 그리고 레비나스는 이러한 관심이 또한 정치적인 것의 사유를 따를 수밖에 없다는 것을 보여주려고 덧붙인다. "우파의 혁명 없이."[1]

레비나스의 작품에는 철학의 정치가 있을 수 있다는, 심오한 분석의 윤곽을 볼 수 있다. 이는 알튀세르가 마르크스주의적 관점에서 '이론상의 계급투쟁'으로 규명하려고 시도했던 의미와 다소 유사하다. 레비나스는, 완전히 다른 기반 위에서 서양 철학·정치학의 유사성과 결합이 가능한 조건을 보여주었다. 예를 들어 그는 〈평화와 근접성〉에서 다음과 같이 쓴다. "합리적 사유는 또한 정치이다."[2] 주목할 만한 명제: 개념 형성의 필요성, 개념의 논리, 목적-논리téléo-logique는 특별한 규정성(죽음, 고통, 말살)을 이성, 이성의 절대적인 것에 대한 운동 자체에 의해 경주되는 완성에 종속시킨다. 이러한 척도에서 정치는 이성과 앎, 로고스와 의미의 시작이다. 정치는 실제로 서양에서 모든 과도함démesure의 중용la juste mesure이다. 철학에는 항상 철학의 정치가 있다. 즉, 개념 작용을 조직하고 다원적으로 결정하는 의미 생성의 경제économie가 있다.

레비나스는 그렇게 철학함의 **정치적** 사유를 제시한다. 그는 우리에게 적어도 이에 대한 몇몇 실마리와 흔적을 보여준

1 E. Levinas, Carnets de captivité et autres inédits, Oeuvres 1, Paris, Grasset/IMEC, 2009, p. 52.

2 E. Levinas, Altérité et transcendance, Le Livre de Poche, 2010, p. 139. / 김도형·문성원 옮김, 《타자성과 초월》, 그린비, 2020. p. 157.

나. 그러나 동시에 수많은 물음 앞에 그가 우리를 배고프게 하는 것도 사실이다. 예를 들어 특히 직접성, 윤리적 대면의 올바름, 대신함으로까지의 호소를 듣는 주체의 징발réquisition 과 제삼자들의 유령성, 즉 윤리적 의미작용을 방해하는 다수 성의 유령성을 어떻게 연결할 것인가? 만일 레비나스가 우리 에게 가까움/정의 관계의 구조화된 사유를 제시하지 않는다 면, 대조를 통해 정치철학이 정치적인 것과 정치의 특정한 사 유 체제를 구성한다고 보여주는 것이다. 정치에 관해 어떤 것 을 전혀 다르게 사유하는 것은 가능할 뿐만 아니라 절대적으 로 요청된다. 따라서 레비나스에게 정치철학이 없다는 점은 명백하다. 그러나 한편으로는 방금 언급한 철학에 대한 정치 의 요소가 있다. 게다가—정치를 사유하기—이 점에 대해서, 레비나스에게서 빈약하고 급진적인 무언가가 발견된다. 윤 리의 번역불가능성에 대한 근본적 원칙을 수반하는, 레비나 스의 전형적인, 무너지기 쉬운 것의 급진성이 있다. 이것은 다른 한편으로는 '정치는 다음에'의 의미작용이다. 정치는 앞 서게 되고, 윤리에 의해 초과된다. 그러나 정치는 그 자신의 '다음'을 필요로 한다. 이것이 아마도 《포로 일지》에서 언급 된, 레비나스가 항상 당시의 구체적인 정치적 물음에 관심을 두게 했던 것일 게다. '변증법의 다음 다음 날'이라는 텍스트 의 짧은 구절을 한 가지 예로 들어 보겠다. "선을 더욱 선하게 그리고 백을 더욱 빛나게 하기 위해, 선에서 악으로, 백에서 흑으로의 변증법적 전환은 메시아가 따르는 길이 아니다. …

우리 시대 가장 특기할 만하고 비통한 경험, 그것은 우리가 스탈린주의라고 부르는 탈소외désaliénation의 소외였다. 혁명에는 다음이 필요하지 않나… 혁명과는 다른 그리고 그 어떤 혁명보다 더 혁명적인."[3] 스탈린은 더 이상 전적으로 옳지 않다! 여기에 확실히 레비나스의 방법, '정치를 그-자신에 내맡기지 않는' 과장된, 더 유리한 조건을 제시하는 방법이 있다. 이것은 혁명적 변증법의 다음 다음 날, 최후의 심판과 같은 모든 혁명 다음이다. 이는 적어도, 다소 덜 무거운 표현을 사용한다면, 동요하는 진리를 개시하는 모든 혁명 다음이다.

한편으로, 레비나스에게서나 레비나스의 사유로부터 정치의 긴급성, 정의의 적합한 분담의 긴급성, 세계의 무한 악과의 대면의 긴급성이 그리고 동시에 이러한 임무, 의무의 완성, 실현, 마무리에 이르지 못하는 근본적 불가능성이 있다. 우리는 선조들의 격언, 《피르케이 아보트Pirkéi Aboth》의 훌륭한 말[4]을 생각해 볼 것이다. "너는 일을 마쳐야 할 의무는 없지만, 일을 시작하지 않을 권리를 더 많이 갖지도 않는다." 그리고 나서 **긴급성**과 **불가능성**이라 부르는 것, 이 두 가지 모두를 이해해야 한다. 만일 레비나스가 윤리의 불가능성, 즉 윤리의 과장hyperbolisme, 과도過度에 거의-지진계적인quasi-

---

3 Éd. J. Rolland, *Les cahiers de la nuit surveillée*, n°3, Verdier, 1984, pp. 323-324.

4 [옮긴이] 탈무드 63권 중 '선조들의 장(章)/교훈' 부분이다.

sismographique[5] 반시처럼 매우 민감하지 않았다면, 긴급성에 대처하기 위한 몇몇 처방을 내릴 수 있었을 것이다. 그리고 만일 긴급성이 레비나스를 괴롭히지 않았다면, 제삼자들의 문제는 윤리에 대한 그의 사유에서 그토록 특별한 진동을 일으키지 않았을 것이다. 예를 들어 레비나스는 윤리적 사회성의 보편화 가능한 준칙의 추구나 더 나은 체제의 가치론의 양상에 관해 일련의 조정된 매개에 따라 연결된 가까움과 정의의 두 기록 간의 관계에 대한 사유를 제시할 생각이 많지 않았다. 레비나스가 종종 비교할 수 없는 주체에서 사회 일원으로의 전환이라고 부르는 것의 형식에서 우리는 그것이 불충분한 개념성임을 알아차리고 비판할 수 있었다. 우리는 이 비판을 이해할 수 있지만, 비판의 일관성과 동기를 보존하는 관점, 즉 정치철학의 관점에서, 이 비판이 연관되는 조건하에서 이해할 수 있다. 정치적 영역의 자율성, 정치적 주체와 이들 결정의 합리성, 정치적 주체들의 관계를 조직하는 관계의 주권, 게다가 이따금 '자발적' '복종'(에티엔 드 라 보에시)의 위험을 무릅쓴 심급의 위계는 정치철학을 에워싸고, 정치적인 것에 대한 사유의 단일한 체제를 만들고, 철학적 전통에서 보편적으로 지배적인 사실이 된다. 정치적인 것의 자율성은 계약, 선의 또는 정치와 국가를 포섭하는 역사의 의미에 관한 가정

---

5 레비나스는 윤리가 지닌 과잉, 과다, 과장 등 모든 것에 지진계처럼 예민하다. 따라서 이것은 거의-지진계적인 것이다.

으로부터 정치의 사유를 수반하는 이러한 관점의 토대이다. 이것은 비-동일적인 것의 공유, 장소-밖 단일성들의 장소 안 종합으로부터 가치를 추론하려고 시도할 규범적 서술을 산출할 수 있는 정치적인 것의 자율성에 대한 동일한 가정이다.

이런 관점에서 보면, 레비나스의 정치철학이 없다는 것은 명백하다. 그러나 반복하건대, 레비나스는 정치에 대한 사유를 갖고 있다. 이것은 정치적인 것이 **어떤 자율성도** 점유하지 않을, 레비나스적인 그러나 레비나스적인 것만은 아닌, 다른 관점을 형성한다. 이것은 우선 그리고 대거 정치가 자기로부터 모든 것을 판단할 수 없다는 것을 내포한다. "윤리적 사실이 아무것도 빚진 것 없는" "가치들"의 총합으로서 도덕이 자기로부터 모든 것을 판단할 수 없는 것처럼 말이다. 왜냐하면 "윤리적 사실에 모든 것을 빚지고 있는"[6] 것은 가치들이기 때문이다.[7] 따라서 레비나스가 우리에게 제시하는 것은 아마 정치적 존재론보다 더 빈약하고 더 불분명하고 동시에 더 급진적인 어떤 것이다. 질서 혹은 언어의 자동사성, 정치적 명제에서 철학적 기입registre의 변환 불가능성은 불가능성을 나타내거나 의미한다. 그러나 이 불가능성은 결코 질문의 긴급성을 무효화하지 않는다. 이 불가능성은 비실효성이 아닌

---

6   E. Levinas, *De Dieu qui vient à l'idée*, Paris, Vrin, 1992, p. 225.

7   [옮긴이] 다시 말해, 윤리적인 것은 가치들에 전혀 의존하지 않으며 반대로 가치들이 윤리적인 것에 의존한다.

닐효성, 가능성에 의해 선행되지 않는 실재성이다.

바로 사물 자체가 더이상 평온하게 사유되지 않는다. 이것은 사물 자체로 드러나는 것이다. 명백히, 레비나스의 윤리는 철학적 비-상함의 부문으로 들어간다. 그리고 이 철학적 비-상함은 어떤 역사적 맥락과 이미 구성된 철학적 조합에 마침내 익숙해지게 될 파열하는 새로움이 말해지는 기상천외한 혁신percée, 놀라운 설정이다. 실질적으로, 윤리는 주체의 주체성이 면직되고 증명이 표현의 과장을 통해, 틈새déliaison를 내고 소진하기까지 관념과 개념들의 최상급 연관을 통해 발생하는 유토피아적 장소를 가리킨다. 윤리는 주체성의 철학과 마찬가지로 도덕철학과도 절연한다.

정치에서는 불가능한 윤리의 추론이 정치의 윤리적 불가능성이라는 결론에까지 이르지는 않는다. 이론적으로 유지될 수 없지만, 불가능성은 이론에 반해 성립되는 정치를 조금도 방해하지 못한다. 파스칼의 텍스트[8]를 참조하여 분석했던 바대로, 군주들과의 관계 속에서 철학자들의 거짓 꾸밈,

---

8 Pascal, Pensées, in Œuvres, Paris, Gallimard, Pléiade, p.1163. "우리는 현자들의 풍성한 가운으로만 플라톤과 아리스토텔레스를 떠올린다. 그들은 다른 사람들처럼 그들의 친구와 함께 웃는 정직한 사람들이었다. 그들은 《법률》과 《정치학》을 쓰길 즐거이 했으니까, **즐기면서** 한 것이다. 이것은 그들 삶에 가장 철학적이지 않고 가장 진지하지 않은 부분이었다. 가장 철학자적인 것은 검소하고 평온하게 사는 것이었다. 만일 이들이 정치에 관해 썼다면, 이것은 **정신병원을 통제하기 위한** 것과 같았을 것이다. 그리고 그들이 대단한 것인 양 말하는 척했다면, 이것은 그들이 말하는 광인들이 왕이나 황제일 것으로 착각한다는 것을 알았기 때문이다. 최소한의 악으로 그들의 광기를 완화하기 위해 그들의 원칙에 따른다."

정치와의 관계 속에서 철학의 거짓 꾸밈은 종종 이 두 기록이 공통의 것과 연관되지 않는 것을 알면서, 둘을 타동사적으로 같게 한다. 플라톤, 아리스토텔레스 그리고 하이데거에 이르기까지, 많은 철학자들이 정치에 대해 말하고 쓰는 '척한다.' 그런데 이는 '악을 가능하다면 최소한으로 완화하기 위해' 왕과 군주들의 광기의 '원칙에 따르면서' '정신병원'을 통제하는 것에만 관련된다. 여기서 파스칼은 반대로 아렌트에 의해 내려진 진단을 공고히 한다. 즉, 종종 국가의 형이상학인 일반 형이상학에서 유효한 정치를 재흡수하는 조작적 공간으로서의 정치철학을 공고히 한다. 이 '광기', 이 '씨앗', 레비나스는 이것에서 국가의 논리, 지배자들의 논리적 '광기'를 '따르지 않는' 자들의 독특성singularité을 알아본다.[9] 철학자들의 척-할 수 있음에 대한 평가는 파스칼과 레비나스에 따르면, 교활한 거짓 꾸밈 또는 제삼자들의 정당한 요청에 따르면 '원칙에 참여'를 의미하는 것에 대해, 철학자들의 정치에 대해 우리를 앞에 두고 '번역하는' 것의 '배반'에 주의하면서 자문하기를 명령한다. 문제가 되는 것은 '참여entrée'이다. 이것은 파스칼의 언어만큼 엄밀한 레비나스적 의미에서, 적합하고 간결한 타동사성의 불가능성에 주목하는 것이다. 그렇지만 이 불가능성은 그 자체의 가능한 실천을 요구한다. 따라서 파생 관계, 변증법적 추론 관계 안에 정의와 더불어 윤리를 들이는

---

9 *AE*, p. 265. / 《존재와 달리》, p. 368~369.

것은 문제가 되지 않는다. 이것은 레비나스로부터 이미 고려할 수 있는 것이다. 오히려 《포로 일지》에서 "시간의 선함bonté"[10]이라고 부르는 것에 머무르려고 하는, 정치적 질서 속 철학적 비범함(윤리학)으로의 번역불가능성을 끝까지 사유하는 것이 중요하다(하지만 어떻게?).

이것은 윤리의 중단으로, 공통 척도의 심급으로 정치의 어떤 것을 사유할 수 있는 윤리의 원-바탕archi-fond으로부터 온 것이다. 윤리의 번역을 '행위'를 형성하는 '가치'를 가지고 하고자 하는 것, 이것은 윤리를 관계의 논리-정치적 통일성 안에 재흡수하게 할 것이다. 레비나스에게 **자기-자신에게 맡겨진** 정치, 심지어 가장 보편적이고 가장 민주적인 정치조차도, 앞에서 언급한 《전체성과 무한》의 주목할 만한 표현에 따르자면, 모든 정치는 **전제정을 지닌다**는 것을 절대 잊어서는 안 된다. 달리 말하면 윤리와 정치 사이, 철학, 사회적 또는 정치적 존재의 존재론 그리고 역사 사이 타동적 유형의 관계에 대한 모든 사유가 가능한 파국의 위험에 노출된다는 것이다. 여기서는 제한된 예로써, 정치에 종사하는 실존주의적 분석에 대한 하이데거의 야만화ensauvagement를, 그에 뒤따르는 정치적 보증과 정치적 참여를 생각하는 것만으로 충분하다.

레비나스에게는 정치철학이 없는 것처럼 비정치성도 없다. 정치의 냉정함, 정치권력의 환멸에 대한 확증된 사실은 윤

---

10 E. Levinas, Carnets de captivité et autres inédits, *Oeuvres* 1, op. cit.,, 2009, p. 69.

리와 사상의 탈정치화를 수반하지 않는다. 인용했던 이 표현은 이것을 잘 나타낸다. "정치를 그-자신에 맡기지 마라." 이 표현은 행동, 아마도 부정적인 행동 혹은 은연중의 행동을 내포한다. 어쨌든 이는 "그-자신에 맡겨진" 정치의 모든 등한시néligence에 대한 단호한 거부를 내포한다. 이러한 '행동'일 수 있는 것은 무엇인가? 그것은, 로젠쯔바이크와 레비나스를 혼합하면서, 윤리적 순간·순간성이라 부르는 것에 속한다. 윤리적 순간, 응답의 순간은 통시적 시간과 직접성에 의한, 여기서 또 '선함'에 의한, 모든 자각, 모든 정신의 현존에 앞서 지나가고 발생하는 시간에 의한 충격을 의미한다. 즉, 사전 준비 없이, 지식·권력·의지 없이 인간이 타인의 초월에 의해 전복되는 순간, 인간이 강제적으로 그리고 명령조로 책임의 응답을 요구하는, 주체를 얼어붙게 하고 억압하거나 반대로 억제하는 사건에 주체의 노출을 요구하는 예기치 못한 급습irruption에 의해 전복되는 순간을 의미한다. 이 순간적인 윤리-실천적 행위는 이것이 경고하는 법과 국가의 제도와 형식주의를 중단시킨다. 따라서 살인에 직면했을 때, 루소의 '철학자'는 경찰을 부를 것이다. 이것은 전혀 비난받을 만한 일은 아니지만, 윤리적 책임을 유보하고 깨뜨리면서 민사책임으로 변환시키는 일이다. 이러한 행위는 순서대로 정의와 대칭화의 질서에 의해 통시적으로 중단되어야 할 것이라고 덧붙여야만 한다. 이 행위는 또한 **모두와 모든 것을 위한 정치**의 공통되고 공유된 장소에서 재개할 '권리'를 갖는다. **나에게서**

만 윤리적임에 반해, 즉 내게 명령하고 나를 사로잡는 높음, 얼굴에 내가 마주해 있을 때만 예속적인 것에 반해서 날니다. 윤리적/정치적 중단이 불규칙하게 잇따르는 이 움직이는 장치는 불규칙적이고 뒤얽힌 그리고 서로 '관계 없는' '관계'가 된다. 이 무한화의 운동, 우리는 이것을 레비나스와 함께 영감이라 부를 수 있다. 영감은 추론, 번역, 변증화와는 매우 다른 어떤 것을 암시한다. 영감은 가까움과 정의 사이 환원 불가능한 격차écart에서 발생하고, 끊임없이 이 격차의 유효성을 확인하며, 절대적이지만 유동적이고 불안정한 분리를 의미한다. 이 점에 대해 우리는 영감을 정치가 아닌 윤리에 의한, **정치 이전에** 물음으로서 생기게 하고, **정치 이후에는** 정의를 지나가는 정의에서 의미화를 다시 추구하는 것에 의한 정치의 투자 양상으로 규명할 수 있다.

주의: 절대 정치철학이 되지 않을 정치에 대한 사유 방식은, 정치 게다가 철학 혹은 예술 그리고 특히 에로틱한 것을 포함한 많은 다른 것들이 사유에 의해 천착되거나 암호화된다고 보여지는 방식이다, 이것은 레비나스에게는 **윤리 자체**이고, 윤리의 행위이고, 도약이다. 이 명제의 의미를 이해하기 위해 우리는 《존재와 달리》에서 읽을 수 있는 말함le Dire과 말해진 것le Dit에 대한 내용을 참조해야 한다. 말함, 이것은 레비나스가 쓴 것처럼 의미작용의 의미함signifiance, 모든 언어 이전의 언어, 모든 지식의 단어 이전 언어, 말하자면 일종의 울부짖는

crier 침묵이다. 대신, 말해진 것은 존재 그-자체의 가장 눈에 띄는 이름, 언어적 표출의 역동성이다. 왜냐하면 말해진 것은 말함이 말하는 것을 일시적으로라도 안정시키거나 실체화하는 데 있기 때문에, 말함이 말해진 것을 절대 말하지 않고서 말하는, 말해진 것을 추출하거나 추상화하는 데 있기 때문이다. 따라서 우리는 윤리적 제스처가 말해진 것 없이 말함으로서 어떻게 규정될 수 있는지를 이해한다. 즉 언어-이전pré-verbal 표현으로, 타인에게 벌거벗은 노출로, 혹은 모든 주제화나 모든 표명에 앞서는 솔직함으로 우리는 윤리적 제스처를 알 수 있다. 이 윤리적 제스처, 우리는 이것을 **구조**Rettung, 이타심, 탈존재사건désintéressement처럼 이해할 수 있다. 이것은 타자의 구술로 항상 말함으로까지 거슬러 올라가고, 말함으로부터 말함에서 드러났던 것을 말해진 것 안에서 구해내는 것이다. 우리는 여기서 파스칼이 철학자들이 정치에 대해 말할 때 늘어놓곤 하는, 그들의 '거짓 꾸밈'에 관해 설명했던 것으로 돌아갈 것이다. 이 거짓 꾸밈, 허구화는 거짓말이 아니라 거짓말이 유래하는 말함의 말해진 것을 필연적으로 감추는 것이다. 표현하는 것이 중요하지 표현에 이르는 것은 중요하지 않다. 첫 번째는 분출하고 무한하다. 존재에 바쳐진 두 번째는 반박한다dédire. 여하튼 레비나스 그-자신이 설명하는 것 (정치적 사유의 양태)을 상회하면서, 우리는 정치철학/정치적인 것에 대한 사유의 쌍을 다소 미학/예술에 대한 사유의 쌍과 같이, 말함/말해진 것의 양상과 같이 읽을 수 있다고 생각하다. 확실히 주제화하는 말해진 것에 속하는 '~에 대한 철학'과 **반박하는 방식**으로서, 말함이 말해진 것 자체 안, 형이상학의 역사에서 (하지만 법, 과학, 민주주의 등등과 마찬가지로) 다양하게 말해진 것 안에 남기는 흔적에 속하는 사유들을 읽을 수 있다고 생각한다.

이제 레비나스에게서 정치에 대한 이 물음을 더 잘 숙고하기 위해 특별하고 매우 중요한 지점을 표명하고자 한다. 확실히 혼란스럽기는 하지만, 레비나스가 서양 정치철학의 전통을 관통한다는 의미에서 휴머니즘이 그 지점이다. 우리는 윤리에 대한 레비나스의 사유에서 휴머니즘 또는 휴머니즘과 가까운 어떤 것을 발견할 수 있을까? 발견하지 못할 것 같다. 우리는 책임의 윤리를 전통적 의미의 휴머니즘과 동일시할 수 없다. 1960년대 구조주의의 활황 이래로, 우리가 항상 레비나스의 사유에 인접한 '휴머니스트'가 될 것만 같은 것도 사실이다. 레비나스에 관한 한, 문제는 훨씬 더 복잡하다. 왜냐하면 그는 '다른 사람의 휴머니즘'에 대해서 말하기 때문이다. 사실 이 말은 1972년 그가 쓴 책 제목이기도 하다. 표현은 오해로 가득하다. 다른 분야의 '제1철학으로서 윤리학'에서와 같은, 혹은 우리가 본 것처럼 '의미'에 대해 말하는 질문과 같은 오해가 다소 있다. 이 양면성에 대한 질문 없이는, 우리는 손등으로 이를 지울 수 없고, 맹목적으로 반복하는 데 만족할 수 없다. 어떻게 해야 할까? 우선 레비나스가 그 자신의 사유와 철학적 글쓰기 방식을 강조·고조·확대로 규정 지었던 것을 상기할 수 있겠다. 잘 알려진, 너무나 잘 알려진 이 표현 '다른 사람의 휴머니즘'은 이론적 반-휴머니즘의 매우 온화하고 불충분하게-결정된sous-déterminé 형태가 아닌 최상급의 틀에서 해석되어야 한다. 레비나스는 절제와 중용의 사상가가 아니다. 리쾨르는 이 점을 잘 보았고, 안타까워했다. 좋건 나쁘건 레비나스는 그렇지 않다. 우리는 《존재와 달리》에서 레비나스가 현대의 반-휴머니즘과 관련해 그가 밝힌 입장의 구절을 본다. "현대의 반휴머니즘은… 주어진 이유를 넘어 사실이다. … 반휴머니즘의 뛰어난 직관은 그 자체 판단으로 인격, 목적과 기원의 이해를 포기했던 데 있다."[11]

이 물음에 대해, 우리는 먼저 급진적 면직destitution, 그러고 나서 다시물음requestionnement이라는 전형적인 레비나스 작업과 마주한다. 이는 레비나스가 **결코 반응적 입장**을 취하지 않는다는 뜻이다. 본래의 칭호를 나타내는 명백한 진리 너머에 잠재적 '진리'가 있다. 진리의 고조와 과잉이 드러나는 이러한 양상에 대한 휴머니즘의 비판은 레비나스에게서 계속된다. 우리는 예를 들어 레비나스가 메모한 《포로 일지》에서 그 흔적을 발견할 수 있다. "너 자신을 무시해라Ignore toi toi-même."[12] 우리는 아마 다소 언급이 없는 이 경구를 오랫동안 논의할 수 있

---

11   *AE*, p. 203. / 《존재와 달리》, p. 279.

12   E. Levinas, Carnets de captivité et autres inédits, *Oeuvres* 1, op. cit.,, 2009, p. 279.

을 것이다. 사실, '너 자신을 알라'라는 말이 회상에 의한 상기, 자기-학습을 좌우하는 것처럼, 레비나스의 말은 타자에 의한 가르침을 좌우하는 교훈을 진술한다. 어쨌든, 이 말은 실제로 프로그램에 따라 (그리고 젊음의 거의-무의식적인 대담함으로) γνῶθι σεαυτόν('너 자신을 알라')의 휴머니즘적 모든 전통의 해체에 관한 것이다. 휴머니즘의 모든 전통은 소크라테스주의, 즉 다른 모든 사람과 닮은 **자기-자신**의 전제조건에서, 인간을 완전히 알기 위해 이해하는 데 중요한 유사성에서 '너 자신을 알라'의 전통의 궁극적 변모avatar로 충분히 읽을 수 있는 핀다로스를 통해 니체의 '너 자신이 되어라'까지 이어진다.

이것이 젊은 레비나스의 의도한 것이다. 이것은 휴머니즘의 거부로까지 이르는 매우 심오한 비판을, 그리고 동일자의 제국주의라는 집단적 모습으로 서양 형이상학의 완성과 실현의 형태로서 휴머니즘과 동일시하는 데 있어 매우 심오한 비판을 시작하는 것이다. 레비나스의 이론적 논거 중에서 어떤 부분은 빈약한 것 같다. 하지만 레비나스의 '반-휴머니즘'의 근본적인 측면을 이해할 수 있어야 한다. 이것은 실천적이고 정치적인 측면이며, 레비나스가 종종 '순문학belles-lettres'이라고 부르는 것, 즉 효과 없는 아름다운 말 혹은 '설교의 위선'이나 같은 사람의 휴머니즘에 속할 모든 것에 대해 그가 가진 근본적인 불신이다. 예를 들어 우리가 카뮈의 《페스트》에서 완전히 같은 의미로 놓이는 어떤 표현—"그들은 그들-자신에 대해 생각한다. 달리 말해 그들은 휴머니스트다."—을 생각한다면, 다른 표현이 있을 수나 있을까?《어려운 자유》의 한 구절에서, 레비나스는 윤리-실천적 기록에 에스겔서(33장 30절)를 삽입, 인용한다. "그들은 말씀을 듣는다. 그러나 실행하지 않는다. 이것은 그들이 입으로 하는 사랑의 표시일 따름이고, 그들의 마음이 향하는 것은 이익이다."[13] 레비나스의 '반-휴머니즘'은 **의심의 예언주의**prophétisme이고, 아름다운 영혼의 아름답지만 죽은 문자('입으로 하는 표시') 혹은 ('이익'을 은닉하는) 사회적 위선에 대한 깊은 반감이다. 이것은 여러 면에서 윤리의 힘nerf을 구성한다. 휴머니즘을 가로막는 것은 한편으로 나와 타자가 공통의 유genre, 비-공동체non-communauté에 속하지 않는다는 사실과 다른 한편으로 인간, 항상 불확실한 인간의 급진적이고 윤리적인 탈동일화désidentification라는 것이다. 휴머니즘의 확실성은 최선의 경우 장황하고, 헛되고, 기만적이고, 대수롭지 않지만, 최악의 경우, 이런저런 집단이 인간성-밖에서 선언된 상황에서는 위협적이다. 휴머니즘을 나타내는 것, 휴머니즘을 표현하는 것은 대체로 일반적 담론, 좋은 의도, 도덕, 교화이다. 레비나스에 관해 **의심의 예언주의**라고 부르는 것은 정확히 아름다운 휴머니즘적 영혼과의 투쟁이다. 레비나스의 이러한 비휴머니즘적anhumaniste 입장은 두 가지 중대한 결과에 이른다. A. 레비나스의 철학은 자유의 철학이 아니

---

13 E. Levinas, *Difficile liberté*, A. Michel, 1995, p. 363. 같은 텍스트에서, 레비나스는 "인간성에 더욱 신경을 썼던" "반휴머니즘"(p. 365)을 전적으로 신뢰한다.

다. B. 레비나스의 철학은 다른 곳에서 **배고픔의 물질주의**라고 불렸던 것으로부터 윤리적으로 우뚝 솟아 나온다.

레비나스는 자유의 철학자가 아닐 뿐더러 그는 모든 자유가 폭력의 불가피한 위험을 지니고 있다고 이해한다. 여기에 레비나스의 비판이 존재론에 대해 가지고 있는 근본적 토대 중 하나가 있다. 정치적·사회적·상호 개인적인 어떤 관계도 그에게는 그 자체로부터 그리고 내부의 유효한 연속성 안에서 자발적-해명auto-élucidation을 가능케 하기까지 자신의 안정성과 구성 요소의 정합성을 결코 확보할 수 없다. 레비나스에게 관계는 아주 간단히 말해서, 자발적auto-이 아니다. 존재론적으로 돌이킬 수 없는 것으로 여겨지는 자유는 자발적인 것un auto- 안에 있다. 대면 안에서, 나는 하나의 얼굴을 상대한다. 그러나 내가 나-자신, 얼굴이 되지 않는 한에서만 그렇다. 나는 대면 안에서 누구도 아니다. 왜냐하면 조이스의 언어로 말하자면, **아무도 누군가는 아니기** 때문이다. 얼굴은 누군가의 얼굴이다. 얼굴과의 이 대면에서, 나는 아무도 아니다. 왜냐하면 누군가로서 나의 유일성은 자유로운 개인의 사적 지위와 주도할 수 있는 사적 지위와는 다른 곳에 있기 때문이다. 얼굴이 드러날 때, 내가 응답의 고양élan에 의해 붙잡히거나 만일 응답하지 않았다면, 나는 나-자신 안에서 으스러진다. 찬·반의 시간적인 모든 이해, 모든 검토 이전에 책임에 대해 응답하기. 이것은 또한 **모든 자유 이전** 악의 질문에 그리고 악의 질문에 대해 응답하는 것이다. 주체가 언제나-이미 사로잡혀 있는 자기-이전un avant-soi에 의해 명령된 응답, 그런데 악 혹은 폭력은 사후事後에, 강제로—'형제애'가 어느 정도까지 억제하는—자유의 영향에서 벗어나려는 시도인 한에서뿐일 것이다.

　　윤리적 비대칭성을 넘어 우리는 자유의 철학, 현상학자들의 상호주관성, 실존주의자들의 상호인격성 안에 있다. 아니면 우리는 이미, 칸트가 상호inter-의 출현을 규정하는 의미에서 상호inter-인 권리 안에 있다. 대면의 비대칭적 구부러짐, 그리고 이것만이 윤리적 차원을 내포한다고 대면에 대해 말하는 것은 확실히 전pré정치적, 전pré사회적, 전pré개인적인 것으로서 윤리적 차원을 생각하는 것이다. 그리고 매번 이 전pré-은 모든 자유 이전을 의미한다. 비대칭성이 가리키는 것은 둘 사이의 차이·불평등의 윤리적 핵심이다. 나는 타자로부터 명령을 받고 동시에 이 명령에서 타율적이고 대체할 수 없는 누군가에 대한 나의 의심할 수 없는 유일성에 연관된다. 비대칭적 대면은 따라서 자유가 합리적인 법에의 복종을 조건 지을 주체의 보편적 도덕을 향한 모든 이행에 저항한다. 평등의 발생, 권리와 의무의 상호성, 자리와 역할의 가역성, 정치적 혹은 정치-사회적 대칭화를 윤리적 비대칭성을 교정하는 것으로 허용하면서, 나는 내 차례에 익명적으로 다른 모든 주체와 똑같이 권리의 주체, 윤리적 비대칭적 관계에서와는 다른 사람이 될 수 있다. 요컨대 모든 사람과 마찬가지의 **사람**

이 될 수 있다 유일한 내가 초월의 사건과 마주할 때, 도움 없이, 어찌할 도리 없이 즉각 응답해야-만-함의 부담에서 나침내 해방된다.

자기의지의 근원 성격의, 자유로운 개인의 존재론적 또는 현상학적 모델에서와는 반대로 주체는 박탈, 소외와 상실을 거치는 한 그의 동일성 안에서 구성된다. 이 주체의 구성이 가능하도록 주체의 구성은 동일한 의식으로 더 잘 돌아가기 위해 실제로 변화되고 자기와 분리되어야 한다. 따라서 주체는 주체화를 더 잘 공고히 하기 위해서만 탈-주체화한다(이것은 더구나 강제적 조건이다). 이것은 헤겔이 궁극적으로 원형과 도식을(동일자의 변화로서 경험) 제공했던 구조와 후설이 결정적인 말(현존으로의 결집으로 체험된 경험)을 제공했던 구조에 따른다.

우리가 총칭해서 철학적(존재론적, 현상학적, 관념적)이라고 부를 수 있을 이 주체적 동일성의 모델은 자유로운 주체성에 관한 우리의 모든 표상, 확실히 손실을 감수하게 되지만 진실하고 진정성을 얻고자 하는 자유에 관한 우리의 모든 표상을 지배적인 방식으로 구성한다. 이것은 '자기로의 회귀' 혹은 본질이 되기 위해 현재와 표상으로 결집한 모습이다.

'포로captivité'라는 제목의 《포로 일지》에서 자기의 안정되고 확실한 동일성의 이 모습은 간결하게 그리고 문학적으로 **"부르주아"**, "유복한 사람", "세계의 방관자"로 지칭된다. 그리고 이 세계에서는 신문이 매일 서투르게 "창"을 연다. 레비나스는 매우 근본적으로 항상 "막 떠나려 할 때", "구원이 다른 데 있는", 전 세계가 "잠정적 인장"을 찍는 "수인prisonnier"[14]을 대조한다. 우리는 레비나스가 매우 경험적으로 그리고 역사적·정치적 결정에 따라 묘사했던 것과 같은 이 "수인"을 《다른 사람의 휴머니즘》에서의 어떤 구절이 전형적 특성[15]을 끄집어낸 것과 같은 "이방인"에 쉽게 연관시킬 수 있다. 이방인은 오래됨을 가리킨다. 주체적이고 자기중심적인 동일성의 철학적 모델보다 더 오래된 것을 가리킨다. 의식보다 더-오래됨, '의식과 선택' 이전, 주체적이고 자유로운 동일성-이전이 있다. 이것은 레비나스가 말한대로, 동일성보다 더 오래된 불가능성의 '불가능한 동일성', 즉 의식 또는 현존 안에서 실현할 수 없는 가능성의, 형이상학도 형이상학의 목적도 우리에게 일견一見하게 할 수 없는 가능한 불가능성의 '불가능한 동일성'이다. 그리고 ~보다 더 오래됨, 이것은 이방인이다. 레비나스는 또 한편으로 소크라테스보다 **시편**의 연대적 선행성을 상기시킨다. 성서 텍스트, 시편은 폭넓게는 레비나스의 전pré-소크라테스적인 것이다. 이방인은 인간 주체성의 불가능한 것의 이름이다.

이 이방인은 자아의 상속받지 못한 어떤 부분에 대한 지극히 순수한 명칭이 아니다. 이것은 영혼에 대한 플라톤의

---

14 E. Levinas, Carnets de captivité et autres inédits, *Oeuvres* 1, op. cit.,, 2009, p. 202.

15 E. Levinas, *Humanisme de l'autre homme*, Le Livre de Poche, pp. 108~109. 참조.

추방과는 무관하다. 우선 이것은 이집트의 추방과 억류, 거기서 박해받는 자들의 노예 생활과 관련된다. 또한 이것은 포로수용소Stalag의 '이스라엘 포로'에게서처럼, 역사적 경험과 관련된다. 이방인들, 우리는 이집트에서 유월절의 하가다Haggadah가 상기시키는 것처럼 이방인, 노예, 포로였다. 하지만 유대 전통에서 이 역사적 경험은 기억 혹은 기념과는 전혀 다른 것으로 바뀌어야만 한다. 이것은 현실적이어야 하고 즉각적인 의무와 강압을 전제해야 한다. 이방인들, 우리는 이방인이었고 따라서 이방인이다. 이 포로 상태는 존재론적 환경을 넘어 '도피'를, 감금의 원칙으로 들어가기l'entrée에 앞선 탈출을 요구하고 야기한다. 이것은 예언주의가 일으키는 시간의 충돌, 혼란이다. 그리고 이런 점에서 이사야의 텍스트는 주목할 만하다. 예언주의는 주체의 주체성을 고취시킨다. 예언주의는 (주체의) 구조와 (역사적) 조건 사이의 관계에 대한 어떤 것을 사유할 수 있게 한다. 보다 정확히 말해, 동일성으로서의 주체성과 결정된 역사적 상황 사이, 표상과 기억·현존과 역사·자유와 책임 사이의 모든 관계에 대한 혼란을 사유할 수 있게 한다.

만일 예언적 첩경raccourci이 가능하다면(우리는 이방인이었고, 돌이킬 수 없이 이방인이다), 이것은 주체성이 그-자체 내부에 자기보다 더 오래된 것, 이방인, '동일자-안-타자'를 있게 하도록 구조화되었기 때문이다. 절대 자기에의 현존으로 환원되게 하지 않을 주체의 자기에 대한 이방성, 우리는 결코 구성된·설정된·자가정립된·자유로운 동일성을 만들 수 없을 것이다. 오히려 이것은 동일성을 해체하지만, 도피와 회귀 사이 사후가 아니라 언제나-이미 동일성을 해체하는 이방성이다. 자아는 타자를 원함 없이, 절대 원했던 적 없이 그리고 원하기조차 전에 타자에 종속된다. 그러므로, 상처받기 쉬움 vulnérabilité은 모든 자유 이전에 온다. 자유는 **다음에**, "어려운 자유"! 이것이 이유다.

항상 책임의 응답으로 선행되는 비휴머니즘anhumanisme과 자유는 레비나스에게서는 **배고픔의 물질주의**라고 부르는 것과 어울린다.

결핍의 결핍 상태일 신神적 상태에 대응할 결핍의 상태로써 배고픔을 사유하는 아주 오랜 철학 전통이 있다. 이 전통은 에피쿠로스까지 거슬러 올라간다. 그의 말을 상기할 필요가 있다. "육신의 외침: 배고프지 않다. 목마르지 않다. 춥지 않다. 이러한 것을 지닌 사람은… 행복에 있어서는 제우스와 겨룰 수 있다."[16] 인간의 상태가 열망할 수 있는 신적 상태는 따라서 **무결핍**apénurie의 상태일 것이다. 이것은 에피쿠로스의 궁핍(to me peïnen; 내게서 뺏지 않는 것)과 《향연》의 페니아(빈곤의 여신)를 생각하는 것으로 충분하다. 《포로 일지》에서 레비나스가 '욕구 이론'이라고 부르는 것을 중심으로 구상한

---

16   Épicure, *Lettres et Maximes*, PUF, Epiméthée, trad. Conche, p. 255.

이 모든 것은 향유를 전혀 허용하지 않는 이 그리스적 표현의 매우 과감한, 계획된 거부에 있다. 유명한 에피쿠로스의 물질주의는 비물질주의, 박탈, 면제의 물질주의이다. 니체는 이미 에피쿠로스 학파가 "아주 많은, 그리고 위에 부담을 주는 음식"[17]을 겁내기 때문에 물질적 욕구를 단념한 것을 상기하며 이에 매우 주목했다.

대응해서, 이 점에 대해 레비나스가 대단히 빚지고 있는 전통에 토대를 둔 유명한 격언을 떠올릴 수 있다. im eïn kema'h, eïn torah(밀가루가 없으면, 토라도 없다). 즉, 먹을 수 없는 자가 어떻게 토라를 공부할 수 있겠는가? 에피쿠로스와 탈무드 모두 **배고픔**을 자기성自己性; ipséité을 굴복시키고 순수한·가식 없는 부정으로 환원시키는, 누그러뜨릴 수 없는 탐욕dévoration 이라고 말한다. 그러나 그들은 별개의 두 측면을 분명히 한다. 1. 그리스인들에게 있어서 향유가 없는 아타락시아적인 ataraxique 혹은 신적인 충만함에의 열망. 2. 물질성으로부터의 해방을 넘어 인식 가능성의 조건으로 "세속화와 배고픔"[18]에서의 레비나스 표현을 다시 취한다면, '물질의 굉장한 솔직함'—이것은 감성의 의미, "주체성은 감성sensibilité" "물질은 타자를-위함의 장소 자체"[19]라는 의미에서 몇몇 탈무드 혹은 레비

---

17   Nietzsche, *Le gai savoir*, 6, 306.

18   Catherine Chalier et Miguel Abensour, *Cahier de L'Herne Emmanuel Levinas*, Paris, 1991, p. 81.

19   *AE*, p. 124. /《존재와 달리》, p. 169.

나스의 표현 속 '물질'에 대한 찬사로까지 이를 수 있다. 이 물질적 조건은 레비나스의 사유 안에서 끊임없이 떠오른다. "음식은 음식을 조건으로 사유하는 사유 자체를 조건 짓는다."[20] 배고픔은 따라서 만일 우리가 이 '감성'의 노선을 따른다면, **모든 표상에 대한** 음식의 물질적-실재의 **잉여**이다.

배고픔은 은유의 차원도 아니고, 상징적 구성으로도 환원되지 않는다. 이것은 긴급성으로 이뤄진다. 배고픔은, 레비나스가 《시간과 타자》에서 애무가 "배고픔의 증대"로 이뤄질 것이라고 쓴 의미에서의, '증대'가 아니다. 아마도 대개는 플라톤에서 온 배고픔의 에로틱한 은유에 대해 질문해야 할 것이다. 배고픔을 배고픔에 상응하는 음식 문화에, 니체의 의미에서 '도덕적 효과'의 철학에 한층 더 몹시 빠르게 연관되게 해서는 안 될 것이다. 음식의 상징계에도, **영양학**에도, 이러한 음식에 의해 야기되는 감정적 활력에도, 인간의 먹기 위한 행동이 사실상 이상한 일일 수 있는 것에도 연관되게 해서는 안 될 것이다. 우리는 3~4주에 한 번 먹어도 될 만큼 칼로리를 충분히 비축하고 있다. 그러나 가장 부유한 사회에서는 하루에 세 번까지 식사한다. 이 주제는 《포로 일지》에서 '욕구 이론'으로 다소 잘 통합된다. 욕구 이론은 《전체성과 무한》에서 향유에 대한 현상학을 미리 드러낸다. "봄vision과 인식 그 자체는 욕구+식욕의 침대에 누워 있는 것으로, 자기 집에 있

---

20   *TI*, p. 135. / 《전체성과 무한》, p. 185.

는 것처럼 이해된다."[21]

철학자에게 배고픔의 물음이 본보기가 될 수 있는 것, 이것은 확실히 배고픔이 단 하나의 의미로 분할할 수 없는 현실성(명백한 영양결핍/결핍에 대한 두려움: 자기화하는ipséisant/탈자기화하는désipséisant: 생물학적/상징적: 물질적 결정/문화적 결정) 앞에 우리를 두는 것이다. 따라서 배고픔에 대해 무언가 말한다면, 인간성의 이러한 측면과 분리할 수 없는 것을 사유하려고 애써야 한다. 그러나 분리할 수 없는 무언가를 사유하기 위해서는, 그럼에도 불구하고 긴장 속에서 이 무언가를 사유해야 한다. 이것은 레비나스가 "세속화와 배고픔"에서 이미 썼듯이 '물질주의', 모든 낭만주의·거짓된 초월·고양의 '세속화'라고 부르는 긴장이다. '어떤' 물질주의라고 하는 것은 레비나스의 이 배고픔의 물질주의에서는 대략 데모크리토스와 에피쿠로스에서 마르크스까지, 18세기 프랑스인들, 포이어바흐 등을 거치면서 이르게 될 긴 계보에 의한 철학사에서 유지된 형이상학적 입장을 결정짓는 데 이것이 중요하지 않기 때문이다. '어떤' 물질주의라고 할 때, 나는(저자) 탈무드 격언을 좇아 그리고 레비나스와 더불어 모든 사유의 가능성 조건을 제시한다. 그리고 이 조건을 '배고픔'으로 제시한다. 이 물질주의는 결정의 질서를 구성하지 않는다(예를 들어 마르크스:

21 E. Levinas, Carnets de captivité et autres inédits, *Oeuvres* 1, op. cit.,, 2009, p. 118.

이것은 존재를 결정하는 의식이 아니라, 의식을 결정하는−사회적−존재이다). 배고픔은 전혀 아무것도 결정하지 않는다. 왜냐하면, 물론 헤겔은 제외하고, 배고픔은 식욕이나 욕망처럼 만족할 줄 모르지는 않으므로, 지양dépassement의 동역학에서 열리지 않기 때문이다. 배고픔은 스스로 바라고, **포만함**을 갈망한다. 그리고 이 포만함이 사유가 될 가능성 자체를 요구하고, 이 포만함을 통해 '배고픔'의 무언가가 마찬가지로 포만함에 대한 사유로까지−유물론자들의 존재와는 다르게, 더 '물질적으로'−이르게 되는 가능성 자체를 요구한다.

이 점에 대해서 레비나스의 물질주의가 있다면, 이것은 통속성의 차원이다(때때로 니체적이거나 로젠쯔바이크적이거나 브레히트적이거나 마르크스적으로 철학하기처럼). "밀가루 없이는, 공부도 없는", "푸딩을 증명하기, 이것은 우리가 푸딩을 먹는 것이다." 강조하고 싶은 것은 이것이 형이상학 역사에서의 입장에도, 심지어 "마르크스의 세 가지 말"에서 블랑쇼의 의미로서 정치적 발언에도 속하지 않는다는 것이다. 여기서 하이데거와의 관계는 매우 중요하다.

현존재Dasein는 배고프지 않고, 성별을 갖지 않고, 아이도 없다. 첫 번째 제스처, 이로운 제스처는 현존재를 '욕구의 침대에서 자도록' 만드는 것이다. 그러나 사실 이것은《존재와 시간》을 비난하는 문제가 아니다. 실존적 분석은 가능성의 조건을 규정하지 않는다. 놀라운 것은 배고픔 또는 욕망이 실존적이지 않다는 것이다. 현존재는 전적으로 '손手'이지만, 현존재의 손은 세계화한다mondanéisant. 이것은 대접하는 '물질주의적' 손, 입에 먹을 것을 제공하는 손과는 매우 다르다. 하이데거의 표어는 '손 없이는, 세계도 없다'일 것이다. 왜냐하면, **현존재**는 **공존재**Mitsein와 **공현존재**Mitdasein에도 불구하고 타자 없이 있기 때문이다. 항상 나의 '고유한' 죽음의 가능성에 대한 비본래적인 접근으로서 타인의 죽음에 관한 하이데거의 논지를 뒤집으면서, 우리는 배고픔을 사유하고 여기서 무언가를 말하는 유일한 방식이 **타자들의 배고픔**을 감수하는 것이라고 말할 수 있을 것이다. 그렇지만 이것은 경험의 차원이 아닌 실질적 접근의 가능성을 명령하는 방식이다. 우리가 타자들의 배고픔에 결부되지 않고서 이야기·증언·정보에서, 문학·예술·이미지·전달을 통해서 배고픔에 대한 무언가를 어디서, 어떻게 알겠는가? 타자들의 배고픔, 제삼자들의 배고픔, 제3세계의 배고픔, 금방 말했듯이 제삼자들이 살아가는 세계의 배고픔을 어떻게 알겠느냔 말이다. 사실 나와 마주하고 나를 종속시키는 타자의 배고픔보다도 이미 말했던 제삼자들의 요청인 현존의 유령 같은 양상이 이와 더 관련된다.

타자는 항상 과장되게 배고프다. 레비나스의 윤리는 정말로 내 입에서 떼어낸 빵이나 먹을 것으로 응답할 것을, 즉 중단이나 예외 없는 내재성 안에서 응답할 것을 내게 명령하는 배고픔이다. 얼굴은 또한 배ventre다. 이것은 레비나스가 '세속화'라고 부르는 것이다. 하지만 제삼자들은 나의 책임이 응답하거나 응답하지 않는 타자의 부름에 대한 이 불만족과 불안정에 관심이 없다. 제삼자들은 배고픔을 호소하고, 여러 모습을 띠고, 굶주렸으며, 까다롭다. 에피쿠로스의 '더이상' 배고프지 않다는 '육신의 외침', 이 외침을 드높이는 것은 제삼자들이다. 그들이 말하는 것이 바로 이것이다. 그들의 울부짖는 배고픔은 따라서 타자의 일방적이고 비대칭적인 윤리적 배고픔을 혼란스럽게 한다. 그리고 제삼자들의 배고픔, 타자들의 배고픔은 어떻게 보면 윤리를 배고픔 자체로 돌리면서 나를 변화시키고(거의 구토의 의미에서: 나는 완전히 뒤집어졌다) 나를 '정신적으로' 환기시킨다. 이 부사('정신적으로')는 레비나스가 종종 따르는 19세기 리투아니아의 유명한 랍비 이스라엘 살란테르Israël Salanter의 잠언처럼 이해할 수 있다. **타자들의 물질적 욕구는 나의 정신적 욕구이다.**

　　이러한 전환은 윤리적 비대칭성이 '물질주의적' 비대칭성에 따라서만 가능할 수 있는 방식을 의미한다. 즉, 이 전환은 항상 '세속화'에, 대체 없는 내재성의 질서에 있다. 이것은 레비나스가 모든 낭만주의를, 즉 용어의 통상적인 의미로 초월의 모든 형태를, '하늘', 아름다운 영혼이 곁눈질하는 하늘의 거짓-고양pseudo-élévation을 '배고픔의 세속화'로 강조할 때 의미하고자 하는 것이다. 레비나스는 이 맥락에서 배고픔이 항상, 이미 "세속화와 배고픔"의 구절에서 인용했던, '경험 그 이상과 그 이하'라고 말한다. 한편으로, 배고픔은 의식의 불러세움 없이, 회복 가능성 없이, 적합한 현상학 없이 항상 '~보다 덜moins'하기 때문에, 배고픔의 '순수한 손실', 고통은 적막하고 노골적인 것 그-자체이기 때문에, 고통만큼이나 '무용-inutile'하다. 다른 한편으로, 이것은 경험, 배고픔 '이상'의 측면이 있다. 타자들의 이 배고픔은 내가 가질 수 있는 모든 '기억'보다 항상 더 오래되었다. 레비나스가 "세속화와 배고픔"에서 항상 말하는 것과는 달리, 여기 완전히 갈라설 지점이 있다. "나 자신의 배고픔에 대한 기억에서 이웃의 배고픔에 대한 고통과 책임에 이르는 전이의 힘." 감히 말하건대, 레비나스보다 더 레비나스적인 이 단순한 공감의 운동에 이의를 제기해야 한다. 책임을 향한 기억의 전이, 이 모습의 경우 우리는 **더도 덜도 말고 경험**과 관계 있을 것이기 때문이다. 내가 이런 경험을 하지 않았다면, 이 부족한 경험의 가능한 '전이'는 더이상 없을 것이다. 그리고 이것은 책임이 시련의 기억이 멎어서는 곳에서 중단되는 것을 의미할 것이다. 확실히 이것은 레비나스가 주장한 것은 아니지만, 우리는 이를 어렵지 않게 짐작할 수 있다.

　　제삼자들의 배고픔에 내재하거나 세속화된 응답은 주체의 어떤 기억의 전이(이 '전이' 개념은 더구나 레비나스가 나/타인의 모든 모방의 근본적인 불가능성에 대해 그토록 심오하게 말한 모든 것에 의해 무효화된다)를 거치지 않는다. 이 응답은 전이에 의해서 결정되는 것이 아닌, 랍비 살란테르가 가리킨 것의 유형인 전환, '물질주의적' 비대칭화에 의해 결정된다. 아니면 결코 굶어 죽어 본 적 없는 나, 굶주림에 대한 어떤 경험도 하지 않은 내가 어떻게 응답할 수 있겠는가? 따라서 우리가 오히려 경험이라고 부르는 것의 통상적인 의미와 반대되는 역-유비적contre-analogique 운동, 역-전이contre-transfert에 관해 말해야만 할 것이다. 타자들의 배고픔으로부터 나의 응답, 책임의 능력으로의 역, 이 배고픔에 대해, 내가 전혀 체험하지 못한 것의 '기억'을 항상 불러일으킬 수 있을 배고픔에 대한 역으로.

《포로 일지》[22]의 짧은 구절에서, 레비나스는 "고전적 개념에서의 결핍", 즉 그리스적 개념에서의 결핍에 "반대한다." 그리고 레비나스는 결핍이 소유 이론의 근거가 되는 한, 그것은 '자본주의'라고 규정한다. 따라서 그는 '사회주의적 해방인 향유'를 반대한다. 그리고 이 두 '개념'은 시간의 시간화 양상들로 가리켜진다. 결핍과 소유를 위해 자본 축적의 현재, 향유의 지연différement으로서 절약의 현재를 포기하는 것은 대략 베버의 의미에서 프로테스탄트의 윤리이다. 향유를 위해, 내가 세상의 모든 것을 움켜쥐는 '간격과 공백의 행복'을 위해 레비나스가 말하는 것에 매우 주목할 만하다. "현재 속 미래", 즉 엄밀히 말해 미래가 아니다. 왜냐하면 향유 안에서 나는 나의 세계로서의 세계와 완전히 동시대적이기 때문이다. 하지만 어떤 경우에도 희생된 현재는 아니다. 이것은 밝은 미래와 공적 채무의 상환을 고려하고, 이 둘 모두는 **미래 없는 현재**에 이르거나 레비나스를 답습하자면 결국 **현재 없는 현재!**에 이른다. 우리는 모든 '설교의 위선', 모든 무의미한 말, 모

---

22   E. Levinas, Carnets de captivité et autres inédits, *Oeuvres* 1, op. cit.,, 2009, p. 118.

든 '낭만주의', 모든 계몽, 결핍의 이름으로 모든 희생 요청을 철회하고 방해했던 세목細目을 만들어 내지 않고 레비나스가 왜 계속해서 세계적으로 이해된 마르크스주의에 장점을 부여했는지 이해할 수 있다.

레비나스의 정치는 항상 현재 안에서 미래의 정치일 것이다.

부록

내부-너머의 무대

레비나스, 데리다와 함께 정치를 사유하기

한편으로는 데리다, 다른 한편으로는 레비나스가 서로 분화되고 평가 불가능한 방식으로 우리에게 가져다준 것은 무엇인가? 그들이 우리에게 전했던 것은 무엇인가? 오늘날 우리에게 눈에 띄지 않는 몇 안 되는 관점을 열어 주면서 정치와 정치적인 것에 관해 새롭게 숙고할 수 있게 해 준 것은 무엇인가?

한편으로 정치적인 것에 대한 레비나스의 위상학을 진술하고, 다른 한편으로 이 위상학에 대한 데리다의 배치 혹은 재배치를 검토하려고 노력해 보겠다. 정치를 사유하기 위해, 새로운 듯한 몇몇 요소들을 매우 빠르게 추출하기 위해서이다(이주민에 의한 환대 문제를 예로 들 수 있겠지만, 단순히 예시로써 들 것이다).

여기서 (레비나스의) 위상학이라고 부르는 것은 급진적이다. 이것은 종종 드러냄exposition의 철학적 양상으로서 경쟁적 고조surenchère에 호소하는《존재와 달리》의 저자인 경우 그렇다. 이 급진성은 뚜렷한 명확성을 수반하며, 이는 엄청난 장점이다. 동시에 분명 많은 어려움도 수반하겠지만, 이것은 아마도 이르러야만 할 것 이상의 생산적 한계일 것이다. 특별히 정치적인 것의 위상학을 지지하는 형식적 구조에서 통원된 내용, 즉 윤리 자체, 레비나스 사유에 의해 발견되고 앞 장에서 연구한 이 대륙continent을 다시 언급하지는 않을 것이다. 여기서 거의-결정적인 방식으로 되풀이하고 싶은 것은, 레비나스의 표현이 전혀 아닌 것으로 말하자면, **두 개의 도덕** 사이를 위상학적으로 구별할 수 있다는 근본적인 가정이다. 실천적 실행의 장소로서 근본적으로 다른 두 개의 '도덕'은 어떤 일치도 결합하거나 타협할 수 없는, 이질적인 실질적 체제에 속한다. 이 두 개의 '도덕'이 있는 이 두 영역, 두 범위는 무엇인가?

레비나스의 위상학은 한편으로 가까움, 둘 또는 대면의 영역, 다른 한편으로 정의, 주체의 다수성 영역 사이를 구별 짓는다. 여기서 상술하지는 않겠지만,[1] 쇼펜하우어도 니체도 이 이중의 위상학을 칸트에게서 정확히 찾아낼 수 있다고 믿었다. 쇼펜하우어는 '도덕'에 적용되는 것이 '사회'에 적용되지 않는다는 것을 보여준다.[2] 매우 통찰력 있는 니체로서는,

---

1 이에 대한 자세한 내용은 다음을 참조하라. Gérard Bensussan, *Les deux morales*, Paris, Vrin, 2019.

2 Arthur Schopenhauer, *Le fondement de la morale*, trad. par Auguste Burdeau(Paris: Baillière, 1879), p. 58. "여기… 도덕적 의무는 가정된 상호성을… 근거로 하고, 그렇기 때문에 매우 이기적이라고… 표현된 명제가 있다. 만일 이것이 사회법칙을 세우는 것과 관련한다면, 거의 충분치 않을 것이다. 그러나 도덕법칙을 위해서는 그렇지 않다." 레비나스의 정의처럼 '사회'는, 순전히 '이기적'인 것으로 드러날 가능성이 있을지 모르지만,

욕구의 기능적 도덕과 대면의 도덕 사이의 분리Sheidung der Moral 원칙을 칸트 독해의 매개vecteur로 삼는다.[3]

1.

레비나스로 돌아가자. 레비나스가 설명하길, 얼굴-대-얼굴face-à-face 안에서 나는 **타자**가 마음에 걸린다. 그것 때문에 레비나스의 펜 아래 자주 나타나는 낱말에 따른 의미, 의미를 지닌 것 그리고 애매함에서 자유롭지 못한 의미, 의미를 지닌 것이 열린다. 의미를 지닌 것의 열림은 따라서 공통의 세계, 사회적 관계 또는 정치적 제도의 사유 안에서 그 기원을 찾지 못한다. 오히려 그 반대다. 이것은 의미함signifiance을 말하고 고정시키는 신호, 몸짓 혹은 단어보다 훨씬 전에 타인에게 '주어진' 의미함에 뿌리 내린 의미작용 일반이다. 얼굴과의 대면, 호소에의 직면, 탐구의 수수께끼, 청원의 직접적 표현, 한마디 말도 없이 의미된 궁핍, 마주 봄의 참을 수 없음, 이것이야말로 다소 어수선하게 정치를 생겨나게 한 첫 번째 시간성을 구성한다.

도덕이 배제하는 '상호성'의 원리를 통합한다. 우리는 막스 베버에게서 책임, 확신, 두 개의 윤리를 마찬가지로 생각할 수 있다.

3   Friedrich Wilhelm Nietzsche, *Fragments Posthumes*, 9 [1], été 1875. / 〈바이로이트의 리하르트 바그너, 유고(1875년 초-1876년 봄)〉,《니체전집 6》, 최문규 옮김, 책세상, 2005, p. 277. "칸트는 무엇이 문제가 되는지에 대해 첫 번째로 예견하고 있었다. 칸트에게서는, 인간 욕구의 관점에 따라 단순히 합목적성에 몰두하는 도덕과 인간에 대한 인간의 관점을 목표로 하는 도덕이 서로 구분되었다."

이 얼굴-대-얼굴은 개인 상호 간의 단순한 관계나 교류가 아니고, 동등하게 임명되고 활동 중인 두 주체 사이의 노덕적 관계도 아니다. 얼굴-대-얼굴은 '윤리적'이다. 그리고 레비나스에 따르면, 윤리적이라고 하는 것은 이 얼굴-대-얼굴이 **비대칭적**이라는 뜻이다. 우리는 사태를 다음의 방식으로 말할 수 있을 것이다. 얼굴-대-얼굴에서, 나는 얼굴로서 누군가를 상대한다. 그러나 이것은 단지 내가 나-자신이, 얼굴이 아닌 한에서이다. 나는 얼굴-대-얼굴 안에서 그 누구도 아니다. 얼굴은 누군가의 얼굴이다. 이 얼굴과의 대면 속의 자아, 나는 누구도 아니다. 왜냐하면, 누군가로서 나의 유일성은 사람 대 사람의 동등한 왕래에서와는 다른 곳에 있기 때문이다. 얼굴이 출현하는 순간 나는 응답의 고양, 혼잡과 고통으로 완전히 사로잡힌다. 혹은 내가 응답하지 않았다면, 나-자신에게 짓눌려 압도되고 차후에 질문의 강박에 휩싸인다. 숙고하고 비교하는 척도의 시간에 의한 모든 파악 이전의 책임에 대한 응답, 이것은 질문이 제기되기도 전에 응답하는 것이다.

둘의 비대칭적 윤리는 우리의 위상학의 첫 번째 극pôle을 형성한다. 이 극은 그저 전위, 호환성, 논리적 부합 또는 도덕적 합리성, 정당한 이유, 공정한 기준의 변증법으로 절대 보내지지 않는 것을 가리킨다. 달리 표현하면, 그 어떤 것도 할 수 있음pouvoir, 할 수 있음의 힘, 사유, 나의 자유, 결정 또는 주도권, '의도' 안에서 절대 시작되지 않는다. 아무도 나를 대신할 수 없는 한에서, 호소와 나의 응답 또는 나의 무-응답에 의해서 시작된다. 그렇게 해서만이 나는 장래의 시간과 동시적 시간 안에서 '사회'의 조작적 특성과 규범적 요청의 검토 가능성에 직면한 나-자신에 이르게 된다. 이것이 '다음 정치적인 것'의 유효한 범위이다. 정치적인 것의 **이전**avant을 향해, 즉 정치적인 것의 근본적 비-근원성을 향해 신호하는 정치적인 것의 **다음**après이 있다. 하지만 **다음**의 순서chronologie는 연극의 막처럼 잇따르는 두 개의 시퀀스의 연속에 따라 문제를 정돈하기에 충분치 않다. 동일한 무대는 모든 실천과 행위의 유한한 제약에 의해 강요되고 끌려가는 혼란에 따라 막을 구성하고 막을 복잡하게 만든다.

여하튼, 문제는 이 정치적인 것의 다음으로부터 정치 다음과 정치의 윤리 이전 사이의 관계에 민감한 지점으로 이동할 것이다. 즉, "한 장소 안에 함께-존재하기"[4], 주체와 주체의 권리가 기입될 국지적 공동체 그리고 '어디에도 자리 잡을 수 없을 것', 인간적인 것의 유토피아 사이의 관계에 민감한 지점으로 이동할 것이다. 다시 말해서 엄청난 초월의 침입, 나와 나, 나와 세계, 나와 타자들과의 관계의 아주 깊은 혼란으로 이동할 것이다. 이것은 어쨌든 지형으로 나타난다. 어떻게 보면 이상적으로, **응답에 따라** 혹은 **질문에 따라** 두 개의 시간성, 두 개의 질서, 문제 상황의 두 개의 양상으로 나타난다.

---

4   *AE*, p. 245. /《존재와 달리》, p. 341.

2.

데리다의 강점 중 하나로 앞에서 두 개의 ᅥ석 효과의 유일한 무대에 관해 두 개의 시간 순서로 된 복잡화라고 했던 것을 설명한다는 점을 꼽을 수 있을 것이다. 데리다는 레비나스의 위상학을 꿰뚫는 경계-심연을 뒤흔들려고 애쓰면서, 즉 레비나스의 위상학을 결정 불가능한 것으로, 마지막에 **불가능한** 것으로 만들면서 레비나스의 위상학을 다시 취한다. 데리다는 줄곧 "나는 불가능한 것을 사랑한다"라고 말했다.[5] 그리고 이 불가능한 것에 대한 사랑은 레비나스의 '윤리/가까움', '둘/둘+n'의 지도 제작을 결코 정면으로 반대함이 없이, 오히려 과장하여 수용하면서 옮긴다. 게다가 데리다는 레비나스 대 레비나스로 맞서게 한다. 이 '대립contre'은 어떤 지점에까지만 미치는 범위 안에 있다. 윤리에 의해 붙잡힌/박탈된 정치적 행위의 장소나 다름 아닌 극적인 무대를 나타내기 위해서 데리다는 레비나스에게서 "정치적인 것에 대한 진술들의 회의주의적인, 역설적인 또는 결정 불가한 형식"을 구성

---

5 몇몇 탈무드 학자들이 좋아하는 것처럼, 예를 들어 개종이 할례 없이 유효한지에 대한 질문이 제기된다. 긍정적으로 답하기 위해서 첫 번째 현인은 여성이 할례가 전혀 없이도 개종할 수 있다는 사실에 근거한다. 그는 여성을 할례하는 것은 생물학적으로 불가능하다고 답한다. 그렇지만 학자는 자신의 주장을 굽히지 않고 반박한다. 그리고 마침내 '이것이 불가능함에도 불구하고, 이것은 중요한 주장이다'라고 단언한다. 나는 데리다와 관련해서 레비나스의 위상학을 뒤흔드는 제스처 그리고 친구 아니면 적이라는 슈미트의 이원성에 대한 실현을 뒤흔드는 제스처의 유사성에 충격을 받았다. 말하자면, 여기서 일종의 깊은 철학적 특이성, '데리다와 꼭 닮은 것'을 볼 수 있어야 한다.

할 "내부-너머"[6]라는 구절을 계승한다.

　　이 중요한 개념, 이 준-개념은 히브리 법에서 나온 것이다. 레비나스는 이것을 되풀이하고 이 법칙 자체에서 정치적인 것으로 확장한다. 우리는 탈무드 바바 메지아(*Baba Metsia*: 30b)에서 히브리 법의 중요한 출현을 읽을 수 있다. "랍비 요한나는 말했다. 예루살렘은 재판관이 법에 따라 엄격하게 판결했을 때만 파괴되었다. 재판관은 법 너머로 가는 것을 알지 못했다chelo danou lifnim michourat ha-din." 법 너머는 법이 그 자체 너머의 무언가를 파악할 수 없는 한 (엄격한) 법을 불공정한 것으로 드러나게 할 것이다. 이것은 매우 역설적으로 샤일록을 통해, 세익스피어의 희곡(《베니스의 상인》)에서 유대교 자체의 탓으로 돌려진 태도이다. 포샤가 살 1파운드를 떼내는 데 집요하게 집착하는 유대인을 부추기는 것은 매우 정확히 법 너머로 가는 것lifnim michourat ha-din을 모르는 것이다.

　　포샤: 그렇다면 저 유대인이 자비를 베푸는 수밖에 없네요.

　　샤일록: 내가 왜 그래야만 되죠? 이유를 말해 주시오.

　　포샤: 자비란 강요된 것이 아니라 하늘에서 이 지상에 내리는 단비 같은 것이지요.

6　Levinas, Au-delà de l'État dans l'État, in *Nouvelles lectures talmudiques*, Paris, Éditions de Minuit, 1996, et Jacques Derrida, *Adieu à Emmanuel Lévinas*, Paris, Galilée, 1997, p.138(이하 *Adieu*) 참조. 뒤이은 다음 페이지의 긴 전개를 읽어야 한다.

그것은 이중의 축복입니다. 주는 사람이나 받는 사람이나 모두에게 내리니.

가장 강한 사람이 소유한 것 가운데서도 가장 강한 것입니다. 용상에 앉은 군주에게는 그의 왕관보다 더 잘 어울리는 것입니다.

왕의 홀은 경외와 위엄의 표시로 한시적인 지상의 권력을 보여주고, 왕에 대한 두려움과 공포가 거기에 깃들어 있지요.

그러나 자비는 이 왕의 권력을 능가합니다. 자비는 왕들의 가슴속에 깃들어 있으며 하나님 자신에게 속하는 속성이며

자비가 정의를 완화시킬 때 지상의 권력은 하나님의 권력을 닮아 보입니다.

그러니, 유대인이여. 비록 그대가 정의를 요구하지만, 이 점을 생각하시오.

정의의 과정에서 우리 누구도 구원을 얻을 수 없다는 것을 말이오.

우리는 자비를 베풀어 달라고 기도하고 바로 그 기도가 우리 모두에게 자비로운 행동을 하라고 가르칩니다. 정의를 호소하는 그대의 마음을 완화시키기 위해서 내가 이 정도 얘기했는데도 그대가 고집을 꺾지 않으면

이 엄격한 베니스 법정은 필연적으로 저기 있는 저 상인에 대한 판결을 내릴 수밖에 없소.

샤일록: 죽는 한이 있어도 계약서대로 하겠소!

나는 법대로 내 계약서에 명시된 벌금과 위약금을 원하오.[7]

    샤일록은 법 너머를 허용하지 않는다. 그는 자신의 계약서에 규정된 엄격한 법을 고집한다. 그리고 그는 법 내부에서 법 너머를, 법의 유연성이 자기 너머에서 열릴 수 있을 법을 일부러 받아들이지 않는다. 이 모든 것은 히브리 법 자체의 문집 안에 있는 수많은 할라카Halakha의 주제화의 대상이 된다. 법 너머의 윤리적 요청 또는 정의로운 요청은 실제로 '법과 선함을 실천'하도록 명령하는 성서적 명령에 응답한다. 그래서 법 자체는 그 자신의 예외 상황, 적용되지-않는 경우, '선함'을 포함한다. 이것은 《베니스의 상인》에서 바사니오가 말한 것처럼, '사소한 불의가 큰 정의를 만들'기 위함이다. 자신의 한계 너머로 확장되는 법의 이러한 변동 능력은 히브리 법전 안에서 법의 원칙을 형성한다. 이 역설적 원칙은 법의 주체에게 몇몇 상황에서 탈-법적인extra-juridique 공간을 자유화하기 위해, 예를 들어 용서를 위해 그리고 몇몇 조건하에서(미상환 채무에 따른 토지 압류, 습득물 혹은 매매 계약서에 명기되지 않은 어떤 요소들의 인정, 샤일록이 끈질기게 거부한 것) 엄격한 법으로부터 벗어나는 것을 허용한다.

---

7   William Shakespeare, *Le marchand de Venise*. / 박우수 옮김, 《베니스의 상인》, HUINE, 2017, pp. 171~172.

이 독특한 유형의 문제는 탈무드를 기원으로 하는 레비나스의 내부 너머의 중개로 데리다의 작품에서 매우 고십스럽게 다시 발견된다. 국민-국가의 쇠퇴, 세계화와 난민·이주자·망명자·추방된 자의 행렬, 때로 '야만적'이라고 불리는 세계화로 인해 가장 자주 일어나는 환대에 대항한 끊임없는 범죄에 의해 뚜렷이 나타나는 상황 속에서 문제는 논란을 일으키게 되지만, 아마도 항상 그래 왔을 것이다. 원칙에 기대야 하는가? 아니면 반대로 원칙을 상황에 맞추어야 하는가? 일반적·지정학적 또는 전략적 상황을 고려하지 않고서 이 상황들이 기입되고 제삼자들이 이동하는 긴급한 순간에, 얼굴에 응답해야만 하는가? 데리다는 우리에게 윤리 안의 윤리 너머, 정치 안의 정치 너머에서 행동하기를 시도해야 한다고 말한다. 즉, 저 너머는 장소를 포함하고 장소를 부정한다고 여겨지는 장소 자체에 나타나는 무대, 그래서 "비-정치적인 것을 향해 신호를 보내지 않는다"[8]라고 하는 무대 위에 있다.

흑막 뒤 무대는 곧 열릴 것이다. 내부-너머의 이 장소는 둘 사이의 비대칭적 윤리를 나타내는 동시에 '흐릿하게 한다.' 내부-너머가 출현하는 무대, 주인공들이 많고, 오고 가고, 말하고 침묵할 수 있는 무대는 바로 가브리엘 마르셀Gabriel Marcel의 또 다른 희곡 제목[9]에 따라 우리 세계의, 부서진 세계 속에

---

8 *Adieu*, p.144.

9 [옮긴이] *Le Monde Cassé*[부서진 세계], 1933.

서 우리가 처한 상황의 극적인 형상화를 제공한다. 내부-너머를 상연하는 것은 유산遺産의 극적 이야기, 윤리-정치적 비극이다.

3.

우리가 상속받은 것은 어떤 유언에도 선행되지 않을 뿐만 아니라, 르네 샤르René Char의 말에 따르면 여전히 아주 작은 악이고, 특히 우리는 유언을 전달하는 상황 밖에 있다. **우리의 유산은 더이상 상속자가 없다**. 상속은 중단된다. 이 유산은 무엇인가? 유산은 해방에 대한 거대서사를 말하는 화자들과 약속을 얘기하는 화자들에 의해 우리에게 전해진다. 여기에 유산의 핵심적 본질이 있다. 우리는 이것을 원칙 안에서 재확인할 수 있고 심지어 구체화하기를 시도할 수 있다. 하지만 이양passation의 결여, 심지어 유언을 벗어난, 수혜자의 결여, 유산은 내용의 진위를 결정할 수 없는 채로 있다. 이것은 더이상 프로그램, 계약, 사명, 약속이 아니다. 누구를 위해? 무엇 때문에? 우리는 이것을 더이상 알지 못한다. 그러나 이것은 정확히 약속했던 무언가를 잊어버린 약속처럼 남는다. 유명한 하시디즘의 이야기에 의하면 바알 셈 토브Baal Shem Tov[10]는 심각한 어려움을 겪을 때 숲의 어떤 장소에 가서 불을 피우고 조용히 기도를 읊조렸다고 한다. 그리고 나면 어려움은 사라

---

10 [옮긴이] 하시디즘(Hassidisme)의 창시자.

졌다. 한 세대 후, 유사한 어려움에 직면한 마기드 드 메제리치Maggid de Mezeritch는 숲속 같은 장소에 간다. 그리고 말한다. '우리는 더이상 불을 피우는 법은 모르지만, 여전히 기도하는 법은 안다.' 그리고 나면 그가 수행해야만 했던 것이 실현되었다. 한 세대 후, 랍비 모셰 라이브 드 사소프Moshe Leib de Sassov는 같은 일을 수행해야만 했다. 그 또한 숲에 가서 말한다. '우리는 더이상 불을 피우는 법을 모르고 기도의 신비도 더이상 모르지만, 그 일이 펼쳐진 숲속 정확한 장소를 여전히 알고 있다. 이것으로 족할 것이다.' 구세대가 지나고 랍비 이스라엘 드 리신Israël de Rishin은 같은 일에 마주해야만 했다. 그는 자기 집에 앉은 채로 말했다. '우리는 더이상 불을 피우는 법도 모르고 기도하는 법도 모른다. 심지어 숲의 장소도 모른다. 하지만 여전히 이야기하는 법을 안다.' 그리고 이야기는 바알 셈 토브의 첫 번째 기도와 마찬가지 결과를 낳았다.

세계화된 세계의 무대 위에서 우리는 이런 유사한 상황에 처해 있는가? 해방과 진보를 위한 꾸준한 약속의 이 공백évidement은 데리다가 '도래할 민주주의'라고 부르는 것, 그리고 바알 셈 토브의 기도가 곧 이스라엘 드 리신의 이야기인, 혁명적 전통에 있는 것으로 귀결된다. 즉, 모든 프로그램과 모든 내용에 대한 일종의 점진적인 **공백**vide이 있다. 그러나 수행성은 전달하는 것 말고도, 아마 적어도 실천적 효력effectuation이 있을 것으로 당연히 기대하지 않고도 재-규정할 수 있게 한다. 바로 거기에 이중적이고 교차하는 불가능한 것이 있다. 즉, 평등, 자유, 환대, 우정, 형제애의 원칙과 무조건 성inconditionnalité이, 우리가 물려받은 모든 것을 포기할 수 없는 불가능한 것이 있다. 그러나 우리를 인도하는 다수의 논리적 난점을 정면으로 마주하지 않을 수는 없다. 왜냐하면, 우리는 상속인도 보증인도 소지인도 후계자도 없기 때문이다. 하시디즘의 설화에서처럼 쟁점은 기도와 기도의 무수한 환원이, 여기서 우리에게는 정치와 정치의 여러 가지 불가능한 이름들이 기도/정치 안에서 항상 실효성을 갖는지를 아는 것이다. 내부-너머를 향해 가는 것만 남아 있다. 즉, 갈등 관계의 가장자리에서 활동하고, 이동시키고, 주권의 또 다른 공유를 찾는 것이 남아 있다.

레비나스의 내부-너머에 대한 데리다의 이러한 비틀기, 이것이 아무리 생산적이라고 하더라도, 이것은 우리가 **윤리**의 탈급진화라고 부를 수 있을 것을 함축하는 것 같다. 즉, 얼굴의 호소, 명령, 심지어 얼굴의 폭력에도 회피할 수 없이 얼굴이 무조건적으로 명령하는 데 반해서, 자기 순서에 조건을 종속시키기까지 하는 것처럼 말이다.

"한편으로 환대의 무조건적인 법 또는 절대적 욕망, 다른 한편으로 조건적인 권리·정치·윤리 사이의 구별, 급진적 이질성이 있지만, 또한 분리 불가능성이 있다."[11]

---

11 Jacques Derrida et Anne Dufourmantelle, *De l'hospitalité*, Paris, Calmann- Lévy, 1997, p. 131(이하 *De l'hospitalité*).

레비나스에게서 사실상 정의와 단절된 윤리는 여기서는 정의와 같은 측면(법, 정치의 측면)에 속해 있다. 데리다에게서는 이질적 가까움, 동등하게 둘Deux에 속하는 별개인 것의 분리 불가능성이 있다. 하지만 이것은 레비나스의 것(대면/다수성, 얼굴/정의)과는 선혀 다르지만 몇몇 어려움을 다시 일으키는 또 다른 둘과 관련한다. 데리다의 둘, 이것은 **정의와 법이라는 둘**, 탈구축할 수 없는 것과 탈구축이라는 둘이다.

레비나스에게, 탈구축할 수 없는 것은 자기 너머에서 '필요하다'를 가져오는 얼굴이다. **정의가 필요하다.** 이 '필요하다'는 존재론적으로 필연적이지 않다. 왜냐하면 이것이 탈구축할 수 없는 원-본래성archi-originaire에 종속되어 있기 때문에, 얼굴 안에 있기 때문에 그렇다. 우리는 레비나스/데리다의 진정한 엇갈림에 직면해 있다. 데리다는 타협 또는 합의의 가능성, 증여, 용서 혹은 환대, 어떤 채무나 감사, 인정도 야기하지 않는, 그러나 절대적인 철회를 야기하는 모든 것의 **비경제적 무조건성**을 탐구하면서 윤리와 정치에 대한 레비나스의 **중간 휴지césure에 대한 얼마만큼의 거부**를 병합하거나 아우르려고 시도한다. 그 결과로, 데리다는 이따금 윤리의 놀라운 폭력 앞에서 레비나스의 극단적 경계를 과소평가하거나 일종의 맹점이 거기에 있을 거라고 낮잡아 보는 경향이 있다.[12]

---

12 예를 들어 데리다는 *Adieu*에서 제기하는 질문에서 레비나스가 "이중 구속의 끔찍한 운명"(p. 66)을 낮잡아 보거나 숨기거나 실제로 보지 못했을 것이라고 주장한다. 그러나 반대로 레비나스가 그것을 매우 잘 봤을 거라는 생각이 든다. 예를 들어 *En décou-*

20세기 철학에서 레비나스와 데리다, 여기서 연결된 이 두 이름을 중심으로 맺어진 것은 레비나스의 위상학과 내부-너머의 그 구조에 기반한다. 이것은 발견에 도움이 되는 그들의 대단한 풍요로움이다. 그리고 그들은 무조건적인 것과 조건들, 정언적인 것과 가언적인 것 사이에 정치적으로 결정적이며 실용주의적으로 일상적인 대결의 극적인 무대 혹은 **싸움터**Kampfplatz, 각축장을 만든다.

환대의 문제를 결부시키면서, 그 특징들을 예로 들어 설명하고 싶다. 환대의 문제는 실제로 특별한 관심을 표명한다. 이것은 가장 친근한 것(집, 가족, 이웃)에서 가장 보편적인 수준의 정치에까지, 게다가 '역사'[13] 그 자체에까지, 온갖 인간학적 매개 형상, 모든 문화적 또는 의식적 영역을 거치면서 통하는

vnant l'existence avec Husserl et Heidegger《후설과 하이데거와 함께 존재를 발견하며》](Paris, Vrin, 1994)에서 레비나스는 "타자성의 야만적인 야만성"(p. 187)에 대해 말한다. 이것은 곧이어 어떤 한 구절을 사유하거나 사유하지 않는 방식에서 두 개의 사유 사이의 차이가 전력으로 나타내는 타협의 가능성이다. 이 차이는 확실히 논리-존재론적 지위와 윤리-정치적 지위 사이에서 '모순'의 서로 다른 두 개의 이해를 중심으로 구성된다. 이스라엘 작가 아모스 오즈(Amos Oz)는 최근에 다음과 같이 진술한다. "전쟁의 반대, 이것은 사랑이 아니라 타협이다." 레비나스와 데리다는 분명 이 정치적 원칙에 동의할 것이다. 하지만 정치적 타협이 가능할 수 있도록 '사랑'의 무조건성이—'필요하다' 혹은 '탈구축할 수 없는 것'—유지되기를 명령하는 '필연성'에 동의하지는 않을 것이다.

13 "역사는 대체로 무력한 환대의 양상이다.", 살라 스테이테에 따르면 이것은 19세기와 20세기를 피로 물들였던 식민지의 비극이 확인시켜 준다., Salah Stéité, L'hospitalité extrême, *Dédale* 9 & 10 (1999), p. 640.

완벽한 아치형을 그린다.

4.

환대는 가장 친근한 사람(자식, 부모, 지인)에서부터 먼 사람 중에 가장 먼 사람(이주민, 모르는 사람, 처음 본 사람)에까지—마련될 수 있고 화합을 이룰 수 있거나 마련되어야만 하고, 화합을 이루어야만 하거나 마련되고 화합을 이루고 싶어 한다—**일치할** 수 있거나 **일치해야만** 하거나 혹은 **일치되고** 싶어 한다. 제기되는 질문은 이 두 극단 사이의 양적 점증에 관한 질문이다. 즉, 이 정도의 질문은 결국 극복할 수 없는 저항과 질적 장애물을 거의 고려하지 않을 수 없다. '자연스러운' 가정에서의 환대 혹은 다양한 문화 또는 종교에 의해 장려된 우애로운 연대는 정치를 세울 수 있는가? 아니면 반대로 둘 사이에 불가능한 전환transition이 있는가? 환대의 문제는 매우 흥미롭다. '도덕'의 다른 영역 또는 분야보다 더, 환대는 여기서 분석의 원형으로 간주하고 있는 레비나스의 위상학적 테스트에 적합하다. 환대는 주시하기를 강제하고 끊임없이 유의해야만 하는 '이행'을 통해, 한편으로 강하게 저항하는 듯 보이는 한에서 적합하다. 환대에 대한 성찰은 어쩔 수 없이 환대의 정치, 즉 '가치'와 '이익' 사이의 연속된 합의에 대한 탐구의 문제가 제기되도록, '타협'의 구성이 제기되도록 만든다.

질문을 다음과 같이 표현할 수 있을 것이다. 법적인, 경우에 따라서는 상징적인 법률, 그리고 수용accueil의 **조건성**에 속하는 법률에 의해 사실상 결정되는 일련의 질문들을 어떻게 가능성과 사유 가능성을 드러내는 **무조건성**의 체제와 대조시키겠는가? 환대가 다소간 거의 항상 냉대inhospitalité의 토대 또는 지평 위에서 뚜렷이 드러난다는 것(데리다가 말하는 적[의] 환대: hostipitalité)에 어떻게 동의하는가?[14] 이미 언급했듯, 이 교차하는 대조(조건/무조건, 환대/냉대)가 중추적이다. 어떤 면에서 우리는 이것을 **정치 자체**라고 말할 수 있다. 왜냐하면 정치는 윤리적이고 실천적인 문제에 관해 서로 다른 입장의 두 체제 사이, '두 개의 도덕' 사이 꾸준한 합-의trans-action에서만 작동하기 때문이다.

첫 번째 장애물은 반드시 피해야만 한다. 법적 규칙 또는 서비스 규정을 위반하는 것처럼 보이는 모든 것을 평가절하하면서 환대 의무의 신성함에 대해 일방적인 찬사를 보내려고 할 입장은 순결주의의 위험에 노출될 것이다. 순결주의의 피해는 이주 운동과 수용 정책에 대한 많은 현대 정치적 분석에서 명백하다. 심지어 정치적·제도적·종교적·문화적 기타 등등의 조건을 자기의 다른 측면에서 생각할 수 없는 무조건적 수용에 대한 모든 입장은 환대의 조건 없음/무조건을 거의 올바로 평가하지 못한다고 할 수 있다. 가정적으로 놓인 두 가지[조건/무조건, 환대/냉대]는 범주적으로 구별되며, 언급

---

14   *De l'hospitalité*, p. 45.

했던 순결주의 또는 가혹한 냉소주의에 빠질지도 모르지만, 서로 분리될 수는 없다. 순결주의는 손이 없고 잔혹한 냉소주의는 손이 너무 많다.

모든 도덕적 의무와 여기서 영감을 얻고자 할 모든 정치적 입장은 이 이중의 체제에 종속된다. 따라서 이 **이중 구속**[15]의 유효한 기입 또는 구체적인 실천의 양상을 찾아야만 한다. 그러므로 도덕 일반과 이 경우 환대의 도덕의 이중 체제를 사유하거나 고안해야만 한다. 숭고함과 일상, 정언적인 것과 가언적인 것, '가치'가 모든 것에 빚지고 '가치'에 아무것도 빚지지 않은 윤리와 굴절인 가치들의 '도덕'은 어떤 효과적인·정치적인 모습으로 그냥저냥 연결되는가?[16] 여전히 여기서 데리다와 레비나스의 차이는 둘 사이 '타협'의 본질에 근거하고, 따라서 타-협과 합-의를 이해해야만 하는 것과 수락하거나 거부해야만 하는 것 한가운데 있는 타자와 타자성의 지위에 근거한다.

데리다에게 전적인 타자tout autre, 첫 번째로 오는 자, 이들은 누구라도 전적으로, 절대적으로 다르다. 여기에는 여전히 레비나스의 윤리와 정의의 구별이 근거하는 타자의 잠음, 흐

---

15 *Adieu*, p.67. 데리다의 제스처는 "레비나스에 의해 확립되거나 상기된 명제의… 결론 속에" 명백히 이 **이중 구속**의 "필연성을 기입하는" 데 있다.

16 *DQVI*, p. 225.

릿함이 뒤따른다. 레비나스에게 이것은 이행과 전환의 변증법을 넘어 어려움이 따르기 마련인 제삼자들의 정의justice가 사유되는 얼굴로서 타자의 환원 불가능하고 무조건적인, 폭력적이고 양도할 수 없는 타자성으로부터 온다. 만일 전적인 타자가 타자보다 더 전적인 타자라면, 정치와 정치의 개념에 전혀 부합하지 않을 문제 그 자체는 가까움과의 차이 안에서 더 이상 규정될 수 없다. 레비나스와 데리다의 두 사유는 정의의 문제에 의해 똑같이 이끌린다aimanté. 그러나 '필요하다'와 '탈구축할 수 없는 것'은 가까움 또는 전적인-타자와의 관계에 대해 독특하고 구분되는 방식을 일컫는다.

둘의 비대칭적 위상학을 이제부터 부분적으로 데리다의 비틀림torsion의 영향을 받은, **'두' 도덕의 포스트-레비나스적 위상학**이라고 말할 수 있겠다.

개인적인 에피소드로 돌아가 이야기를 마치고자 한다. 왜냐하면 의도를 위해 특별히 중요하고 교훈적이기 때문이고, 둘의 위상학에 대한 가능성과 어쩌면 불가피한 오해를 드러내 주기 때문이다.

2016년 여름, 나는 2016년 7월과 8월에 일어난 테러 행위[17]와 더 일반적인 이슬람의 테러리즘 문제에 관해서 《르몽드》

---

17 [옮긴이] 2016년 7월 14일, 프랑스 남부 휴양도시 니스에서 프랑스혁명 기념일 축제를 즐기던 시민들을 향해 대형트럭을 몰고 인도로 돌진해 86명의 목숨을 앗아 간 테러 사건이 있었다.

에 특별 칼럼을 기고했다. 나는 프랑스의 많은 지식인들의 담론 또는 태도와 정반대의 입장을 취했다. 이 지배적인 담론은 대체로 이슬람주의를 다양한 그리고 외적인 '원인들'로 되돌리는 데 있었다. 이로 인해, 테러리즘은 상당히 단순한 결과로 환원되었다. 내 눈에는 테러리즘의 본질에 대한 일반적인 무분별, 동요되지 않는 양심이 그득한 무분별을 수반했던 것으로 환원되었다.

앞서 말한 '원인들'은 모두 그리고 항상 '우리-자신'에게 관계된다. 만일 테러 행위가 일어난다면 '우리-자신'에게 책임을 돌려야만 한다. 즉, 식민지 역사, 빈민가banlieu의 경제적·사회적 비참, 서양의 교만, 간섭 전쟁 등등에 돌려야만 한다. 자신의 행위에 대한 모든 권한을 빼앗긴 테러범들에게, 그들이 설령 그 행위를 확고하고 자신 있게 주장할지라도, 사실상 설명적인 이러한 주장thèse 속에서는 어떠한 책임도 인정되지 않았다. 나는 특히 자기-자신을 공격하는 행위를 문제 삼으면서 이 지나친 병인성을 공략했다. 그러나 이 '자기-자신'은, 레비나스의 글자 뜻에 따르면, 타자들의 책임 자체에 대해 첫 번째로 책임이 있지 않은가? 나를 비방하는 자들 중 몇몇은(그들은 다수였다) 내게 더 이상 '레비나스주의자'가 아니라고, 오랫동안 나와 동반했던 사유에 이제부터 충실하지 못하다고 비난했다. 어떻게 보면, 비난하는 자들의 눈으로 보면 나는 대역죄를 저지른 것이다! 어떻게 우리가 이 범죄에 대해 책임이 없다고 말할 수 있는가! 레비나스로 인해 우리가 잘 알고 있듯, 도스토옙스키가 쓴 바대로, 우리는 모든 것과 모든 이에 대해 타자보다 더 책임이 있으며, 유죄이다. 레비나스는 우리에게 과장된 책임, 나를 볼모로 삼는 타인의 박해를 가르치지 않았는가? 이 범죄들에 대해, 이 범죄자들에 대해 아마도 나는 몇 번이고 되풀이해서 그 짐을 져야만 할 것이다. 이것이 "우리-자신'에게 책임을 돌리는" 레비나스적 의미일 것이다.

특이한 타락perversion, 현저한 오해, 부동의 자기만족. 나는 여기서 내게 가해졌던 비판에 깃든 철학적 오해를 지적하는 것으로 만족할 것이다. 이것은 방금 말한 그리고 두 개의 도덕의 근원에 있는 위상학에 대한 몰이해에 대한 묵직한 단서가 된다. 이 몰이해는 레비나스 작품에 대한 피상적인 독해 안에 자리하고, 윤리적·정치적 체제의 이질성, **이중 구속**을 명확히 살펴보지 않은 일종의 통속어vulgate 안에 자리한다. 왜?

다시 말하지만, 얼굴 대 얼굴, 비대칭적 관계의 이중주 안에서 유효한 것, '윤리'를 완전히 나타내는 것, 이것은 실제로 그것의 높음에 나를 사로잡은 얼굴을 위한 무한 책임, 나 자신의 죽음만큼이나 전적으로 양도할 수 없는 책임이다. '나에 반反해' '타인을 위함'이 맡겨지는 자는 누구도 아닌 '나'이다. 레비나스가 종종 인용하는 《카라마조프가의 형제들》에 나오는 유명한 문구는 "…**그리고 우리**"가 **아닌** "…그리고 타자들보다 내가 더"로 끝난다. 이것은 둘에 의해 전적으로 조정된 관계/비-관계의 체제와 관련한다. 한편으로는 얼굴과 마주한 동일자-안-타자로서 구조화된 주체와, 다른 한편으로는 우리의 수많은 다수인 제삼자들과 관련한다.

만일 내가 얼굴과 마주하여 아무개 앞에서처럼 이러저러한 제삼자들, 시민, 동등한 사람, 동료, 다른 자아처럼 행동한다면, 윤리적 실패는 확실힐 것이다. 나는 너와 마주하여 사전에 내게 부과된 모든 책임에서 면제되지 않을 것이다. 나는 권리가 있는 자에게, 내가 아닌, 국가·사회·제도, '그것을 위해 거기에' 있는 모든 기관 전체에 얼굴의 호소를 위임하는 것으로 만족할 것이다. 이 호소는 내게 영향을 미치지 않고 나를 방해함 없이 간단히 나를 스치기만 할 것이다.

그러나 반대로, 얼굴의 타자를 모든 타자로 만드는 제삼자들의 사회적 다수성 안에서 대면 윤리의 비대칭적 체제를 강요하는 것은 참을 수 없는 '원시적 야만barbarie sauvage'으로 귀결될 것이다. 우리가 윤리의 침입, 즉 정의의—평등한 대우, 객관성, 보편성—요구에 대항할 수 있는 얼굴이 제삼자들과 절대 같지 않고 같을 수 없을 예외를 떠올릴 수 있는가? 얼굴 없이 모두에게 확장된 이 '윤리'는 놀라울 정도로 거칠 것이다. 이런 이유에서 '윤리'와는 다른 어떤 것이 '필요하다.' 간략히 말해, **정치가 필요하다**. 정치는 분명 둘의 관계를 지배할 수 없을 것이다. 왜냐하면, 우리는 다른 종류의 파탄에 직면할 것이기 때문이다. 여기서 재론하지는 않겠다.

만일 대면에서 필요한 경우 (테러리즘, 테러단은 아니지만) **한 명**의 테러리스트와 함께라면, 나는 양도할 수 없는 의무에 지정된다. 다수의 관계자가 관련된 정치적 관계들의 고려 안에서 나는 타자들의 책임에 호소할 수 있고, 호소해야만 한다. 그리고 예를 들어 판단해야 할, 나를 판단해야 할, 다른 주역들을 판단해야 할 법정 앞에서 내가 해야 하는 것처럼 나의 책임이 연루되지 않았음을 나는 증명할 수 있고 증명해야 한다. 이것은 잘못과 손실의 비교표를 세우는 것과 관련되고 찬반 양론을 검토하고 논쟁하는 것과 관련된다. 둘 사이에서 내가 타인을 위해 행하는 것은 모든 정신의 현존 이전에 온다.

살인자들을 그들의 범죄로 소환하는 것, 우리의 집단적 책임이 이 범죄들에서 면해지는 것, 그러고 나서 모든 제삼자가 행하는 영역을 지배하는 것으로부터 사유와 행위의 관점을 연루시키는 것, 이것은 정의이다. 윤리는 결코 정치를 면해주지 않는다. 더구나 정치는 자기-너머에서 오는 영감 그리고 들을 수도 귀를 막을 수도 있는 영감을 상기하기를 절대 멈추지 않을 것이다.

범죄를 범죄라고 부르는 것, 대량학살의 장본인들에게 실재적이거나 허구적인 '원인들'로 환원할 수 없는 그들의 잘못을 참조케 하는 것, 이것은 사법적 책임을 나타낸다. 그러나 다시 말하지만, 이는 얼굴 앞에서 무한한 대신함과 제삼자들의 사회 속에 맡겨지는 책임 전가imputabilité의 이중 체제를 무시하지 않는 조건에서 그렇다.

벵수상 교수와의 문답

I. 텍스트 밖 질문

질문 I -1. 현재 세계는 인공지능AI의 발전으로 많은 분야에서 빠르게 이를 중심으로 시스템이 재편되고 있습니다. 예를 들어 한국의 많은 대학에서는 AI 관련 학과가 신설되고 있고, 반면 철학과는 사라지고 있습니다. 이와 같은 전방위적인 추세에서 철학이 할 역할과 철학이 나아갈 방향은 무엇이라 생각하시는지요?

대답 I -1. 저는 AI 문제에 관한 일반적인 가정을 가지고 있지 않습니다. 요컨대, 저는 AI의 등장으로 인해 철학이 실제로 철학의 공헌·실행, 사색의 측면에서 영향을 받을 것이라고 생각하지 않습니다. 대신에 철학 교육, 행정, 연구, 성취도 검사 등의 체계는 필연적으로 변화할 것입니다. 이것은 역으로 철학자에게 물음을 제기합니다. '나'는 누구인가? 텍스트를 쓰는 주체는 누구인가? 철학적 탐구를 시작하는 주체는 누구인가? 하이브리드가 아닌 순수한 의미의 앎·지식의 주체가 존재하는가? (이것은 AI 도래 이전의 물음을 제기합니다.)

질문 I -2. 제가 알기로, 팬데믹 기간 동안 프랑스에서는 철학자들이 유튜브를 통해 철학적(?) 메시지를 전달했습니다.[1] 선생님도 여기에 동참한 것으로 아는데, 여기서 어떤 메시지를 전달하셨는지 간략하게 말씀해 주십시오.

대답 I -2. 여러분은 팬데믹 기간 동안 촬영된 관련 제 영상과 텍스트를 찾을 수 있을 것입니다. 그 당시 놀라웠던 것은 우리가 인류 역사상 처음 전적으로 세계적인 현상에 직면했다는 것입니다. 전 세계가, 지구의 가장 외진 곳까지 어디든 아울러 피해를 주었던 세계적 '전염병'을 동시에 대처해야 했다는 것입니다. 이처럼 세계화된 것은 탈-세계화의 요구였습니다. 우리는 국지적이고 작은 규모의 덕행德行을 도처에서 동시다발적으로 찾아낼 수 있었습니다. 전 세계적으로 행해진 탈세계화, 우리는 남아 있는 것이 무엇일지 봐야 할 것입니다.

질문 I -3. 이스라엘 대 팔레스타인 문제가 있습니다. 현재에도, 과거에도 있었습니다. 즉, 레비나스 생전에도 이 문제는 여전했는데, 이 문제에 대해 레비나스가 언급한 바가 있습니까? 그의 철학에 따르면, 팔레스타인인(들)은 '타자' 아닌가요?

---

1   [옮긴이] https://www.youtube.com/watch?v=UB7dMyaAwJo&t=28s

대답 I -3 이 질문은 오늘날 중요합니다. 저는 시오니즘, 반시오니즘, 반유대주의, 팔레스타인인의 고통, 이스라엘 국가의 존속 등에 관한 책을 곧 출판할 것입니다. 팔레스타인인들은 '타자'가 아닙니다. 레비나스의 글에서 만약 '~들'이라고 밀하면, 우리는 '타자'가 아니라 '제삼자들'을 상대하는 것입니다. 팔레스타인인들은 정의를 외칩니다. 그리고 이 외침은 10월 7일 살해된 유대인들에게[2] 보내집니다. 유대인들의 얼굴은 살인자들에 의해 결코 정면으로, 마주하여 보여지지 않았습니다.

저는 누구도 "나는 타자다…"(이것은 팔레스타인인의 이념으로 쓰이는 것입니다)라고 말할 수는 없다고 덧붙이고 싶습니다. 이것은 레비나스가 '윤리'라고 하는 것과는 절대적인·전적인, 끔찍한 정반대일 것입니다.

문제는 메타-윤리적입니다. 팔레스타인인들이 전쟁으로 이끌리게 되는 '정의로운 전쟁'의 대상이 되는 한에서 피해자들의 피해자들, 즉 팔레스타인인들과 어떻게 지낼 것인가의 문제입니다. 레비나스는 이 정의로운 전쟁이 지닌—만일 이 전쟁이 공포 앞에서도 불안을 동반

---

2 [옮긴이] 2023년 10월 7일, 팔레스타인의 이슬람 저항운동 단체 하마스가 이스라엘을 공격하여 이스라엘인 및 외국인 약 2천 명이 사망하고, 251명이 인질로 잡혀갔다. 이 이스라엘 역사상 가장 치명적인 공격으로 기록되고 있다. 이후 이스라엘의 공격으로 가자지구에서 2026년 2월까지 팔레스타인인 대략 7만 5천 명 이상이 사망하고 부상자가 17만여 명 이상 발생했다.

하지 않는다면—위험을 종종 강조했습니다. 달리 말해, 이스라엘인들에게는 자신과 전쟁을 벌이는 자들과 전쟁을 하는 것이 정의의 실행일 것입니다. 하지만 이스라엘인들은 팔레스타인인들의 손을 붙잡아야만 합니다. 그리고 이스라엘인들은 탈무드에서 말하는 것처럼 자신들의 피가 타자들, 팔레스타인인들의 피보다 '더 붉다'고 믿어서는 안 됩니다. 어려운 일입니다…!

질문 I -4. 레비나스는 베르트랑 레비용-Bertrand Révillon과의 대화(〈De l'utilité des insomnies[불면의 유용성에 대해]〉, *Les Imprévus de l'histoire*[《역사의 예기치 못한 일》] 수록)에서 바르비[3] 소송과 관련해 다음과 같이 말했습니다.

"이 사람(바르비)은 당신에게 '타자'입니까? 만일 누군가 자신의 영혼과 양심 안에서 바르비를 용서할 수 있다면, 그는 그렇게 할 것입니다. 그러나 나는 할 수 없습니다."

용서와 책임은 구분되나요? 레비나스의 이 답변을 어떻

---

3 [옮긴이] Nikolaus "Klaus" Barbie(1913. 10. 25.-1991. 09. 25.): 제2차 세계대전 동안 프랑스 레지스탕스의 극히 중요한 중심지인 리옹에서 게슈타포의 장으로 활동한 사람이다. 그는 4천 명 이상의 개인을 처형하거나 살해하고 유대인 7500명을 추방한 책임이 있었다. 추방된 이들 대다수는 아우슈비츠에서 죽었다. 따라서 그는 '리옹의 도살자'로 알려지게 되었다. 전쟁 이후, 바르비는 남미로 도피하기 전에 미국 정보기관에서 일했다. 미국 정보기관은 반공 활동을 위해 그를 고용하고, 도피를 도왔다. 1983년, 바르비는 전쟁범죄로 재판받기 위해 프랑스로 인도되었다. 1987년에 법정은 바르비에게 종신형을 선고했다.

게 이해해야 할까요?

대답 I -4 장켈레비치나 데리다와는 달리 레비나스는 결코 용서의 사상가는 아닙니다. 왜냐하면, 용서는 용서하는 자에게 모든 권리를 주고, 용서하는 주체의 주체성을 공고히 하기 때문입니다. (레비나스는 이 힘을 《우리 사이》에서 사면권을 사용하는 왕의 힘에 비유합니다!) 바르비나 나치에 관해서, 레비나스의 윤리는 확실히 어려움에 직면해 있습니다(팔레스타인인들에 관해서 말한 부분을 참조하세요). 모든 인간은 얼굴을 갖습니다. 바르비일지라도요. (팔레스타인인"들"이라고 할 때는 아닙니다!) 살인자의 얼굴 앞에서 레비나스의 윤리는 무엇을 할 수 있을까요? 질문은 어렵습니다. 레비나스는 이 질문에 답하기 위해 몇 가지 요소만을 제시합니다. 예를 들어, 레비나스는 《전체성과 무한》에서 "살해의 범속성la banalité du meurtre"[4]이라고 부르는 것을 함께 제시합니다.

질문 I -5 푸아리에와의 대화에서 레비나스는 마르크스주의에 대해 다음과 같이 말했습니다. "마르크스주의는 이타성을 나타냈습니다. 우리가 마르크스주의의 토대인 유물론의 교리를 이해하는 방식이 무엇이든 말입니다. 마르크스

---

4 *TI*, p. 217. / 《전체성과 무한》, p. 293.

주의에는 타인에 대한 인정이 있습니다. 타인 그-자신이 이 인정을 위해 싸워야만 한다는, 타인이 이기적이게 되어야만 한다는 생각이 확실히 있습니다."[5] 선생님은 마르크스 전문가로서 이에 대해 잘 이해할 수 있을 것입니다. 설명해 주실 수 있습니까?

대답 I-5 레비나스가 마르크스로부터 받아들이는 것은 확실히 마르크스주의는 아닙니다. 그것은 "이타성"입니다. 즉, 도덕에 대한, 레비나스가 '설교의 위선'이라고 부르는 것에 대한 고발의 힘이고 '배고픔'의 물질성에 대한 환기입니다(〈세속화와 배고픔〉을 참조하세요). 따라서 이것은 아주 간단합니다. 마르크스주의는 생산양식 이론이나 일반적인 분석에서가 아니라 실천적 전제나 행위에서 이미 (배고프고 목마른 타인의, 설교와 훌륭한 연설을 할 일이 없는 타인의) 윤리입니다.

질문 I-6 레비나스에게 도덕적 자아는 애초에 없는 것 같습니다. 이에 대해 어떻게 생각하십니까?

대답 I-6 물론입니다. 앞선 글을 참조하세요. 레비나스에게 도덕적 주체, 도덕, 규범, 계율, 도덕의 교훈은 없습니다. 윤리

---

5 《레비나스와의 대화: 에세이와 대담》, 김영걸 옮김, 두번째테제, 2022, pp. 183-184.

는 바대로 부름appel을 말합니다. (도덕, 정치, 철학의) 주체
에 앞서 있는 무언가를 말합니다. 부름에, 얼굴에 응답하
기(혹은 응답하지 않기), 이것은 도덕적 자기soi, 선의, 법규
를 참조케 하는 것이 아니라 이해할 수 없게 궁핍으로
전복되는 것입니다.

질문 I -7 영미권 논문에서는 레비나스가 타자l'autre, l'Autre, 타인autrui,
Autrui 용어를 무차별하게 혼용해서 쓰는 것에 대한 비판이
있습니다. 즉, 레비나스의 타자, 타인이라는 용어의 영어
번역 구분의 논증 불가능성을 지적합니다. 특히, 대문자
타자l'Autre는 신으로 이해하기도 하는데, 이에 관한 의견
을 말씀해 주십시오.

대답 I -7 네. 이것은 어렵습니다. 제가 아는 한, 프랑스어만이 이
구분을 가능하게 합니다. 관사를 앞세울 수 없는 이 타인
autrui이라는 용어를(우리는 le(정관사), un(부정관사) 타인
autrui을 말할 수 없습니다) 만들어 낸 것도 프랑스어뿐입니
다. 그런데 레비나스에게서나 데리다에게서 혹은 다른
철학자들에게서 어떤 불분명한 사용은 없습니다. 질문
의 견해는 언어의 어려움을 개념적 어려움과 혼동하고
있습니다. 제 생각에 이 질문은 거짓-질문입니다.
그렇지만, 매우 중요한 명확성이 있습니다. 레비나스에
게서 타자l'autre, 타자l'Autre, 타인autrui, 얼굴le visage, 얼굴le

Visage은 신의 대리인(물)이나 담지자가 아닙니다. 여기에는 전적인 오해가 있습니다(아마도 이것은 레비나스의 초기 수용에서 우세했던 기독교적 해석에서 기인할 것입니다). 이것을 분명히 하기 위해 당신이 간략하게 다음 내용을 참조하면 좋겠네요. "얼굴은 어떤 실재의 겉모습이나 징후가 아니다. … 외관에 의해 감춰지거나 표현된 그리고 비가시적인 주제로 내어놓을 어떤 실재의 겉모습이나 징후가 아니다. … 근접성은 주제, 구조의 어떤 결합이 아니다. **얼굴은** 내게 이웃을 강제할 **숨겨진 신의 징후로 기능하지 않는다.**"[6]

II. 텍스트에 대한 질문

질문 II-1. 〈내부-너머의 무대: 레비나스, 데리다와 함께 정치를 사유하기〉에서 데리다는 레비나스의 내부-너머l'au-delà-dans의 계승자로 보이며, 이른바 "**'두' 도덕의 포스트-레비나스적 위상학**"이라는 명칭하에 자신의 사유를 포스트-레비나스적인 것으로 위치시키는 듯합니다. 그 주된 내용을 도식적으로 요약해 보면, 레비나스에게서 둘의 위상학은 대면/다수성, 얼굴/정의, 윤리/정치로, 데리

---

6 *AE*, pp. 149-150. /《존재와 달리》, p. 204.

다에게서는 법/정의, 해체 가능한 것/해체 불가능한 것, 조건성/무조건성, 윤리 안의 정치/정치 안의 윤리로 싹 지어진다고 볼 수 있습니다. 이때 양자 사이의 쟁점은 무엇보다 '윤리와 정치 사이의 관계'에 있을 것입니다. 한편으로는 데리다가 윤리와 정치 사이의 복잡한 관계를 다루는 데 기여했다고 보면서도, 다른 한편으로는 데리다의 사유가 "윤리의 탈급진화"라고 할 수 있는 것을 함축하고 있다고 보시는데, 선생님은 윤리와 정치의 경계를 결코 단순하게 보지 않으면서 윤리의 중요성을 강조할 수 있는 것이 필요하며 또 가능하다고 보시고 계신 것 같습니다. 여기서 ① 윤리와 정치의 관계에 대한 데리다의 복잡화가 정확히 어떤 점에서 유의미하다고 보시는지, ② 정치와 윤리의 관계에 대한 데리다의 복잡화가 필연적으로 윤리의 탈급진화를 초래한다고 보시는지, ③ 윤리의 탈급진화를 초래하지 않으면서 윤리와 정치의 관계를 단순하게 사고하지 않을 수 있다면, 그것이 어떤 방식으로 가능할지에 관해 말씀해 주실 수 있습니까?

대답 II-1. 이 질문은 무척 어렵습니다. 제가 보기에, 이 질문은 레비나스의 유산 가운데 가장 큰 유산입니다. 즉, 가장 중요하고 풍부하지만, 동시에 가장 복잡한 것을 이룹니다. 이 질문은 레비나스의 지형도에서 레비나스가 '윤리'(그에게는 특별한)라고 부르는 것과 우리가 일반적으로 '정치'(보편적인)라고 부르는 것 사이의 불가능한 관계에 관한 질문입니다. 이것은 '급진성'을 구성하는 관계의 (변증법, 전이, 하나에서 다른 하나로의 이행도 아닌) '불가능성'입니다. 따라서 질문은 반드시 이 급진성을 보존하는 데 있지 않습니다. 저는 데리다를 비판하지 않습니다. 왜냐하면 데리다는 윤리에 의한 정치의 '영감'보다 더 명확하고 예리한 조건/무조건의 관계적 구조를 생각하면서 레비나스의 윤리를 탈급진화했을 것이기 때문입니다. 우리가 레비나스의 윤리적 입장의 정치적 효력(=정의)에 대해 생각하자마자, 우리는 레비나스의 윤리적 입장을 '탈급진화'하게 됩니다. 왜냐하면, 윤리의 이중적duel 구조는 그-자체로 탈-정치적이며, 둘(2)의 급진성에서만 유효할 텐데, 그렇지만 이는 유효하고 그렇지만 공정한 정치의 어떤 것을 부추기기 때문일 것입니다. 레비나스의 정의는 또한 레비나스의 윤리를 탈급진화하게 합니다. 바로 이 '그렇지만et pourtant'이 문제를 아주 어렵게 만듭니다. 실행 불가능할지라도 해야만 하는 것, 이것이 정치, 정치적 실천, 정치적 활동에 관해 거의 정의定義하는 것 아닐까요? 이는 아마 '인간의 유토피아'에 속할, 유효한 어떤 것, 즉시 그리고 동시에 정치의 명확한 형상으로 갱신되지 않는(우리가 레비나스를 비난할 수 있는 것, 저는 그 이유를 이해합니다) 어떤 것에 관해 거의 정의하는 것 아닐까요?

질문 II-2. 레비나스의 '정의론'에서 가장 이해하기 어려운 부분은
타자와 제삼자가 속하는 심급이 각각 어디인지 파악하
는 일인 것 같습니다. 타자와 제삼자 둘 다 경험적 질서
에 속하지 않는 것 같은데, 경험을 벗어나는 동일자-안-
타자라는 주체의 구조가 있고 "경험적 사건의 질서가
아닌 준-구조의 질서"에 속하는 제삼자의 영속적 등장
이 있는 것으로 보이기 때문입니다. 주체의 '구조'와 준-
구조는 어떠한 다른 위상을 가지는 것인가요? 또, 선생
님은 대면을 경험적이자 비경험적인 것empiriques et non-
empiriques이라고 부르는데, 두 측면은 각각 주체의 '준-구
조'와 '구조'라는 구분과는 다른가요?

대답 II-2. 저의 답변은 앞선 답변의 연장입니다. 이것은 같은 질문
혹은 같은 어려움의 문제입니다. 두 개의 심급, 영역, 장
소를 구분하는 절대적인 필요성이 있습니다. 대면, 얼
굴 등 둘의 필요성과 제삼자, 만인의 평등 등 다수의 필
요성입니다. 이 구분은 필연적으로 그 자체 경험적이지
않고 (여럿의) 실천에서와 마찬가지로 (둘의) 만남에서
도 매번 개별적인 '경험'을 배제하지 않습니다. 저는 데
리다가 '준-초월론적quasi-transcendantal'이라는 말을 쓸 때처
럼 준quasi이라는 말을 사용합니다. 이 준이라는 말은 신

호, 경보와 같습니다. 이것은 하나에서 다른 하나로의 이행을 생각해야만 한다는 것을 의미하며, 비-경험적인 것이 거의 비-경험적인 것이고 경험에 관한 질문에서, 경험의 어떤 유형에 관한 질문이 질문에서 떠날 수 없다는 것을 의미합니다. 이것은 항상 마침내 구조, 초월적인 것, '이론적인' 것을 오염시킵니다. 정확히 대면을 오염시키는, 주변을 맴도는 제삼자처럼요. 레비나스와 레비나스 이후 데리다, 그리고 다른 방식은 우리에게 두 가지 측면을 다 붙잡도록 강제합니다. 근본적인 '형이상학적' 의미작용에서 '윤리'가 뜻하는 것과 타협하지 않는다는 것. 정치적 질문에서 결코 제외하지 않는다는 것. 그리고 다른 것들은? 제삼자들은? 정의를 원하는 사람들은? 이것은 조건과 무조건 사이의 관계에 대한 질문과, 다르게 표명된, 같은 질문입니다.

질문 II -3. 제삼자와의 관계가 윤리적 관계 이후에 오는 경험적 사실에 의해 부과되는 것이 아니라면, 단수적 얼굴과의 비경험적 관계에 제삼자가 등장하게 되는 원인이나 계기가 있을까요?

제삼자와의 관계가 경험적인 등장의 순간을 원인으로 하여 맺어지는 것이 아니라 주체의 '준-구조'에 이미 포함되어 있다면, 주체가 타자들과 관계하며 사회에서 살아가고 있다는 경험적 사실은 어떻게 이해해야 할까요?

대답 II-3. 이것은 복잡합니다! 확실한 것은 우리가 이 관계('불가능한', 변증법화할 수 없는 등)를 인과성 또는 연속(시산 1: 원인/시간 2: 결과)의 모델에 따라 생각할 수 없다는 것입니다.《존재와 달리》말미에서 레비나스는 제삼자들이 윤리, 얼굴 내 얼굴, 얼굴과의 대면으로부터 언제나-이미 거기 있다고 설명합니다. 이것이 더욱 어렵게 만듭니다 (제삼자들은 다음에 오는가? 아니면 윤리, 둘의 무대에 이미 있는가?). 여하튼 윤리에 의해, 윤리 안에서, 데카르트가 규정한 바와 같은 인과율은 대체로 끊임없이 그 자체로 넘어섭니다. 결과는 원인을 넘어서고, 원인이 예측할 수 있는 결과의 천 배 이상이 존재하며, 그 자신의 원리가 지정하는 유폐enfermement보다 더 흘러넘치고, 더 관대하고, 더 비용이 듭니다. 원인은 사랑처럼 갖지 않은 것을 줍니다. 원인이 만일 그것의 결과가 항상 원인을 넘어서고, 앞서고, 과잉 안에서 미리 짐작하는 듯하다면, 여전히 '원인'일까요? 칸트의 방편, 특히 목적 없는 목적성의 개념을 모방하면서 무-시원적, 전-근원적인 것의 기초를 이루는 '원인 없는 인과성' 개념을 모든 세부사항에서 공들여 만들어야만 할 것입니다.

당신의 질문(주체가 타자들과 관계하며 사회에서 살아가고 있다는 경험적 사실은 어떻게 이해해야 할까요?)에 답하기 위해, 제2의 레비나스(《존재와 달리》의 레비나스)가 동일자-안-타자로서 주체성의 구조를 규정하면서 아리스토텔레스처럼 주체성이 인간을 복수의 '본질'이 되게 한다고 주장하는 것과 그리 다르지 않다고 덧붙이겠습니다. 도시의 존재들, 정치적 동물, 그들은 모든 타자와의 관계에 대한 타자성을 그들 안에 지니고 있습니다. 차이(아리스토텔레스와 레비나스는 동일한 철학적 언어를 말하지 않습니다), 이것은 이 구조가 이중의 관계, 윤리적 관계에 의해 선행된다는 것입니다. 왜냐하면 주체는 구조적으로 주체를 분열시키는 타자성에 의해 가로질러지며, 항상 동일한 자기에 다른 어떤 것을 가지고 있기 때문입니다. 주체는 얼굴에 대한 복종의 윤리 안에 '자연스럽게' 존재하고, '자연스럽'다는 이유로 주체는 그래서 사회에서 살아가고 있습니다.

아마 얼굴의 영향 아래 둘에 그리고 정의의 추구 속 여럿에, 윤리와 정치 사이에 접점이 있을 겁니다. 접점은 이행이 아니라 마찰, 대립, 폭력의 가능성을 의미합니다.

질문 II-4. 정의가 '필요하다'는 말과 경험의 관계에 관해 묻고 싶습니다. 정의가 '필요하다'는 말은 윤리가 필연적으로 정의로 이행하는 연역적 질서라는 것이 아니고, 자아가 의식적 결정에 의해 '윤리'를 '정의'의 제도로 치환하는 것도 아니라고 하셨습니다. 그런데 만일 경험적이고 동시에 비경험적인 대면으로부터 자동사적intransitif 윤리와 그에 대한 번역이 발생한다면, 윤리와 정의로부터 경험적 요소를 제거한다는 것은 매우 어려워 보이기도 합니다. 이는 《전체성과 무한》에서 레비나스가 선생을 할 수 있는 존재들만이 평화에 이를 수 있다고 이야기한 것을 연상케 합니다. 동일자-안-타자로서의 주체는 이미 타자와 '병화'의 관계에 들어서 있지만, 그 관계는 또한 제삼자들과의 공현존이 불러 일으키는 '전쟁'의 관계이기도 한 것 같습니다. 그런데 만약 '전쟁'이 경험적이고 역사적인 사실성과 무관하지 않다면, 이는 윤리가 정의로 번역되어 '나타날' 조건이 경험적 조건들에 의해 미리 결정할 여지가 있음을 가리키지 않을까요?

대답 II-4. 네. 저는 본질적으로 만남의 모습으로 이 경험주의적 측면을 수용하고 심지어 주장하고 강조하기를 조금도 사양하지 않습니다. 둘은 만남을 의미합니다. 그리고 만남은 아마도 윤리의 경험적 명칭일 것입니다. 어떤 조건에서, 우리는 레비나스의 사유가 셸링이나 로젠쯔바이크가 철학에서 그들의 입장을 규정짓기 위해 말하는 형이상학적 경험주의의 방식이라고 말할 수 있습니다. 그리고 당신이 이 가능한 형이상학적 경험주의와 레비나스의 매우 특별한 '필요하다'의 본질 사이를 연결하고자 하는 것은 옳습니다. 레비나스 윤리에 의한 인과성 원칙의 약화에 관해 제가 앞에서 말한 바를 참조해 주세요. 경험('경험주의')의 영역에 알맞게 속하는 어떤 것에 의해 모든 추론, 이유, 동기를 과도하게 결정하는 것이 '필요하다'는 것입니다. 그러나 이 '필요하다'는 절대 자족하지 않고, 절대 자신의 원리에서 다 소진되는 경험(이로부터 '형이상학')을 또한 과도하게 결정합니다 surdéterminer. '필요하다', 이것은 무한한 초과, 과잉입니다. '필요하다'는 어떤 경험, x-되기, 동물-되기, 늑게-되기를 가리키지 않습니다. 윤리적이-되기는 레비나스 사유에서 어떤 의미도 갖지 않습니다.

질문 II-5. 선생님께서는 책에서 레비나스와 탈무드 또는 유대주의의 관계에 대해서는 말하지 않겠다고 했습니다. 하지만 이 부분에 관해 더 묻고 싶습니다. 레비나스의 탈무드 주해로부터 제기되는 히브리어에서 그리스어로의 성서 '번역'이라는 목표는 언어적 번역이 아니라 히브리적 '윤리'를 그리스적 '로고스'로 번역하는 문제와 관련된 것이라는 생각이 듭니다. 그런데, 레비나스가 번역의 언어로 지정한 것은 왜 하필 그리스의 언어였을까요? 이는 히브리인들이 그리스인들과 역사적으로 전쟁의 관계에 들어서 있었기 때문은 아닌가요? 성서의 그리스어로의 번역은 '그리스인들'과 '히브리인들' 간의 우연한 지리적·물리적 공현존 때문에 제기된 문제 아닐까요? 반면, 레비나스는 '그리스'와 '히브리'의 관계를 우연한 병치가 아니라 인류의 정신을 대표하는 대립으로 상정하

는 것 같습니다. 한 인터뷰에서 레비나스가 인류는 성
경과 그리스인들로 이루어져 있으며 나머지는 모두 번
역될 수 있고, 이국적인 것은 춤에 불과하다고 말한 것
을 기억합니다. 이는 철학과 사유 일체를 그리스라는
단일한 기원으로 소급하는 하이데거의 제스처와 어떻
게 다를 수 있을까요? 레비나스에게 '그리스'가 가지는
특권은 어떻게 이해해야 할까요?

대답 II-5. 당신의 질문에 대한 답은 매우 간단합니다. '그리스어',
이것은 오로지 철학입니다. 우리가 철학을 하고 개념 등
을 조직할 때, '그리스어로 말합니다.' 제가 당신에게 답
하는 것, 당신이 제게 질문을 제기하는 것입니다. 이러
한 교류 안에서, 우리는 그리스어로 말하고 있습니다.
따라서 이것은 변덕과는 무관합니다. 이러저러한 다른
언어보다는 그리스어입니다. 이것은 철학, 철학의 욕망
이 강제하는 프로그램에 관한 것입니다. 레비나스가 자
신의 철학에 대한 실천에 관해 명백히 진술했던 것은,
"그리스인들이 무관심했던 원리들을 그리스어로 진술
하기"입니다. 윤리적 내용에 관한, 경험적인 것을 포함
한 윤리는 질문, 이야기, 우화, 언어 게임의 영역에 속
하며 소크라테스, 플라톤, 아리스토텔레스의 전통과는
전혀 관계가 없습니다. 랍비들은 그들 자신의 전통을
검토하는 데 철학을 필요로 하지 않습니다. 그리고 철

학자들(모든 그리스인, 그들이 철학할 때, 항상 그리스어)은 어떤 '윤리'도 필요로 하지 않습니다. 레비나스의 프로그램은 따라서 고대, 히브리, 성서, 탈무드의 내용을 개념으로 번역하려는 시도에(또는 이런저런 단어, 예를 들어 얼굴을 개념으로 변환시키는 데, 얼굴을 개념적으로 기능하게 하는 데) 있을 것입니다.

본성, 본질의 질문, 존재의 질문, 즉 'x 혹은 y는 무엇인가?'라는 질문을 중심으로, 그리스에서 생겨나거나 창안된 철학의 문제 제기 양상은 전례가 없습니다. 뒤이어 보편화되었다('서양'처럼) 하더라도 말입니다. 플라톤의 《대화편 *Hippias majeur*》에 이것을 매우 잘 나타내는 구절이 있습니다. 소크라테스가 아테네의 길을 걷다가 지나가는 사람들에게 "아름다움이란 무엇입니까?"라고 묻습니다. 사람들은 대답합니다. "아름다운 소녀", "아름다운 말", "아름다운 꽃병". 소크라테스는 짜증을 냅니다. 아니오. 나는 당신에게 "아름다움이 무엇입니까?"라고 물었지 사례나 경험적 예시를 묻지 않았소. 이 모든 경험적 사태로부터 본질(아름다움)을 밝히길 청했소.

이렇게 질문하는 방식은 '그리스인들'에게 고유합니다(아마 인도의 경우를 비교할 수 있을 것입니다. 살펴보세요). 철학은 그리스적입니다. 이것은 유대인이나 중국인이 사유하지 않는다고 말하는 것이 아닙니다. 그들의 사유(다른 많은 민족과 문명의 사유)는 존재의 질문을 중심으로. 하는 것과는 다르게, **존재와 다르게**(!) 구성됩니다. 철학은 사유의 하나의 양상이지, 뉴일인 껏은 아닙니다. 그러나 보편성으로의 철학의 확장은 이제부터 '개념'을 따르기를 강제합니다. 이 점에 대해서는 제가 2004년에 출간한 《유대 철학이란 무엇인가?*Qu'est-ce que la philosophie juive?*》를 참조하시길 바랍니다.

물론, 데리다의 〈폭력과 형이상학〉도 참조하시길 바랍니다. 데리다는 레비나스의 사유가 우리를 '떨리게' 만드는 '깊이'를 상기시킵니다. 이 깊이는 '**유대그리스인은 그리스유대인이다**Jewgreek is Greekjew'(조이스)라는 질문과 연관됩니다. 저는 그(조이스)를 인용하겠습니다.

"우리의 언어, 역사의 모든 충적토의 풍부한 언어, 그리스어로―그리고 이미 우리의 질문은 예측된다―끊임없이 이용하는 유혹의 힘을 스스로 책責하는 언어로, 언어는 우리를 그리스 로고스의 해체, 우리의 동일성과 아마도 일반적인 동일성의 해체로 소환한다. 언어는 우리에게 더 이상 근원도 장소도 아닌 것(신들에게 너무나 호의적인)을 향해, 숨을 향해, 플라톤 이전뿐만 아니라, 선先소크라테스 이전뿐만 아니라, 모든 그리스적 기원 이편에서en-deça 이미 숨을 내쉬는 예언의 말을 향해, 그리스인의 타자를 향해 그리스적 장소와 아마도 일반적인 장소를 떠나라고 요구한다(하지만 그리스인의 타자가 비-그리스인일 것인가? 특히 비-그리스인이라고 불릴 수 있을까?)."

질문 II -6. '번역'의 필요성이 제기되는 양상이 역사적·경험적 조건
에 영향을 받는다면, 레비나스는 경험적으로 '전쟁'이라
는 관계에 들어선 적 없는 이방인들을 '과도하게 이방인'
으로 생각하지 않을까요? 예를 들어 "황색 위험! 이것은
인종적인 것이 아니라 영적인 것이다. 이것은 열등한 가
치와 관련되지 않는다. 이것은 귀에 익은 어조 변화에 어
떠한 음성도 새어 나오지 않는 과거, 달이나 화성의 과거
모든 두께와는 급진적으로 낯선 이방성과 관련된다"(*Les
imprévus de l'histoire*[《역사의 예기치 못한 일》], p. 150)라
고 말했지요.

레비나스는 또한 유대주의가 작금에 맞이한 조건들 중
하나로 다음과 같은 것을 꼽기도 하였습니다. "유대-기
독교 세계는 유대의 성스러운 이야기와는 낯선 저개발
의 아시아-아프리카 대중 역사의 전면에 도래하는 데서
비롯된다"(*Difficile liberté*[《어려운 자유》], p. 242). 동양의
대한민국에서 레비나스의 글을 접하는 독자들은 이런
말들을 어떻게 이해해야 할까요?

대답 II -6. 당신은 저개발국의 대중에 대한 레비나스의 유명한 구
절을 해석한 주디스 버틀러와 다른 탈식민 사상가에게
다소 성급하게 동조하고 있습니다(얼굴을 가지고 있지

않을 팔레스타인인에 대해서나 레비나스의 '인종주의'에 대해서는 매한가지지만, 버틀러는 팔레스타인인의 얼굴-없음의 논점에 대해 잘못 생각했다고 인정했습니다. 그는 그렇게까지 어리석고 서툴렀습니다!!!) 버틀러의 해석은 (그녀는 레비나스를 결코 길게 인용하지 않고, 그녀가 말한 대로, 레비나스를 상기시키기만 합니다!!!) 잘못되고, 어리석고, 부당합니다. 이를 확신하려면, 레비나스 텍스트에 나오는 유명한 구절을 다시 읽는 것으로 충분합니다. 레비나스의 문장은 정확히 다음과 같습니다. "아시아와 저개발국의 무수한 대중의 부상은 되찾은 이러한 진정성을 위태롭게 하지 않는가?" 이 문장은 의문문입니다. 따라서 버틀러의 인용은 이미 매우 취약합니다. 게다가 다음에서 보이는 것처럼, 질문은 전적으로 수사적이고, 레비나스 입장에 대한 어떤 의혹도 감돌지 않는 답을 얻으며, 어떤 불명확함도 포함하지 않습니다. 어떤 이들이 말하려는 것처럼, 이 '아시아의 민중들'이 인류에 속하지 않는다는 것은 당치도 않습니다. 오히려 논지는 인간적인 것의 영역, '인간의 인간성'을 한없이 확장하는 것입니다. "희망을 갖고 살아가고자 하는 무수한 이 민중들의 눈앞에서… 형제애의 새로운 감정이 우리를 기다리는 희생의 예감 속에서 이미 싹텄다. … 이번 대화는 지금까지 살았던 국가에서… 그리스-로마 사상의 구상을 넘어설 것이다"(*Difficile liberté*[《어려운 자유》],

pp. 216-217).

이 레비나스 인용문은 그의 사상에서 가장 많이 반복되는 주장과 일치하며 분명하고 명료합니다. "아시아와 저개발국의 무수한 대중"은 인류의 전적인 부분이고, 새로운 희망의 동기이며, 이런 의미에서 '인간의 인간성' 지평의 전례 없는 영광의 순간은 보편적입니다. 버틀러의 작업에서 철학적 텍스트에 대한 오해와 그릇된 해석은 한편으로 레비나스의 경우에만 관련되어 있지 않습니다. 버틀러는, 이런 말을 하는 것이 유감스럽지만(저는 그렇기 때문에 그녀의 명성을 이해할 수 없습니다), 헤겔에게서 부정의 지위, 푸코에게서 삶의 비생물학적 의미, 하이데거에게서와 마찬가지로 고전적 전통에서 '존재론'이 의미하는 것을 아무것도 이해하지 못합니다. 그녀는, 데리다와는 아주 거리가 먼, 첫 번째 저널리스트처럼 탈구축을 이해합니다. 그녀는 거친 방식과 텍스트의 왜곡을 통해 레비나스의 철학적 제스처에 대한 오해를 증가시킵니다. 그녀의 해석은 레비나스 윤리의 내용, 글자 그대로의 뜻과 그 속에 담긴 정신에 어긋납니다. 레비나스의 윤리는 근본적으로 낯선 이에 대한 윤리, 자기, 자기 토지·영지, 자기 공간, 모든 '서구Occident'(랭보: "철학자들, 당신들은 서구의 일부다!")에 대한 낯섦의 윤리입니다. 레비나스가 (〈이름 없음sans noms〉에서) "유대교, 이것은 제도 없는 도덕의 가장자리에 있는 인간성이다"[7]라고 쓸 때, 그는 사회·모든 사회로부터 나오기, 문명·모든 문명이 지시하는 대상과의 이별을 가리킵니다. 레비나스의 사유에 어떤 '우월주의'(인종주의 등은 말할 것도 없이)를 덧씌우는 것은 불가능합니다. 그의 작품 속 모든 것은 반대되는 것을 호소합니다. 매우 의심스러운 이 의혹들은 한때, 우리 시대에 있던 어떤 정치적·이념적 분위기에서 기인합니다. 이 분위기는 아무것도 남기지 않을 겁니다.

질문 II-7. 선생님의 책에서 가장 흥미로웠던 부분 중 하나가 주체의 구조로서 박해와 역사적 경험으로서 박해 사이의 관계를 다룬 부분이었습니다. 선생님이 박해의 역사적 측면을 언급하는 의도는 무엇인가요? 또, 레비나스 철학과 그가 '전pré-철학적 경험'이라고 부르는 박해의 경험은 어떤 관계가 있다고 보십니까?

대답 II-7. 제가 이미 지적했듯이 《존재와 달리》의 레비나스에게서 (타자성이 주제였던 《전체성과 무한》과는 달리 이 책의 주제인) 주체성의 구조, 즉 '동일자-안-타자'는 사회적 행동, 습관, 정감, 다른 자아로서가 아닌 '동일자-안-(다른) 타자들'로서 타자들과의 관계를 먼저 조건 짓습니다. 이

---

7 [옮긴이] Emmanuel Levians, *Noms propres*, Fata Morgana, 2014, p. 184.

는 주체가 이렇게 해서 구조화되었기 때문에 '윤리'가 가능하고, 타자-촉발hétéro-affection은 주체와 주체의 관계를 활용한다(저는 정확히 레비나스의 방식이 아닌 제 방식대로 말하고 있습니다!)는 것을 의미합니다. 이는 또한 과학자들이 '거울 뉴런'이라고 부르는 것으로 거의 기능하는 이 '구조'(시대의 단어!) 때문에 이야기, 인간의 이야기, '사람들이 서로 찾는'(이 책의 한 장章 제목이기도 한) 이야기가 가능하다는 것입니다. 그리고 이것은 언급된 '박해', 유죄성, 고통, 선함(이 모든 주제는 레비나스 사유에서 다소 '러시아적'입니다)에 적용됩니다. 이 이전·이후와 관련해, 전철학적 경험이 있습니다. 제 생각에 이것은 매우 중요한 점입니다. 모든 철학에는 철학 이전에 철학을 결정지으며 철학을 동반하는, '철학적'이지 않은 어떤 것이 있습니다. 레비나스는 이를 '경험'이라고 부릅니다. 이것은 현상학에서 유래하지만 헤겔주의에 의해 완전히 저당 잡힌 부적당한 말입니다. 경험은 집약적 의식에 의한 자기 되찾기, '되찾을 수 있는' 그리고 되찾은 '시간' 속의 인수입니다. 하지만 윤리적 사로잡힘은 자기의 박탈, 전복, 상실, 실신이고 체험된 '경험'과 전혀 비슷하지 않은 것입니다(《관념에 오는 신에 대해》에서 레비나스는 "우리 삶의 커다란 경험은 본래 우리에 의해 경험되지 않는다"라고 말합니다. '경험'이라는 단어를 사용할지라도, 이것은 매우 분명합니다). 그리고 이 '전철학적'

심급은 모든 종류의 철학을 이해하는 데 결정적입니다. '경험'은, 거의 정신분석의 의미에서, 모든 반성성·개념화·'합리화' 이전에 오는 것이라는 것 말고는, 아무것도 말하려고 하지 않습니다.

질문 II -8. 레비나스는 종종 역사적 경험으로서 박해와 인간의 보편적 구조로서 박해라는 정의를 혼용해서 사용하는 것 같습니다. 가령 〈Être juif[유대인 되기]〉에서 레비나스는 인간의 영혼은 아마도 자연적으로 유대적일 수 있다고 이야기합니다. 또한, 후기의 탈무드 주해들에서도 '유대인'을 윤리적 주체를 대표하는 말로 사용하는 것 같습니다. 선생님께서는 이러한 '유대인'의 범주를 민족이나 정체성으로 이해하십니까?

레비나스 입장에서 '유대인'이라는 존재론적 범주가 민족적 정체성 이상의 것이 되기 위해서는 유대인의 수난사를 경험적 역사 이상의 것으로 만드는 '성스러운 역사 Histoire sainte'라는 개념이 필요해 보입니다. 레비나스 텍스트 속 이 '성스러운 역사'는 어떻게 이해해야 할까요? 더불어, 선생님은 정체성으로 이어지는 집단적인 상속이나 전이transfert가 아니라 '반-경험contre-expérience'과 '역-전이contre-transfert'를 제시하시는데, 이는 '성스러운 역사'와 어떻게 다른가요?

대답 II -8. 유대인, 유대교, 유대성을 고찰할 때, 레비나스에게서나 다른 많은 사상가에게서, 예를 들어 로젠쯔바이크에게서도 유類, 민족 안에서의 범주, 종種을 절대 지칭하지 않는다는 점을 이해하는 것이 매우 중요합니다. 이것은 신학적으로, 철학적으로, 심지어 '민족적으로' 유효합니다(에티오피아 유대인, 흑인 유대인, 러시아 유대인, 금발 유대인, 아랍 국가 출신 유대인, 갈색 유대인 등이 있습니다. 이를 직접 느끼기 위해서는 이스라엘 거리를 산책해 보는 것으로 충분합니다). 레비나스가 '반유대주의의 희생자들', 혼종 민족이라는 이유로 희생당한 무수한 사람들에 대해 말할 때, 이를 이해하기 위해서는 《존재와 달리》의 첫머리를 읽는 것만으로 족합니다. 버틀러와 다른 사상가들이 '윤리'에 관한 많은 오해를 하도록 하는 것이 바로 이러한 심각한 몰이해 때문입니다. '유대인 되기'는 인종적 결정('존재'는 인종이나 피부색이 아닙니다!)과 아무 관계 없는 존재론이나 메타-존재론에 속합니다. 이 메타-존재론('모든 존재론보다 더 존재론적인')은 다수의 관계에 연루됩니다. 특히 '~에 얽매여 있음 être-rivé-à'과 메시아성('성스러운 역사') 사이, 역사성과 기다림 사이, 세속적 역사의 횡단성, 초역사성 transhistoricité 그리고 당장의, 지체 없는, '모든 정신의 현전 이전'의 요청 사이의 관계에 연루됩니다. 이것은 유대교의 토대를 만들고, 그래서 인간의 인간성의 근본을 만드는 것과는 무관한 긴장입니다. 이 문제들에 관해 아주 중요한 리오타르의 책, *Heidegger et 《les Juifs》*[《하이데거와 《유대인들》》]에서 리오타르가 말한 '스스로 근거하기에 바쁜' 서구와 서구에 경고하는 '유대인들' 간의 관계에 대해 같은 것, 어쩌면 더 나은 것을 말하는 수많은 요소들이 있습니다. '아무 효과도 없을 것이다'라고 한다면, 우리는 결코 스스로 근거하는 데 이르지 못할 것입니다.

질문 II-9. 레비나스는 에스더서의 두루마리Rouleau d'Esther를 그리스어로 번역하기 불가능한 이유를 다음과 같이 말했습니다. "나로서는, 에스더서의 두루마리가 유일한 성서이며, 국가들 사이 흩어짐 속에서 드라마가 펼쳐지는 유일한 책, 디아스포라에 관한 유일한 책이라고 생각한다. 국가들 사이! … 박해, 반유대주의에 관한 책인 에스더서는 유대인의 언어와 문자에 따라서만 유대인들이 이해할 수 있다! 유대인을 배척하는 박해의 고통은 희생자의 언어로만 말해질 수 있다. 이 고통은 호환이 가능하지 않은 신호signe에 의해 전해진다. … 여기 에스더서의 두루마리에 박해가 있다. 이것은 다른 언어로 번역되지 않았다!"(*À l'heure des nations*[《열방의 시간에》], p. 56) 레비나스의 말을 엄밀히 따르면, 그의 '철학적 저서'에 등장하는 '박해'라는 개념 역시 그리스어의 번역을 거친 것일까요? 또, 선생님이 말하는 윤리의 번역불가능성과 위 텍스트에서 레비나스가 말하는 박해의 번역불가능성은 같은가요, 다른가요?

대답Ⅱ-9. 1. 모든 번역은 번역할 수 없는 것에서 발생합니다. 따라서 에스더서가 번역 불가능하다고 하는 것은 이미 그것의 번역을 요청합니다. 확실히 그랬습니다. 어떤 번역일까요? 분명 그리스어로, 아마도 '비-경험적' 그리스어로, 그래도 그리스어로 하는 번역입니다. 이것으로부터 그리스어로 하는 '유대교'에 대한 소통의 의미의 한계와 어려움이 있습니다. 2. 박해, 반유대주의 자체에 대해서 그렇습니다(오늘날의 '반시오니즘'에 관한 토론을 참조하십시오). 또한, '선출élection'도 그렇습니다. 이것은 항상 잘못 번역되고, 잘못 이해되고, 잘못 합의된 용어입니다. 3. 윤리(유대인!)를 정치(그리스인!)로 번역할 수 없음은 아마도 이 어려움의 치환transposition일 것입니다.

질문Ⅱ-10. '가능한 것의 왼쪽에'라는 표현을 쓴 벤야민의 사상은 번역의 위험에 말려들지 않으며, 정치 세력의 자동사성에 안주한다는 것이 인상적이었습니다. 그러나 벤야민이 정통 마르크스주의의 변증법적 역사관을 비판하면서 그에 대한 방해로서 아나키즘을 이야기할 때는 레비나스와 유사한 모습을 보이기도 하는 것 같습니다. 역사와 관련해서 레비나스와 벤야민의 차이는 무엇이라고 생각하십니까? 또, 벤야민의 '신적 폭력'가 타자의 폭력은 어떻게 다릅니까?

대답 II-10. 저는 벤야민의 모든 사유를 '가능한 것의 왼쪽에'라는 정식으로 요약하지는 않습니다. 하지만 오늘날의 정치에 관해 말하기 위해서 벤야민의 이 표현을 취합니다. 벤야민과 레비나스 사이에는 확실히 '메시아적' 유형의 많은 유사성이 있지만, 아마 더 많은 차이점이 있을 것입니다. 당신이 말한 것처럼 이 차이점은 역사에, 더 정확히는 역사 속 폭력의 문제에 기인합니다(벤야민은 쇼아 이전에, 비록 그 그림자가 그를 파괴했을지라도, 생각합니다. 레비나스는 쇼아 이후에, 아도르노가 '새로운 정언명령'으로 규정했던 것의 여파로, 다른 쇼아가 불가능하도록 행동하는 부정적 명령을 생각합니다). 저에게는 〈폭력 비판을 위하여〉라는 벤야민의 텍스트에 대해 많은 의문과 몰이해가 있습니다. 벤야민에게 신적인 폭력은, 권력에 의하여 혹은 권력의 이름으로 시행되는 신화적 폭력과 달리, 정의의 이름으로 행사되기 때문에 절대적이고, 파괴적이고, 급진적입니다. 우리는 한편으로(마르쿠제의 경우) 일종의 역사적이고 정당화된, 아마 '메시아적인' 과잉폭력hyperviolence의 어둡고, 성서적인(고라와 그의 지지자들의 몰살 에피소드를 참조하세요[8]) 찬사를 볼 수 있습니다. 하지만 이것은 제가 이 문제에 관해 제 텍스트에서 사용했던 의미는 아닙니다. 저는 몇 년 전 출간한 텍스트에서 벤야민의 이러한 글에 당혹감을 표했습니다. 사실상, 저는 이해하지 못했다고 생각합니다. 제가 벤야민에게 '쇼아 이전에'라고 말할 때 말하고자 하는 것은, 우선 1917년 프롤레타리아 혁명의 여파로 우리가 구원의 폭력, 역사의 산파 역을 하는 폭력, 폭력 그-자체보다 더 고양된 선을 담지한 폭력을 여전히 믿을 수 있었던 시기를 의미합니다. 새로운 법률·제도 등을 수립하는 프롤레타리아-혁명의, 공산주의의, 역사상의 정책은 생각할 수 있었고, 그 폭력은 그 자체로 정당화되었습니다. **나중에**, 벤야민이 말하는 것처럼 그러한 역사적, '신적' 폭력은 더 이상 받아들일 만하지 않습니다. 그리고 자유를 위한 전투원, 정당하게 무기를 사용하는 전투원조차 레비나스가(파솔리니 또한!) 주저 없이 '파시스트'라고 부르는 이 위험을 인식해야만 합니다. 따라서 이 점에 대한 제 생각은 아주 분명합니다.

또한, 레비나스가 줄곧 주장하는 윤리의 폭력이 있습니다. 이것은, 얼굴이 나를 거만하게 훑어보는 높이로부터, 끔찍할 수 있습니다. 이것은 박해, 인질극, 인명 손실

8　[옮긴이] 민수기 16장 참조.

등의 잘 알려진 기록입니다. 그리고 바로 거기서 정치, 제삼자들의 정의가 타자성의 이 폭력을 누그러뜨리고, 진정시킵니다. 정치가 계급투쟁의 뒤를 잇고 혁명, 공산주의, 폭력적인 그리고 정당한, 정치를 가지고 억압당하는 사람들을 위해 폭력을 조직하려는 마르크스주의의 구현과는 다소 다릅니다. 레비나스의 말대로라면, 우리는 카뮈에게서도 이와 같은 심오한 직관을 발견합니다. 예를 들어 모든 역사적 폭력은(윤리적 폭력은 다른 종류입니다) 본질적으로 '파시스트적'입니다. 즉, 다른 폭력, 끊임없이 나타나고 다시 나타나는 더욱 폭력적인 폭력만을 초래할 수 있습니다.

질문 II-11. 정치적 번역과 보편성의 관계에 대해 다시 한번 질문하겠습니다. 제가 보기에 선생님은 정치적 번역은 보편적인 것으로의 이행을 수행하지 못하며, 중요한 것은 보편성의 실행이라고 말하는 것 같습니다. 소수의 것과 독특성으로 이루어진 보편이라는 구상은 들뢰즈의 소수 문학론과 어떻게 다른가요? 레비나스 입장에서 소수성은 어떻게 이해해야 할까요?

대답 II-11. 하나의 자료에서 다른 자료로, 한 개념의 사용에서 이 동일한 개념의 다른 사용으로 옮겨 가는 것은 항상 위험합니다. 아마 이것이 레비나스와 관련될 때는 더욱 그럴 것입니다. 의미론적이고 개념적인 레비나스의 기입은 엄밀하고 다원적으로 결정됩니다. 들뢰즈의 의미에서, 소수의 개념은 이 기입 속에 차지할 자리가 거의 없습니다. 우리가 말할 수 있는 것은 얼굴과 마주해서, 3인칭성illéité의 영향 아래에서, 왜 그리고 어떻게조차 이해하지 못하고서 내가 응답해야 하는 지배자souverain라고 부르는 타자의 지배 아래에서, **내**가 항상 미성년 mineur이라는 것입니다.

저는 여러 텍스트에서 제가 번역적traductif이라고 불렀던 보편성을 생각하려고 애썼습니다. 즉, 문학의 예를 들면, 우리가 어떤 텍스트(셰익스피어, 괴테, 도스토옙스키)를 텍스트의 독자적인 언어(영어, 독일어, 러시아어)에서 다른 특별한 언어로 번역하면 할수록, 우리는 점점 더 특수성을 증대시키고, 보편성은 세계와 세계적 언어의 규모로, 가장 소수의 언어를 포함한 세계 모든 언어의 규모로 점점 더 확대됩니다. 이것은 반대하는 모든 특이성을 몰아내면서 확장되는 보편성을 지지하는 자들에게는 이상한 역설입니다. 저는 이 번역적 유형의 보편성 개념에 많은 관심이 있습니다(탈식민주의와 관련된 서구적 유형의 보편주의 등에 관한 현재의 논쟁은 잘못된 관점을 모면하면서 그것으로부터 이득을 볼 수 있을 것입니다).

질문 II-12. 21세기는 '정체성 정치'라는 틀이 매우 유행하고 있는 것 같습니다. 레비나스에 따르면(비록 소수자의 것이더라도), 정체성을 고집하는 정치는 결코 윤리로부터 발생한 정의는 아닐 것 같습니다. 여러 정체성들과 소수적 입장들을 기계적으로 조율하는 방식이 아니라면, 민주주의는 무엇을 의미할까요?

대답 II-12. 민주주의, 이것은 정의입니다. 제삼자들의 정의에 대한 외침, 즉 나를 복종시키는 타자의 윤리적 폭력을 고갈시키는 심급, 동등한 교환을 위해, 모두의 동일성(동일성의 합계와는 정반대입니다. 레비나스에게 '동일성'은 그 자체로 '자기를 위해 응고하는' 핏 '덩이'로써, 즉 죽음의 위험으로써입니다)을 위해, 각자가 모든 이에 비길 만하고 모두가 각자에 비길 만한 호환성을 위해 나머지 없이, 변증법 없이, 중재 없이 차이의 폭력을 고갈시키는 심급입니다. 이 심급은 제도적 형태로 주어져야만 합니다. 이것은, 윤리적인 것처럼, 제도·국가·역사 밖의 대면이 아닙니다. 만약 이 심급(판결, 법, 법원 등 레비나스가 말한 것처럼 '정의의 법정' 이전, 이것은 윤리입니다. 마찬가지로 이후에도)이 없다면, 민주주의도 없습니다. 하지만 만약 제정된 이 민주주의가 민주주의를 선행하는 것—윤리, 얼굴, 대면—을 소홀히 하는 제도로 고착된다면, 민주주의는 전체주의로 변할 수 있을 것입니다(민주주의가 정치적인 것, 정의 자체, 자급자족하는 전체성에라도 종사하리라는 의미에서요). 여하튼, 폭력·죽음을 완화하는 민주주의가 더욱 민주적입니다(우리는 탈무드에서 '국가 없이, 인간은 서로 잡아먹을 것이다'라는 대목을 읽을 수 있습니다). 그러나 민주주의의 끊임없는 위험은 그것의 절대화, 무조건적인 자율화입니다. 이 분석은 레비나스에 의해 구상된 지형학―윤리/정치, 대면/정의, 얼굴/제삼자―등을 통해 가능해졌습니다.

옮긴이의 말

　지난한 작업을 마치고 드디어 저자 벵수상 교수와의 약속을 지켜 냈다. 박사 학위논문 작성 중 레비나스의 주요 저작 다음으로 가장 많이 손에 들고 있던 이《윤리와 경험》을 국내에 소개하겠다고 학위논문 심사를 무사히(?) 마치면서 벵수상 교수에게 말했었다. 빈말이 아니라 '반드시 그렇게 하겠다'고 스스로 다짐했었다. 단순히 지도교수의 책이라 그리 마음먹은 것이 아니라 레비나스 연구자로서 레비나스 철학 연구서인 이 책의 '가치'가 널리 평가받길 원하는 마음에서였다.

　귀국 후 레비나스의 '타인을 위한 책임'의 이론적·학술적 측면은 물론이려니와 타인을 먹이고, 입히고, 재우는 구체적 실천의 측면까지 전개해 보겠다는 의지는 타인보다 나-자신의 물질적 불행의 허구적 분위기에 휩싸여 비틀려 굽혀졌다. '나 먼저' '나'를 살리겠다는 일환 속 삶의 경주는 벵수상 교수와의 약속이자 나 자신과의 서약이었던 이 책의 번역 작업을 자연스레 잊어버릴 수밖에 없게 만들었다. 하지만 알고도 모른 척, 보고도 못 본 척 침묵을 이어 가기란 어려웠다. 가능한 회피 끝에는 결국 물러설 수 없이 '어딘가를 향해' 나를 드러내야만 하는 노출이 불가피하다. 나는 이것마저 거절할 수 없다. 더욱이, 나를 과업에 복귀시키려 소환하는 '들려짐 없이 들려지는' 명령이 느껴졌다. 그래서 나는 이 명령에 응답한다. "Me Voici!", "제가 여기 있습니다!"

레비나스를 공부하며 늘 힘겨웠던 그의 철학(타자를 위한 무한 책임)을 그가 본격적으로 철학적 공부를 시작한 출발점이라 할 수 있는 곳에서부터 공감하고 이해하기 위해 짐짝처럼 입성했던 스트라스부르에서, 나날이 장벽에 가로막혀 무겁게 옮겨지는 발걸음으로 돌아서는 새로운 길 위 또 다른 장벽과 맞닥뜨리며 켜켜이 쌓이는 좌절감에 어쩔 줄 몰라 했던 때가 있었다. 그럴 때마다 '이방인'으로서 '레비나스의 삶이 이런 것이 아니었을까'라며 그때의 '그'를, 현재의 '나'를 위무慰撫했다. 그리고 누군가의 위무에 한순간 무너져 내릴 것 같은 삶도 꽃피울 수 있겠다는 생각이 들었다. 내가 전혀 알지 못하는 타자, 나와 어떠한 관련도 없는 타자일지라도 그의 처절한 생을 구체적 내용 없이도 나의 몸짓말, 나의 입말로 살릴 수 있겠다고 생각했다. 레비나스는 '타자를 위한 무한 책임'의 '책임의 다함'을 말하지 않는다. 왜냐하면 무한은 '끝'이 없으므로 알 수 없기 때문이다. 하지만 책임의 시작은 말하지 않아도 알 수 있을 것 같다. 누군가에게 건네는 인사 "안녕하세요." 누구나에게, 그러나 누구도 한번도 물어 주지 않았을 이에게는 더욱 그의 안녕을 기원해 주는 것 자체가 책임의 시작이 될 것이다.

벵수상 교수와의 첫 만남을 잊을 수가 없다. 어설픈 프랑스어로 작성된 연구 계획서와 논문 지도를 받고 싶다는 청원의 글을 메일로 보내고, 얼마 지나지 않아 만나자는 답신을 받았다. 만남의 장소는 '그의 집'이었다. 스트라스부르 대학교에서 멀지 않은 그의 집에 걸어서 찾아갔다. 큰 돌판으로 외관이 덮인 옛날식 큰 건물 안 돌계단을 올라 집 문 앞에 당도했을 때, 그는 손수 문을 열어 주며 처음 보는 나를 맞아 주었다. 무슨 말을 했고, 무슨 말을 들었는지 이제는 기억이 안 나지만 홀로 지내는 벵수상 교수의 단출한 집안 분위기와 상대를 편하게 대해 주는 그의 온화함은 기억 한구석에 또렷이 남아 있다. 벵수상 교수는 나의 행정적·학문적 어려움의 호소에 언제나 응답해 주었다. 그리고 그 응답은 대면으로 언제나 '그의 집'에서 이루어졌다.

이 책은 벵수상 교수가 '한국어판 서문'에서 밝힌 것처럼 2008년 프랑스에서 출판된 원본에 비해 분량이 상당히 늘어났다. 두번째테제 출판사로부터 출판을 수락받고 벵수상 교수에게 이 사실을 알렸을 때, 그는 자신의 원고를 추가로 보내주었다. 따라서 《윤리와 경험》 한국어판은 한국 독자들만을 위한 새로운 판본이라 할 수 있다. 게다가, 레비나스 철학에 관해 독자들이 궁금할 만한 질문들을 텍스트 안팎으로 물어 그 답변까지 수록하였다. 레비나스 철학에 대한 벵수상 교수의 혜안을 독자들은 그의 글과 답변을 통해서 볼 수 있을 것이다.

이 책의 번역 작업은 2022년 6월부터 시작되었다. 지지부진했던 작업 과정은 전적으로 옮긴이의 역량 부족 때문이었고, 그래서 몇몇 분의 도움에 의지할 수밖에 없었다. 1차 번역 원고를 김상운, 김우리, 정희수 선생님과 몇 개월 동안 일주일에 한 번씩 저녁 시간에 함께 모여 윤독하며 잘못된 번역 및 번역어를 교정하는 작업이 이뤄졌다(김우리, 정희수 선생님은 뒤에 실린 텍스트 관련 질문도 보내주셨다). 그럼에도, 합의에 도달하지 못한 번역·번역어는 다시 한번 박영옥 선생님께 문의하였다. 네 분 선생님께 이 지면을 빌려 '감사' 말씀을 드린다. 또한, 번역서 출간을 수락하고 번역 작업 전 과정에 늘 관심을 아끼지 않은 두번째테제 장원 대표에게도 감사의 말씀을 드린다. 당연히, 한국어판《윤리와 경험》출간을 인내심 있게 기다려 주신 벵수상 교수에게 무한히 감사드린다. 그리고 벵수상 교수와 먼저 인연을 맺고 역자를 그분께 이끌어 준 손영창, 장의준 선생님께도 감사드린다. 마지막으로, 그저 생활하는 것만으로 축 늘어져 가라앉아 있는 어린 아들에게 가진 것이 없어 자신의 빈 젖가슴마저 내주려 하는 '내 엄마'에게 사랑한다고 전하고 싶다.

지지부진했던 작업의 이면에는 더 많은 애정과 노력을 쏟았던 면이 없지 않다. 그렇더라도, 번역 내용의 불충분함이 분명히 있을 것이다. 모두 역자가 잘하지 '못한' 탓이다.

여하튼 비록 가서 닿지 않을지라도, 독자들에게 독자들을 위해 책임지려는 '나'를 이 책을 통해 흘려 보낸다.

2025년 8월

옮긴이

찾아보기